严明 著

读懂尚书

中国言实出版社

图书在版编目（CIP）数据

读懂《尚书》/ 严明著. -- 北京：中国言实出版
社，2024. 11. -- ISBN 978-7-5171-4841-8

Ⅰ. K221.04-49

中国国家版本馆CIP数据核字第2024QW7156号

读懂《尚书》

责任编辑：邱　耿
责任校对：代青霞

出版发行：中国言实出版社

　　　　地　址：北京市朝阳区北苑路180号加利大厦5号楼105室
　　　　邮　编：100101
　　　　编辑部：北京市海淀区花园北路35号院9号楼302室
　　　　邮　编：100083
　　　　电　话：010-64924853（总编室）　010-64924716（发行部）
　　　　网　址：www.zgyscbs.cn　电子邮箱：zgyscbs@263.net

经　　销：新华书店
印　　刷：北京铭传印刷有限公司
版　　次：2025年1月第1版　　2025年1月第1次印刷
规　　格：710毫米×1000毫米　　1/16　　21.75印张
字　　数：350千字

定　　价：75.00元
书　　号：ISBN 978-7-5171-4841-8

序　言

王洪峰

　　《读懂〈尚书〉》兼具学术性和可读性。这本书搭建起一条通往《尚书》精神的捷径，每天只需 10 分钟您就能轻松走进《尚书》，快乐地与先贤对话，领略上古时代的智慧。

　　本书作者严明是一位从业近 30 年的媒体人。由于严明本人的志向和工作追求，广闻博采成为其生活必备，孜孜以求成为其生活习惯，涉猎越来越广、阅历越来越深，时常用跨多个领域的视角考虑问题。与众多媒体人一样，他以不断丰厚的学养加之新闻工作的独特视角，常能以百家智慧和一己之见解惑释疑。严明这部书将媒体人作为"杂家"的优势表现得淋漓尽致。

　　"杂"是其工作，而"静"是其心态。正如《尚书》所云："安如止。"动亦安，静亦安，止于至善。严明没有太多爱好，扑克、麻将都不会，只爱读书、写作，一身书卷之气。随着年龄增长，他越来越关注国学，尤重儒学，早年解读过《周易》，解读过"牛郎织女故事"，分别出版了《周易拍案》和《天河往事》。

　　严明读书喜欢做笔记，喜欢用媒体人的思路考虑问题。他说："我读书相当于对历史人物的采访，不管他是尧舜禹汤还是夏桀商纣，我都一视同仁，只有高度尊重他，他才会对我开口，于是我便得到更多的第一手材料。"他这样说，也这样做，诸多书中人物在他眼里都是鲜活的，对于上古先贤，他找到了其鲜活的人生面；而对于历史上的"反面人物"，他也尝试找到其人生误区和教训，努力还原其作为人的正常状态。

本书曾一度定名为《尚书的格局与智慧》，这包含作者两个用意，因为作者更着眼于上古事件中人物的高超智慧，尤其是超出常人的大格局。如此，更有助于我们放开眼界、纵横想象，使思维在历史的星空中拓天展地。

作者习惯运用介于新闻、评论和散文的笔触，讲事论理均是娓娓道来，嬉笑间都是人情世故，对传统思想和历代解读也时有突破或违逆。他从人性角度剖析事件的前因后果，让人耳目一新，拍案称奇。

作为媒体人，他绝不轻易给历史人物下判词，而是讲事说理，温和中透出个人角度，引发读者深思。严明常说："他们不是神，他们是我的采访对象，我要还给他们人性，所以我们是朋友。"与先贤成为朋友，是认识的一种境界。

服务于时代，严明在解读《尚书》的同时，眼睛也看向当今时代，字里行间体现了他对于当今社会的深刻认知与无限热爱。这部分虽然落墨不多，却富有新意，也常勾起读者"味蕾"。对此，我认为这类文字还可以进一步延展，挖掘中华优秀传统文化，建立文化自信，从理论高度和社会现实两方面，古今对比、中外对比，来尽情讴歌新时代中国精神。

与专业学者不同，作者在写作上不拘一格。一方面努力做到尊重原著，力求准确；另一方面努力避免过多训诂，尽力使语言通俗简洁明快。毕竟有别于专业学术著作，这是一本有思想、有见地的普及读物。

作者在解读《尚书》的过程中，努力使思想性一端连着儒学或传统国学，另一端连着当今社会。不仅介绍尧舜理念，更介绍、歌颂当今时代。在阅读中，你会不自觉地更加热爱生活、更加热爱自然、更加热爱我们的祖国，全身心地投入到实现中华民族伟大复兴的事业中去。

河北师范大学原党委书记、著名学者曹桂方先生读过该书稿后曾给予很中肯的评价。我赞同曹先生的观点。

本书继承、弘扬中华优秀传统文化，既有历史厚重感，也有现实借鉴意义，传播的是正能量。既尊重原著，也能梳理提炼精华，且能联系现实，读后发人深思，使人受到启迪。以讲故事的形式，用朴实幽默的语言，具有知识性、学理性，且具通俗性和可读性，便于读者接受和传播。依据史实，深入思索，有独特见解。

此书是"大讲堂",不是"研究院"。因此本书也不可避免地存在诸多遗憾。诸如,个别词句注疏存在争议;观点有时难免失之偏颇;本书偏重儒家思想而相对忽略了其他各家思想;等等。一本书能解决一个问题就足够好了,不追求面面俱到。

作为重要古代典籍,《尚书》具有极高的研究价值和学术地位。它凝聚着中华民族的古老智慧,影响着近三千年来中华民族的发展和振兴。古为今用,《读懂〈尚书〉》有望成为学习《尚书》、研究《尚书》的另一种良好范例。希望这种解读对社会、对读者有所补益,希望有更多的人来研究《尚书》,使《尚书》的智慧之光进一步点亮我们的历史自信、文化自信。

（本文作者为《河北日报》总编辑）

前　言

据《尚书大传》记载，孔子对颜回说："《尧典》可以观美，《禹贡》可以观事，《咎繇谟》可以观治，《鸿范》可以观度，六《誓》可以观义，五《诰》可以观仁，《甫刑》可以观诚。"孔子所列举的这些文章都在这一部《尚书》当中。

一

《尚书》，亦称为《书》或《书经》。《尚书》是中国上古历史文件和部分追述古代事迹著作的汇编，记载从尧舜禹到周朝春秋时期的历史、政治、文化等，记人记事记言，按历史阶段分为虞书、夏书、商书、周书，从文体上又分为典、谟、训、诰、誓、命等。"典"是重要史实或专题史实的记载；"谟"是君臣谋略的记载；"训"是臣开导君主的话语；"诰"是勉励的文告；"誓"是君主训诫士众的誓词；"命"是君主的命令。

《尚书》一直被视为中国封建社会的政治哲学经典，既是历代统治者治理国家的政治课本和理论依据，又是贵族子弟及士大夫必修的"大经大法"，影响深远。比如，《尚书》"德惟善政，政在养民"的思想核心以及"正德、利用、厚生、惟和"的执政手段为历代统治者所认可。再如，《尧典》开篇介绍尧德业的"钦、明、文、思、安安……"，实是古代圣君最高典范。尧的德业连同其后"克明俊德……黎民于变时雍"数语，成为儒家思想"修齐治平"

的源头；《大禹谟》"人心惟危，道心惟微，惟精惟一，允执厥中"成为中国文化传统中著名的"十六字心法"；等等。

"《诗》、《书》、《礼》、《易》、《春秋》"并称儒家"五经"。《书经》之所以被后世称为《尚书》，原因有三：它是上古之书；"尚"表示尊崇；"尚"代表君上的旨意。因此《尚书》是解密的皇家文档。《尚书》具有崇高的历史地位和学术价值，该书要旨：其一，阐明仁君治民之道，使天下享尧舜禹汤文武之治；其二，阐明贤臣事君之道，使后世取法先贤。

二

相传《尚书》为孔子编定，曾为孔子课徒教材。后来毁于秦火。汉文帝时代，幸得学者伏生口述，由大臣晁错用汉代通行的文字记录，此为《今文尚书》；其后有鲁恭王破孔子故宅发现另一本《尚书》，通篇用秦汉以前的文字写出，故称《古文尚书》。《今文尚书》立于汉代学宫。西晋战乱，两类《尚书》再度被毁，直至东晋初年，豫章梅赜献书，包括《今文尚书》33篇，《古文尚书》25篇。

《尚书》自古命运多舛。清人段玉裁云："经惟《尚书》最尊，《尚书》之离厄最甚。秦之火，一也。汉博士之抑古文，二也。马、郑不注古文逸篇，三也。魏晋之有伪古文，四也。唐《正义》不用马、郑，用伪孔，五也。天宝之改字，六也。宋开宝之改《释文》，七也。"虽然是五经之一，研究者却少之又少，现当代甚至称之为"绝学"。

《尚书》作为传统文化经典，对于现代人仍具教育意义。其一，《尚书》的优秀文化思想有待于重新认识、继承和发扬；其二，随着当今社会人文学科的细化，《尚书》中经典的传统案例更具研究价值；其三，拜读上古先贤事迹，用古人的大格局观拓宽我们的视野；其四，透过鲜活事例，认识上古先贤的大智慧。继承优秀的传统文化，建立文化自信，《尚书》是上古时代留给我们的宝藏。

本书兼顾《今文尚书》和《古文尚书》，尤其尊崇《今文尚书》注疏。同时，为方便学习起见，又沿用《古文尚书》篇目顺序。本书引述原文较多。在字、词、句读上，今文篇目参照目前最为通行的中华书局 2016 年 1 月版《尚书》，今文《泰誓》篇参照中华书局 1986 年 12 月版《尚书今古文注疏》，古文独有篇目参照上海古籍出版社 2007 年 12 月版《尚书正义》。本书抛开了古文、今文之争，压缩和舍弃了各版本之间因字句引发的学术甄别，因此更注重《尚书》大义，让读者在阅读中得以窥见《尚书》脉络结构。全书在《尚书》基本框架下，依据文章内容对重点章句加以注疏和解析，梳理出《尚书》的传统文化精髓，采用现代化语言点燃《尚书》的时代意义，让《尚书》精华走入我们的生活，提升我们的认知和能力。

三

我个人是这样爱上《尚书》的。首先是喜欢，热爱国学；第二是学习中每每有所得，常有豁然开朗的惊喜，进而催人奋进。

举例说明。想必大家都知道周公摄政辅佐周成王的事情。过去认为，周公作为叔叔管理周成王天经地义，似乎权力就应该在周公手里。

当我仔细研读《尚书》，方知道周公和周成王之间竟有很多个人恩怨。对于周公摄政，成王很不情愿，群臣也颇有微词，更何况三监和武庚。周公和成王都是很强势的人，有时甚至势不两立。不然周公何必避居？实际上那是逃离京城，以免发生不测。又见《君陈》篇，成王在委派周公的儿子君陈时，言辞当中也提及对于周公工作作风的褒贬。此时的成王言语颇为酣畅。

透过几篇文字，仿佛看到了一部情节跌宕、险象环生、扣人心弦的电视连续剧。这些都是我研读《尚书》之后才知道的。然而，这就是我的心得吗？这只是浅层次的心得，或者只是认知。

读书，常常窃喜，自以为有所得。读书会不断启迪你的思维，时间也会不断磨砺掉那些不必要的锋芒。当我读过《尚书》，而且又沉淀一段时间后，我忽然意识到另外一层意思：周公和周成王都是圣人，他们和而不同，每逢大事不糊涂，在关键问题上始终保持一致，这是何等的伟大。大胸怀、大格局，成就了周朝的辉煌，也为中华优秀传统文化奠定了坚实基础。这是《尚书》带给我们的"正能量"，也是《尚书》的魅力。

《尚书》是古代帝王之术，经孔子之手删减整理。孔子何尝不知道周公与成王的关系，如此我自鸣得其意，恰恰显示了自己的平庸。孔夫子所不齿者，似我这般犹以为"所得"，何等可笑呀。

类似引起我深思的事情很多，读《尚书》，让我体会古人的大智慧、大格局，养我正气、育我心智。站在古代圣贤面前，才能更深刻地体会到优秀传统文化的伟大与高深，才能清楚地认识到自己的渺小与浅薄，才能更好地看清形势，立足当下，做好自己。

四

《尚书》因"诘屈聱牙"古奥难懂，令众人望而却步，鲜为人知。由于个人爱好，我多年钟情于古文经典。读《尚书》，所得颇多，不吐不快，故将心得、笔记整理结集成册。面对经典，出版之际我不免惴惴不安，瞽论若此，藉求是正。

我读《尚书》，得益于历代先贤的注解，从汉代到近代，古今论述对我补益良多。但我不拘泥于古人对于字句、章节的解释，也不禁锢于古人对于文化思想的表达，我力求建立起自己的心得和认知，这一点才是我所追求的。

《尚书》是一本极富东方文化的好书，它能提升你的智慧、拓宽你的格局。我的这本集子是我学习《尚书》的真实所思所想。

谨以此书，向中华古代经典致敬，向中华优秀传统文化致敬，向爱好中华优秀传统文化的朋友们致敬。

严　明

2023 年 3 月 28 日记于龙山书院

目　录

一、历史从这里开始…………………………………… 001

二、精心打造的执政雏形……………………………… 011

三、群星璀璨的朝堂…………………………………… 025

四、被低估的圣人——皋陶…………………………… 038

五、一个篱笆三个桩…………………………………… 047

六、千秋伟业与贡赋大法……………………………… 059

七、家天下的烂事儿…………………………………… 068

八、最惊世骇俗的理论………………………………… 079

九、让浪子回头………………………………………… 088

十、盘庚的整风运动…………………………………… 105

十一、武丁是个夺权者………………………………… 117

十二、风雨欲来风满楼………………………………… 133

十三、周家革了纣王的命……………………………… 146

十四、来自前朝的指点………………………………… 167

十五、周朝初年走钢丝………………………………… 181

十六、给殷商做手术…………………………………… 201

十七、周公的禁酒令…………………………………… 213

十八、矛盾只是家事 ·· 222

十九、团结才是主基调 ·· 238

二十、周朝最好的政治——成康之治 ·· 259

二十一、周礼庄严 ·· 275

二十二、康王的太平年代 ·· 286

二十三、周穆王：从龙向蛇的退化 ·· 296

二十四、周朝沦落了 ·· 313

二十五、战争的正义和文明 ·· 319

后　记 ·· 332

一、历史从这里开始

本章节重点讲述《尚书·尧典》。

《尧典》首先介绍尧的德业、生平概况，其次是尧为政期间的事迹。主要事迹包括重视天文历法、秉公选拔人才、遭遇洪水起用鲧，以及考察、选用舜作为自己的接班人。

由于内容的关联性较强，本章节将《舜典》中禅位考察一段内容移过来一起讲，毕竟尧才是事件的主导。在《今文尚书》里，《尧典》涵盖《舜典》文字内容。

❶ 只说真人真事

"曰若稽古"，《尚书》开篇四个字。不同版本也常写作"粤若稽古"。

众说纷纭的四个字，至今尚无定论。"曰若"，多解释为语气词，无实际意义，重点在于"稽古"。也有人认为，若，顺也；"曰若"即"照着什么说""顺着什么说"的意思。

顺着什么说呢？稽古。稽者，是稽考，是探究，是追溯。而"古"字有两重含义：其一是历史概念上的古代；其二是文化层面上的天道。因此，《尚书》是一部经过严格考据的追溯历史、尊重史实的珍贵文献，同时也是一部遵循天道、讲求正义、介绍先进文化的经典书籍。其编者并非一人，而是历朝历代的史官。古代史官很不简单，他们记载历史事件有自己的原则，绝不屈从于任何势力，明知道杀头也要秉公执笔，依实而记。也正是因为如此，中国的历史才更有研究价值。

《尚书》所记载，从尧开始，一直写到东周的秦穆王。这部书从官方走到民间，得益于孔子对于历史文化的整理和传承，孔子从《尚书》文献中吸取精髓，其后逐渐形成了儒家学说。同时，孔子将《尚书》作为课本，选择性地讲给弟子，进而流传于世。

据说在尧之上也有帝王遗书，如三坟、五典、八索、九丘，然而早已失传，孔子认为《尚书》所不显者，宜审慎而不可稽。不清楚的不乱说。

我很想用"曰若稽古"四字来概括我对于《尚书》的解读和态度，也曾很想以此作为书名。其一，"曰若稽古"是《尚书》开篇的四个字，体现我对《尚书》和古代先贤的一份尊重；其二，"曰若稽古"，是《尚书》严谨、科学的治史精神，也是我所追求的治学境界；其三，"曰若稽古"，顺着历史的轨迹，追述古代的事情，以阐明天地之间的大道，以指导我们的生活和工作。这是我写这一系列文章的出发点。

太平盛世，国泰民安。中华优秀传统文化是中华民族的精神命脉，是最深厚的文化软实力。顺着《尚书》的脉络，去探究几千年东方文明的源头。

——曰若稽古。

❷ 尧是个大个子

《尚书》称之为"帝尧"，也就是我所说的尧帝，"帝尧"才是古今学者最为正统的称谓。天子是公权力，是至高的权力和职位，只有作为人文始祖炎黄可以将名字冠"帝"字之前，尧和舜均在帝之下。为了便于阅读，在书里直乎其尧舜。下面专讲尧。

前两年有专家说，遇到老虎、狮子等猛兽威胁的时候，一定不要弯腰或下蹲，要站起来，张开双臂，以显示自己的强大，这样会增大你的逃生概率。看来动物是以貌取人的，而且敬慕高大的形象。

以貌取人，是个贬义词。但相貌体征绝对是您给人的第一印象。自古以来，无不如此。君不见古代圣人都有异相吗？

孔圣人都特别尊崇的尧，也是大个子。有人认为"尧"是他的名字，有人认为是他的谥号，有人认为既是他生前的名字，又是死后的谥号。无论如何，古人的名字与自身功德、相貌体征多是有关联的。尧，繁体写作"堯"，正是高大的意思。《说文解字》讲：堯是会意字，从垚在兀上。兀者，高而上平也。在高而上平之上，又增益之以垚。是其高且远可知也。《白虎通义》云："尧，犹峣峣也，至高之貌。"尧的引申义更为高妙，作为谥号，他"清妙高远，优游博衍，众圣之主，百王之长也"。[①]

名字作为个人的代表符号通行于世上，尤其是大人物的名字，大多有一些特定含义。具体分析不外乎以下几个方面：其一，依据此人的突出体征，如尧个子很高；其二，依其功德，民间依其脾气秉性，其中有很多成了外号；其三，与家族、部落习俗有关，如今某些家族仍然有按照严格辈分起名的习惯；其四，寄托父母或长辈的期望。

一般说来，时代越远，名字越质朴；地域文化越淡薄，名字越质朴。人类乃至动物界对于体型高大有着特殊的情感，起码从形象上威武，让他人感到安全，可以依赖。此外古人相信异人必有异象，具有超能力。

❸ 尧之功德

唐代大文豪韩愈在《劝学篇》曾经提及《尚书》，说它"诘屈聱牙"不好懂。

《尚书·尧典》把尧的功德归结为：

> 钦、明、文、思、安安。允恭克让。光被四表，格于上下。

古人著书心思缜密，不似今天洋洋洒洒千万言。这也正成就了对于尧的高度概括。

钦明文思。汉代大儒马融解释为："威仪表备谓之钦，照临四方谓之明，经纬天地谓之文，道德纯备谓之思。"汉代另一位大儒郑康成解释稍异："敬事

---

① 班固.白虎通义·号［M］.北京：中华书局，2024：41.

节用谓之钦……虑深通敏谓之思。"① 然而仔细思索，马、郑两家的注解实际相通，互为体用。清代《日讲·〈书经〉解义》讲得最简明："钦，心之敬；明，心之明。"尧以敬为首。非"敬"无以至"明"，非"明"无以"文思"。② 譬如做事情，首先要心存敬畏，郑重其事，认真对待，才能明晰其中玄机，才能找到问题症结。只有做到"明"才能把事情做到尽善尽美。

郑康成解释"允恭克让"，不懈于位曰恭，推贤尚善曰让。其一是处事，其二是待人。

"光被四表"，德泽万民。"格于上下"，政治清明，天地之间无不融洽。"格"本写作"各"，上边是倒写"止"字，象征神仙的脚步，下边的"口"是人的祷告。意思是，你真诚地祈祷，神仙就降临了。你一定盼望心想事成，"格"便是与神仙交流、沟通的过程。怀着敬畏之心，将你的心思完整、明晰地告知神仙，心诚则灵，神仙来了，你还要仔细听神仙传达给你的每一条信息，读懂并照办。这个过程不正是管理体系的完善吗？上下沟通顺畅，政令下达，民情上传，万众一心，何求不得盛世？

❹ 儒学的源头

孔子将《尚书》作为课徒的重要教材之一，所以《尚书》是儒学的重要源泉。

《中庸》讲："自诚明，谓之性；自明诚，谓之教。诚则明矣，明则诚矣。"我们明显体会到了"钦"与"明"的味道。孟子讲："尽其心者，知其性也。"同样也是源自"钦"与"明"。我们不是始终重视思想工作，钦也。投身于事业，首当其冲者，明也。

接下来《尚书》逐条叙述尧的品行与事迹。

克明俊德，以亲九族；九族既睦，平章百姓；百姓昭明，协和

---

① 孔颖达.尚书正义［M］.上海：上海古籍出版社，2007：34，36.
② 库勒纳，叶方蔼等.日讲·《书经》解义［M］.爱新觉罗·玄烨钦定版.北京：中国书店，2018：1，3.

万邦；黎民于变时雍。

据说，尧十六岁称帝。为什么他能成为一代圣君呢？缘于他能够自明其德。能够任用贤人，也追慕圣贤，对自己高标准、严要求。此为修身。"九族既睦"，齐家也。"协和万邦"，黎民安居乐业，治国平天下也。正所谓"一人修身于上，而齐治均平遂可立竿见影，举万类纷纭，无不尽在春风和气之中"。

正能量，于己为修养，于家族为风俗，于国家则为文化。由己达人，一脉相承。整合、提高，是一等学问。

管理好自己，进而管理家族，进而治理国家，达行天下。思想很重要，是首要问题。然后可以成就事业，而且事业可以逐级放大，智慧增强。

儒学以"格物、致知、诚意、正心、修身、齐家、治国、平天下"为八目，前四者为内修，后四者为外治，不仅沿袭了《尚书》思想，其顺序也恰是《尚书》的顺序。

《尚书》开篇便有诸多智慧，即使今天仍对我们的工作和学习有指导和借鉴作用。

❺ 请来羲和管历法

任贤是尧的第一件事，修齐治平贯彻尧一生。在尧的施政上，历法又是尧的头等大事。《尚书·尧典》云：

乃命羲和，钦若昊天历象——日月星辰，敬授民时。

羲、和是尧团队的重要成员。钦若，敬顺也。古人敬畏上苍，四时均有不同称谓：春曰昊天，夏曰苍天，秋曰旻天，冬曰上天，总曰皇天。为什么单说敬顺"昊天"呢？因为昊天，取"元气广大"之意，春气博施，故而广大。春，以充四时也，故而以"春"统代四时。[1]

---

[1] 孔颖达.尚书正义［M］.上海：上海古籍出版社，2007：43.

敬畏四时，其目的在于顺应四时，找到农耕的合理时机，发展农业生产等。历象日月星辰，不是迷信，这是历法研究并不断加以精确、修正的主要手段。

目前，我们与农耕生活渐行渐远，对于农历月份以及节气远没有古人那么重视，很难切身体会到古代历法的重要性了。而古人通过历法可以准确地知晓天下春种秋收的节奏，何时种黍、何时种麦，一查便知。此所谓"敬授民时"。

康熙朝编撰《日讲·〈书经〉解义》，将尧对于四季的管理手段上升到哲学高度："以敬天之心，严于历象；勤民之心，严于授时。圣人于事何往不敬，而况于事天治民之大者乎？故曰：帝王以敬为修身出治之本。"①

尧用人不拘一格，任用羲、和两家兄弟掌管天文历法。羲、和都不是本部族成员。早在汉代就有人认为，黄帝得蚩尤而明于天道。看来蚩尤部落掌握着先进的历法知识，黄帝打败蚩尤并没有完全废弃蚩尤的文化，而是沿用了蚩尤部族的科学历法。尧完全承袭了黄帝的做法。

天子未必真的参加农耕劳动，但必须参加相关的典礼。自古如此，如清朝的地坛。每年春分时节，帝王都要参加"朝日"典礼，以显示对于天地、自然的敬畏，以告示天下，地德广生，使万民习知广生之事。一年之计在于春，它可以给我们带来很多很多的希望，努力吧！

在《尚书》随后的文字里，我们明显看到了春、夏、秋、冬的划分，以及对于春分、立夏、秋分、立冬特别关注。日出日落，日推月移，四时八节，自然关乎农耕，也涉及畜牧、水产业，乃至军事，等等。尧无一不予关注。使众人因时趣事，因此"允厘百工，庶绩咸熙"。各行各业均得到治理，各项事业都卓有成效。靠天吃饭的日子就是这样。通过历法，知道天的规律，合理规划自己的行为。此即"先天而天弗违，后天而奉天时"。

古人迷信吗？有谁能说尧的敬天之心不是执政爱民之心呢？

依据历法，可以随时知晓天下的变化。农耕生活尽在掌握，轻重缓急得以权衡。岂不是文化的大进步？岂不是最高效、最精准的管理？尧舜不将治理

① 库勒纳，叶方蔼等．日讲·《书经》解义［M］．爱新觉罗·玄烨钦定版．北京：中国书店，2018：1，3．

之功据为己有，此非人治，乃天治也。仍归于"敬"。

❻ 求贤与识人

《尧典》篇首冠以"曰若稽古"，即经考据如何如何。作者当是舜主政时的史官，或者夏代史官。史官接下来记载尧晚年大力求贤的事情。遗憾的是，除了找到舜之外，史官没有过多地记载其他求贤成功的案例，反而所记载的举荐者、被举荐者似乎都不好，这些被举荐人在尧传位于舜之后均受到惩罚。由此推理，这段历史记载更像是舜的史官捉刀。

尧问："谁能担任总治之职呢？"这相当于宰辅之类一品大员。放齐说："胤子丹朱可以。他思路开阔，聪明睿智。"丹朱是尧的儿子。尧摇摇头，他给丹朱的评价是"嚚讼"。古人认为：口不道忠信之言为嚚；讼者，争也。诚然，丹朱是聪明人，有非凡之才。为什么尧不同意自己的儿子担任"总治"然后来接班呢？尧对丹朱没有丝毫的溺爱和偏袒。丹朱这样的聪明人往往喜欢与人争辩，这就不是好事了，聪明反被聪明误。如果任用丹朱，恐怕他会变乱旧章，岂不害人害己。这里体现了中国传统选材用人的一个标准——厚道。尧追求的是大智慧。大到论道经邦，小到经营一家公司，若做长远计，必赖厚重端凝之人。辩言乱政，为世代儆戒。

尧又想求分治之职。骧兜说："好啊。共工是个能干事的大贤呀。"尧回以嘘声，说："静言庸违，象恭滔天。"原来共工这个人说一套、做一套，表面上很恭敬，而心比天傲。共工是官场上最可怕的人，言行不一，又没有实际能力，越是这般小人，越是容易相互牵引、结党营私。幸亏尧有知人之明，洞察隐微，透过行迹直见其心术。选材用人，不惟其言，而惟其行。古今中外，正反两方面的例子还少吗？

当年洪水滔滔，天下饱受其苦。到哪里找一个治水的人呢？尧询问众人，大家七嘴八舌地推举鲧。鲧是一个著名的部族首领，也是建筑业的顶尖专家，众望所归。然而，尧轻轻地摇头，认为鲧未必能胜任，大概是鲧为人乖戾，脾气不太好，大概家族也不太和睦。不过，大家还是坚持保举他："为什么不能试一试呢？"形势严峻，无将可派，那就试试吧。三年一小考，九年一大考。

结果，鲧真的没有治水的本领。古人读经，认为知其不可用而姑且试之，彰显尧有忧民之仁。为什么不说尧此时能够纳言呢？古人喜欢将圣人神化，在无计可施的情况下，少数服从多数，听取大家意见，未必不是圣人的美德。

❼ 找个接班人

尧逐渐老去，有一天他召集四岳，即掌管东、西、南、北四方事务的人，说："我在位七十载，老了，你们谁能继承我的位置呢？"四岳你看看我、我看看你，都不敢接茬。尧又说："我们访求贤人，不要把眼光局限于官府和官员。你们不妨看看民间有没有人可以担此重任呢？"众人回答："有鳏在下，曰虞舜。"——哦，有的。在小民当中有个鳏夫，也就是光棍汉，人称虞舜。舜生活在虞，因此被称为虞舜。

尧就将两个女儿一起下嫁给舜，以观察舜的品行与智慧。

尧这一招很厉害。一般人在女色面前会怎样呢？面对两位公主，舜是不是会低三下四地找不到自我呢？一般人瞬间脱单都高兴，更何况攀上高枝呢？对于舜来说，幸福来得太突然了吧。

《尚书》没有叙述舜如何处理这桩婚事的种种细节，而是直接观察这个家庭。这个家庭居然比较和睦了。这正是尧想看到的。对此尧只说了两个字"钦哉"。

试想舜的家庭，首先是"父顽、母嚚、象傲"，而舜自己老大了，还没娶上媳妇。这不仅是一个没落的家庭，而且是矛盾丛生的家庭。新来的两位公主一贯养尊处优，即使能大度地包容这一家人的缺点，也未必受得了这份贫苦，更难以想象她们能跟舜齐心合力地改造这个混乱的家庭。

可喜的是，舜经过努力，两位公主谨守妇道、孝敬父母、勤俭持家，舜的父母和弟弟也被他们的善行所感召。可见舜的品行，可见舜治家的本领。管理好这样一个家，不是需要很多智慧吗？

话说尧，他本知道舜的贤名，然而他没有直接提出舜的贤才，而是问询于四岳。四岳推却是情理之中的事，尧就暗示"明明扬侧陋"，把注意力直接引向民间，打破门阀，走出官员系列，于是四岳的眼光聚在舜身上。儒家说，"民可使由之，不可使知之"。舜能脱颖而出，实在是尧运作高明，选人用人，既不拘一格，又能融洽各方面关系，一切顺理成章。要知道，古往今来有多少朝代因为王位继承而大动干戈。尧悄无声息，妙于运筹，便初步确立了接班人。嫁女，既验证了舜的品行和治家的标准，又解决了舜的身份地位问题。

尧表扬舜"钦哉"。钦者，敬也。诚以钦者，一心之主宰，而万事之根本。尧舜一脉。

❽ 提拔与考验

古人从低微处识人。舜具备治家的本领，他的格局能否再大一些呢？孔子序《尚书》云："虞舜侧微，尧闻之聪明，将使嗣位，历试诸难。"舜结婚前后仍为庶民身份，与政事无关，不在朝堂为"侧"；贫贱为"微"，居处偏僻简陋为"陋"。尧要进一步测试舜的能力。

慎徽五典，五典克从。纳于百揆，百揆时叙。宾于四门，四门穆穆。纳于大麓，烈风雷雨弗迷。

首先是教化方面。五典，即五常之教，父义、母慈、兄友、弟恭、子孝。舜诚心敬意地推行五典，他给尧举荐了伯奋、仲堪、叔献等八人，人称"八元"，由他们分管四方教化，尤其是把舜的家庭管理经验向各方国、部族乃至民间每个家庭推广。舜成了天下的道德模范。

不久之后，尧又让舜"纳于百揆"。揆，度也。让舜参与到核心政务中去，大概是尧的贴身秘书或高级智囊吧。其间，舜又给尧举荐"八恺"，即苍舒、隤敳等八人。《左传》曾称此八人"齐圣广渊，明允笃诚"。舜协调百官，处理百事，百官百事无不井然有序。

接下来让舜"宾于四门，四门穆穆"。舜的智慧得到大家认可，然后他作为司仪，按照《周礼》这是太子（继承人）该干的事情，舜接见四方诸侯，诸事和美。显然在外交事务上，舜也表现得非常成熟、完美。

"纳于大麓"这是一件怎么样的难事呢？有人认为"大麓"是山脚，把舜放到深山老林，舜也能不慌不忙，平安无事，风雨雷电不能加害于舜。古人认为这是天意。另有人认为"大麓"即大录。让舜大录万机之政，乃阴阳和，风雨各以其节，不会稍有偏误。还有人认为"大麓"即河北巨鹿一带，认为巨鹿是尧舜禅位之地。

从树立道德模范至此，尧从内政、外交等多个角度对舜进行了考验，其中也少不了指导，舜也从中得到了锻炼，积累了经验。历时三年，尧对这个年轻后生非常满意，于是将职位禅让给舜。

❾ 尧的暮年

尧舜始终是我们心目中的圣君。从孔夫子到其后历朝历代的名相贤臣，无不将"致君尧舜上"作为终极目的。尧舜成为自古以来帝王的最高境界。然而，尧为什么要禅位呢？难道真的如儒家、道家所说的帝王是苦差事，没人愿意做吗？实事求是地说，帝王的生活并不如我们想象的那样从容。以尧的思想境界，怎能推脱"代天牧民"呢？

其一，尧在位"七十载"，寻求接班人。可以想见他的年纪已经很老了。体力不支，行将就木，作为一代圣君，自然要考虑接班人的问题。后来的各个王朝不是很早就立太子、确立接班人吗？

其二，尧了解自己的儿子，儿子过于聪明，然而定力不足，也许不够厚道。如果让他即位，可以过好盛世，若遇上风吹草动，恐怕他是支撑不起的。善辩、善变的性格，使他不足以成为理想人选。

其三，水患严峻，民不聊生。现实摆在面前，举国第一治水高手——鲧已连续多年治水，仍不见明显成效。试想，如果连续十多年全国范围的水患，局面会恶化到何等地步，况且那是物资严重匮乏的时代。作为体恤民情的领导者该做何感想？更可怕的是，至此他仍找不到治水的一丁点儿希望。既没有可用之人，也没有合理的办法。

幸好遇见舜，先收做女婿。女婿年轻有为，做事稳重，有条理、有思路，民心所向，禅位也就顺理成章了。尧也心甘情愿地为舜的继位做好铺路石。舜继任之后，尧退居幕后，继续发挥余热。

二、精心打造的执政雏形

本章节重点讲述《尚书·舜典》。

《舜典》内容：舜的德业，尧测试舜的行政能力，尧禅位，以及舜执政后的重大事件。主要事件有观天道以齐七政、重新聘任四岳和诸侯、巡守四方、构建新文化、流放"四凶"、主持尧的葬礼、组建新的领导团队、建立新的考核制度。

其中，尧测试舜这一段在本书上一章已经讲过，此处不再赘述。

《舜典》开篇介绍舜德业的 28 字，在《今文尚书》中没有体现。

❿ 舜之德

> 曰若稽古帝舜，曰重华协于帝。濬哲文明，温恭允塞，玄德升
> 闻，乃命以位。

《舜典》仍是史官的回忆文章。曰若稽古，从前如何如何。尧叫放勋，舜叫重华。也有人说，尧曰"放勋"，是说尧有至高无上的功勋。所谓"重华"，是舜将尧的光辉再现。

"协于帝"，这个"协"字，不是简单的协助。舜的思维方式、做事风格等品行标准与尧高度协和一致，或者说他是尧的翻版。得尧施政之精髓，因此

深得尧信任，也得到万方的爱戴。

比如，我们将一块玉切割一分为二，左边一块截面的纹理，和右边一块的纹理完全吻合。这就是正与副的关系。正职与副职、正件与副件，等等，就是这么来的。尧与舜，两代圣君也是如此。

"濬哲文明。"深沉莫测曰濬，神志通微曰哲。文者，条理秩然之谓；明者，照临四方。

"温恭允塞。"待人敦厚温存，处事恭敬谦卑，他的优良品行充塞于天地之间。

"玄德升闻。"玄者，幽潜也。其德深沉，变幻无穷，不可捉摸，内含无尽能量、无限智慧，升闻于天，上达天听，以至于上苍都知道舜的英名。

舜以此等品德合于尧，一模一样，可见尧、舜一脉相承，都是圣明之君。

《周易》与《尚书》有扯不清的关系。《周易》以乾、坤两卦为整部书的纲领和灵魂。乾卦：天行健，君子以自强不息；坤卦：地势坤，君子以厚德载物。云行雨施，品物流形，乾、坤之间又有着神妙的联系和变化。此间妙，不可言喻。尧之禅位，恰似对避免陷入乾卦中"亢龙有悔"的自我认知；舜的温恭也正是坤卦的"含弘光大"。在《尚书》中，《尧典》与《舜典》之间正是如此，两篇文章同样是整部《尚书》的总纲，而两者之间也有不尽的关联。舜不仅继承尧的职位，更继承尧的德行，同时舜也具备自己的风格。在他们的相同与不同之间，我们会更清晰地认识两位历史上伟大的圣君明主。

天地之道尽在乾、坤之中，政治之道尽在尧、舜之间。尧、舜，是其生前人们对于他们的称谓。尧，至高也。舜，《山海经》写作俊，俊，至大也。同样与乾坤吻合。

尧满心欢喜又饱含期望地对舜说："汝陟帝位。"你通过了我的诸般考验，你来继位治理天下吧。舜深施一礼，谦卑地说："我的德行还差得远呀。"

舜让德不嗣，深为后世歌颂。舜摄政期间，政绩斐然，依然谦卑不敢正式继位，缘于他不以得天下为乐，而是怀着一颗忧国忧民之心，深感责任重大，生怕辜负了尧和天下的期望。

⑪ 禅位仪式

来年的正月初一，尧、舜及众人身着正装，一起来到文祖庙，尧终止"任期"，舜从尧手里接过了重担。禅位之事，关乎民生、政治，必告天知，以确定其合法性和正统地位。至于"文祖"是谁，有两种解释：其一，尧文德之祖庙，尧的祖先也是舜的祖先。司马迁等支持此观点，荀子更是坚定地指出文祖即黄帝，黄帝可以配天；其二，马融认为，文祖，天也。万物都是天生的，天让你生成啥样就是啥样，此所谓文万物之祖。这个仪式很庄重，类似于宣誓，要明晰责任和义务，让人神共知，以自我约束。古人比之今人，还多了许多敬畏之心，深恐愧于上天和先祖，同时祈求他们的保佑。

帝王易代，莫不改正。尧正月建丑，舜正月建子。此时仍是尧时代的正月，即丑月。为什么帝王登基一定要改正朔呢？那是要告知天下子民，我的职位是老天授予的，不是受之于人的。

在璇玑玉衡以齐七政。

继位之后，舜又恭恭敬敬地察看天象，唯恐自己德不配位，唯恐政化有所遗失，不合天心。古人认为，天是至高无上的，人必须遵循天的旨意。一旦人做错了事，天上会出现异象，来警示你加以改正。因此，天文不仅关乎历法，也关乎古人政治。尧"钦若昊天""敬授人时"，舜也是将此列为第一项工作，"以齐七政"。有人对"七政"有不同解释，本书选取《尚书大传》的一种注解。七政：春、夏、秋、冬、天时、地理、人道。为政密钥，人道正而万事顺成。

肆类于上帝，禋于六宗，望于山川，遍于群神，辑五瑞。

首先举行祭天仪式，本次祭天不以其时，而是有事奉告。非时祭天谓之"类"。之后禋祭等系列。禋祭，烟气上达，升报于阳。关于"六宗"也有诸多争议，我倾向于马融的观点，六宗是天、地与四时。万物非天不覆，非地不载，非春不生，非夏不长，非秋不收，非冬不藏。望祭，即遥祭，遍告群神。祭祀典礼少不得舞乐，称为"六乐"，《周礼》记载："凡六乐者，一变而致川泽之示，再变而致山林之示，三变而致丘陵之示，四变而致坟衍之示……"六种舞乐演奏一遍，天地周知了。

大小官员和部族首领各执瑞信交还给舜，舜依据他们的政绩，逐一接见并加以批示。所执瑞信即不同规制的圭。没有过错的，复其圭以归其原有岗位。有过错的，留其圭。能改过，再复其圭。不改则处罚逐渐加严。

舜继位了，接见四岳和地方官员，一来考核政绩，二来宣布自己的上任。昔日的团队是尧建立的，自此以后，天下进入舜时代，即日更新。

⓬ 巡守，一路治理

过去的方国或部落很小，有的甚至相当于今天一个县的地盘，因此数量大、人员多，舜的接待任务异常繁重。舜接见各地部落首领大约用了整整一个月。二月，舜巡守泰山，柴祭，望于大小山川，接见东方各地诸侯。

各方国有守土之责，舜下来巡视，自然称为"巡守"。自古人们对于泰山怀有一种特殊的感情，尊为五岳之首。泰山位于我国东部，古人认为东方是万物开始的地方，阴阳交代，故而又称为"岱宗"。众人按照大小尊卑秩序向山川祭祀致礼。

协时月、正日，同律、度、量、衡。

舜在治理方面确实比尧细致得多，更系统化、制度化。由于管理上条理性增强，使得政务更高效，更趋于协调一致。首先是历法时间上纠偏的问题，也就是统一使用"北京时间"；其次是统一音律和度量衡，历朝历代都会做统一度量衡的工作。

修五礼、五玉、三帛、二生、一死赘，如五器。

这是另一件重要的工作。他将天地间的大道理，规划成一定的仪式和礼仪。借大家最容易理解的形式，来明确事物的性质以及事情的原委，以实施教化、治理。比如五礼，分吉、凶、军、宾、嘉，事情不一样，因此礼也不同，逐一确立标准，建章立制，便于操作和管理。

继位伊始，舜异常忙碌。五月，巡守南岳霍山。八月，巡守西岳华山。十一月，巡守北岳恒山。四方巡视完毕，归来祭祀告慰艺祖。

舜不辞辛劳，在交通不便的条件下，一年之中往返四地，积极布政。舜和某一方的众多方国聚于一地，既能实地考察政绩，又能督导工作，使地方不敢懈怠。而众多方国就近、集中一地汇报工作，又能促进下情上达。从上至下的沟通渠道顺畅了，管理机制才能活跃、高效。

我们不禁要问，舜这一年长期在外，政事谁管呢？此时有尧在后方打理就行了。既要理政务，又要时不时地巡视下情。如何兼顾呢？于是舜又制定了万全之策，东、西、南、北每年只巡守一个方面，五年为一个周期。此外服饰、车饰等配置依据尊卑各有定数，不可超越规制。其优点在于：通过严格等级来确保政令的实施，文明程度明显提高。

⓭ 最讲究的见面礼

赞叹于舜的智慧。既告诉你该做什么，又能时时提醒你该怎么做。其可操作性，体现到他对于细节的规划和把控。

我们常说宾客、宾客，其实手里有见面礼的才叫宾，繁体写作"賓"，有贝；手里没有礼物的只能叫客。古人的见面礼，称之为"贽"。贽者，执也，用手拿着礼物去拜见您。所谓贽，又有质、至、致多层含义。拜见您，我必须本色出演，体现我的本质。我是不是至诚呢？这件事情我能否做到极致呢？

公侯伯子男所执各有深刻含义。《白虎通义·瑞贽》云："公侯以玉为贽者，玉取其燥不轻，湿不重，明公侯之德全也。卿以羔者为贽。羔者取其群不党。……大夫以雁为贽者，取其飞成行，止成列也。……士以雉为贽者，取其不可诱之为食，慑之以威，必死不可生畜……卿、大夫贽，古以麋鹿（小鹿，雄性），今以羔、雁者何？以为古者质，取其内，谓得美草鸣相呼。今文，取其外，谓羔跪乳、雁有行列也。"①

中国人爱玉，君子比德如玉，玉有什么德呢？玉之德：燥不轻，湿不重。这是古人赋予它的美德。

在我们的传统文化里，羊是美好吉祥的象征，它的风格在于群而不党。不结党营私，始终保持一颗坦诚、公正之心，这对于大到一个国家、小到一个群体是多么重要呀！

不受任何人任何事物诱惑，也从不怕任何威胁。这种气节在任何朝代都是难能可贵的。所执之礼要符合自己的身份，每当见到"贽"都会提醒自己、做好自己。

⓮ 把亲民做到极致

舜经理天下之政，将天下划分为十二州，以便于推行政令，德泽万民。每个州都有作为"地方名片"的大山，这就是封山。封山，意在敬慎于封疆，既约束在上者不能滥权，又警示世人不得僭越作乱。各州联动，大力浚川，也就是深挖沟渠，以缓解或治理水患。

翻阅历史，常有皇帝登基而有大赦天下的记载，以示天子的德泽遍布每个角落，连监狱里的犯人都能享受到恩惠。这一做法也许源自舜。舜对于刑罚做了一些调整，既较之前更加明晰，又较之前大为减轻。舜用流放的方式减轻罪犯的刑罚，以恩减降。在过去五刑之外，另增设三类处罚：

鞭作官刑，扑作教刑，金作赎刑。

虽然也叫作"刑"，我看鞭扑未必入刑法，大概介于法律和道德之间。比如扑，一般用于不听教化，违反了纪律，用荆条打几棍。老廉颇负荆请罪，不是背着荆条嘛，就是这个道理，他甘愿尊蔺相如为师，行师礼。可惜今天教师手里的木棍，称作"教鞭"，不叫教棍，也不叫教扑。不知所以，也许后人更倾慕

---

① 班固. 白虎通义·瑞贽 [M]. 北京：中华书局，2024：197，296.

官办色彩吧。需要说明一点，鞭挞重于扑击，因此所谓"官刑"也包含扑。

推陈出新，必须清理前朝积弊，尤其大奸大恶。以此整肃朝政，警示群臣，并且振奋民心，进而弘扬正能量。

先说那个共工。尧生前认为他说一套、做一套。舜将他流放幽州。当年积极推荐共工的驩兜，与共工狼狈为奸，被流放崇山，使他们一南一北，再不能呼应。还有三苗，一贯不服从领导，经常游离于政府之外。舜将他们迁徙到西面的三危山。鲧也是曾经被尧点过名的人，再加上这九年劳民伤财，治水徒劳无功，被舜发配到东边的羽山。

　　　四罪而天下咸服。

舜惩治"四凶"大快人心。天下或认为"四凶"罪大恶极，然而舜却恩威并施，仍然没有伤残他们的身体。

无论是面对"四凶"，还是其他犯人，舜提出"钦哉钦哉，惟刑之恤哉"，责令施政者敬之又敬，始终怀着一颗仁爱之心。

⑮ 他看出"四凶"的价码

也许在别人眼里，"四凶"是十恶不赦的坏人。而在圣君的眼里，既要给他们定罪，还要看到他们都有各自的"剩余价值"。如何给他们定价呢？这不仅棘手，弄不好还往往贻害无穷。

且看舜的高明之处。

所谓法官，其一，不能徇私枉法；其二，要因情取舍。因此，法官必须深度体察犯罪的每一个环节。敬之又敬，死者不可以复生，断者不可以复续。舜在用威之中而益见其仁爱之至。

我们先看"四凶"的罪责。共工口是心非，得罪于己。尧称之为"靖言庸违，象恭滔天"，此为"第一凶"。驩兜同恶相济，得罪于人，"第二凶"。三苗居险，得罪于朝廷，居第三。鲧治水无功，得罪于万民，为"第四凶"。正天下之法，义也；除天下之害，仁也。

流共工于幽洲，放驩兜于崇山，窜三苗于三危，殛鲧于羽山。
四罪而天下咸服。

流、放、窜、殛，都是流放之类的刑罚，但略有区别。流，如一片叶子放入溪流，流到哪儿在哪儿；放，限定地点居住；窜，条件较放更为恶劣，监管更加严格；殛，监管外加责罚。殛是最重的。

假如古代有辩护律师的话，会给他们如何辩护呢？最好的辩护就藏在舜的心里。共工也许是能工巧匠，或者是负责技术的官吏。试想，谁人搞技术发明不是先有理想和预期？谁人的发明、创造又能不留有缺憾呢？理想与现实本就不能百分百统一。因此共工的罪状多少有点原因。驩兜是他的鼓吹者和追随者，也可以做同样的辩护。

三苗是不安分的部落，然而在天文历法上历来有很高的成就。自轩辕黄帝战蚩尤以来，历届掌管天文历法的官吏和专家都与三苗有着割不断的联系。

至于鲧，则有很多不便说的内情。按说他的民愤最大。九年治水，花尽天下钱财。天下黎民莫不把希望寄托到他身上，然而，换回来的却是水患频发、生离死别、民不聊生。尽管天下苍生皆曰杀之，而舜明晰其中的道理。

首先，鲧是天下第一的筑城高手，也是筑城的发明人，列那个时代的六大发明之一，否则四岳也不会共同推举鲧去治水。其次，他去治水是大家公认的、推举的，不是他自荐的。最后，尧任命由鲧来治水，实属"死马当活马医"的不得已办法。到目前为止，仍没有人能替代鲧，也没有更好的方法，人在水患面前是无能为力的。

因此，从某个角度讲，鲧是失败的英雄。这大概也是后来任命大禹治水的原因之一，正是吸取了鲧的教训，大禹得以成功。

当然，"四凶"自有流放的道理，舜对他们各有新的交代。古人曾经坚信，如果论本事，即使乱世的宰相也优于盛世的名士。"四凶"不死，各自能教化一方，做个地方贤达总是够格的。于是，"流共工于幽陵，以变北狄；放驩兜于崇山，以变南蛮；迁三苗于三危，以变西戎；殛鲧于羽山，以变东夷"。[①]足见舜的智慧。

----

① 司马迁.史记·五帝本纪［M］.北京：中华书局，2009：3.

⑯ 心下有个"敬"字

尧之德"钦、明、文、思",主于一个"敬"。丹朱不能承其"敬",被尧所抛弃,舜承袭"敬"而能接过权杖。敬,贯穿舜的一生。

敬事,舜将天下治理得井井有条,兢兢业业,甘心做好大禹治水的后勤工作,救民于水火,也使大禹无后顾之忧。仅此一例足见舜的敬事风骨。

敬事,尤当敬人。摄位二十八年,尧去世。舜对于尧的尊敬一如既往。

二十有八载,帝乃殂落。百姓如丧考妣,三载,四海遏密八音。

百姓如丧考妣,可知舜之心情。古时百姓,实乃百官,只有官员和有身份的人才有姓氏。并不是普通民众,普通民众仍可以过正常生活。换言之,尧之死,并不过多影响民生。有礼有节,此处又有一层爱民敬事的含义。

舜也尊敬老臣。伯夷是尧的老部下,曾经与尧勠力治国,舜即使在任命职务的时候,也倍加尊敬,不直呼其名,而是称之为"伯",尊而不名。

单敬某个人,那是小爱;敬天下贤达才是大爱、博爱。丧期刚过,舜便开始招揽贤才。

询于四岳,辟四门,明四目,达四聪。咨十有二牧曰:"食哉惟时,柔远能迩,惇德允元,而难任人,蛮夷率服。"

四岳是贤才进退之关,舜大开四方登进之门,使有德之人皆能得到职位,使有才之人皆能施展才干。人尽其才也。团结好远方的人,才能团结好身边的人;重用有德有才者,远离奸佞小人,即任人唯贤。后来诸葛亮的"亲贤臣,远小人"实源自《舜典》。

图治之要,惟用贤、理民两端。古人这样形容此事:以天下为一家,则贤路无不广;以天下为一身,则民隐无不达。帝王端坐朝堂,经理端坐办公室,怎么能知道下边的事呢?舜就是榜样。

⓱ 伯乐与千里马

翻看《尧典》，尧求贤，然而所有被推荐过的人，在舜当政之后都没有好结果。丹朱虽然不在"四凶"之列，毕竟是尧的儿子，有看守宗社之责，也是被发到外地。难道舜在排除异己吗？

"世有伯乐，然后有千里马。千里马常有，而伯乐不常有。"历史给予舜仁爱、惇厚之德，想必不会错的。我觉得舜恰恰是发现千里马的伯乐，因此虞舜班底才圣贤云集，熠熠生辉。

尧死后，舜重组执政核心机构，设立不同职能部门，任人唯贤。

此时，大禹治水已经成功。大禹是最让他感到欣慰的人，也是他最先提拔重用的人。当年流放鲧时，他就发现了这个少年，他聪明、睿智，继承了他爸爸的所有才能，而且立志为家族雪耻、为民除患。还是舜力排众议任用了他，让一个罪臣之子前去治理水患，用人不疑，相当于把国家的命运压在少年大禹身上。大禹果然不辱使命。

现如今，舜宣布第一条任命：大禹做司空，即总治之人。治理国家，首在择相。人们往往不怕战争灾难，最怕的是贪图安逸、不思进取。无论君还是相，都应该常存奋起之心，励精图治，苟日新，日日新。用今天的话说，就是永立潮头。企业管理也是这样，为什么有的企业不能抗风险呢？为什么忽然间脆败？似乎缺少了一种持久的、奋进的精神。

古代官职的设立跟五行有关，司空主土，地面上的事很多，即使"空"到什么都没有也归他管，还有什么不归他管呢？

有了大禹的成功，舜的基业更加稳固，这是一对黄金搭档，也是众望所归。舜知人善任，功德无量呀。

且看圣君的格局。

君主代天牧民，民以食为天。弃，是农耕专家，任命弃作后稷，管理农业，解决黎民饥饱问题。

任命契"教民"之职，教化民众，淳化民风。舜说："敬敷五教，在宽。"宽，从容不迫之意。舜着重"敬、宽"二字，敬则不慢，宽则易从。敬以济宽，而宽不失于弛废；宽以济敬，而敬不伤于严苛。契与舜，懂得教化的艺术。

命皋陶主管司法，告之"惟明克允"。命垂负责百工。命益管理水产畜牧。命伯夷掌管天、地、人三礼。命夔统领乐官。命龙做纳言之官。试看舜的任命，皆不二人选，无不成绩斐然，个个都是圣人、贤人。

我曾经把《尧典》和《舜典》类比于《周易》的乾坤。地德广生，舜的治理更具条理性，人才济济，分工合作，各得其所，盛世空前。

⑱ 乐师夔的重要兼职

尧的儿子丹朱，据说不肖；舜的儿子叫商均，据说也不肖。丹朱为前车之鉴，舜有超凡的管理智慧，难道就没有想到如何管教自己的儿子吗？

确实想到了，而且舜对于教育儿子还有专门的批示，教官就是大名鼎鼎的乐师夔，夔不仅主管乐师，而且主管教育帝王以及王公贵族的子弟。这种专项教育有别于契所管辖的教化民众，契倾向于民风、德育，是大文化层面；而夔的教育似乎是从小学范畴开始，或者识字，或者加减法，更像是现代教育。当然教育离不开思想品德，品德是中心，学问是品德的枝叶。

舜任命夔：

> 夔，命汝典乐，教胄子。直而温，宽而栗，刚而无虐，简而无傲。诗言志，歌永言，声依永，律和声。八音克谐，无相夺伦，神人以和。

胄子，是王公贵族的子弟，尤其是嫡长子。舜同时任命多个岗位，唯独对于夔的嘱托最多，显然舜对此最上心。

在舜看来音乐是教育的脉络和工具，通过音乐可以感通教化胄子，涵养其德性，变化其气质。舜强调因材施教，使学生人格完美。有的孩子性格简单直率，如果疏于管理，容易草率，缺乏和气，对于这样的孩子应该灌输温和、温存的思维，让这样的孩子做到"直而温"。有的孩子天生慢脾气，性格宽缓，或许猪八戒属于这样的人，性喜宽大者，胜之以坚栗。栗，通于"裂"，是分析、辨别的意思。

温和为春生，坚栗为秋成。这是仁义之本，舜之用心可谓深矣。

刚直者，容易苛刻，教他们"无虐"；简略者，容易傲慢，故而责之"无傲"。乾刚，坤简，舜之教学必先治其性情，法天地四时。

重视音乐的教育，是中华民族的优良传统。舜认为音乐由心而生，诗文与音乐一体。"诗言志，歌永言，声依永，律和声。八音克谐……神人以和。"只有和谐的才是美的。学生可以从音乐中感悟人心，感知、传递美好信息。因此，音乐可以创造快乐的学习方式，音乐也是教化民众的最佳手段。在这些教育工作中，舜首先从贵族子弟开始，先培养素养，逐渐旁及其他知识。舜就是这样教育儿子的。

那么舜的儿子真的不争气吗？我觉得未必，只不过威望和才能不及大禹罢了。包括丹朱，丹朱也绝非碌碌之辈。

❶❾ 最早的宣传机构

舜册封前几个官员，言语很简单，比如："大禹，你做司空。"而最后封的两个职位，舜均加以详细说明。可见，前边的职位职责较为明晰，属于常设职位，而后边的两个职位是新增设的，职权范围需要重新界定、明确。因此，对于夔，明确乐官之职兼管教学，区别于契的教化，也许是从教化职能里划归过来的。

舜授权的最后一个职位是纳言之官。

  龙，朕圣谗说殄行，震惊朕师，命汝作纳言，夙夜出纳朕命，惟允。

舜说，他最憎恨谗佞之说，祸乱民心。授命龙做纳言之官。让龙来"出纳"舜的教命，以诚信为本，谗言自绝。

"出纳"二字耐人寻味。何为"纳"？搜集整理。去哪里搜集整理呢？去民间。君不见《诗经》里最动听、流传最广的是国风嘛，那就是由专门采诗官收集整理来的。这是最早的采风，也是最早的采访。他们所汇集整理的东西，加以认真辨别分析，也许就是上交到舜手里的内参。民间有什么异象、异动，该如何加以引导纾解，都是舜所关心的问题，也是纳言之官的职责。

而舜制定的所有方针政策，也由龙负责向外发布、解释。从这个角度讲，龙又是舜的发言人或宣传员。此为"出"。

有纳，有出，形成完整的信息沟通闭环，让谗言无所遁形。

听下言而纳于上，故以纳言为名。受上言而宣于下，故言出朕命。惟允者，向帝王汇报信息必须诚信，宣布帝王政令必须诚信。如果发现帝王的政令有所差池，还要及时禀告帝王，不可自作主张，任意而为。

类似于今天的新闻媒体，是政府喉舌，出纳以信。一方面将百姓生活汇报给上级，又将上级指示传达到地方。传递员，不仅做到心诚，还要做到表述及时、充分、到位，这是舜所要求的。

⓴ 难以避免的错位

古人整理这些文字的时候，已经是追述，难免有理解和叙述上的偏差。记叙方式的本身缺陷，纪年是最大问题。流传过程中的损毁、脱简是第二个问题。因此《尚书》所列举事件，需要客观地、历史地分析辨别。找出错位，抛却机械思维，还原事件本来。

尧考验舜的最后一步："纳于大麓，烈风雷雨弗迷。"古今多数学者认为这是把舜投入深山老林，以观天意。然而，尧不是莽夫，何不占卜？何不祭祀祈求天意？何必将舜置于险地呢？

原来"麓"通于"录"。尧对舜的考验逐步加深，让舜大录万机之政，结果阴阳和，风调雨顺，各以其时，不相乱。这是舜所接受的最大的职位考验。

尧禅位于舜，舜把鲧流放到羽山。其中有两种不同认识：其一，认为大禹治水之后，舜即位并流放鲧；其二，认为舜流放鲧之后，命大禹治水。从理论上讲，两种可能性均存在。为什么会这样呢？原因在于典籍当中没有提及大禹治水的具体年限，而且将流放鲧和册封大禹为司空在同一篇文章中出现，册封司空时，大禹已经治水成功。

但是，我们可以做如下假设。如果大禹因治水成功而被封为司空，与此同时，他的父亲因为治水无功而被流放。试问：这是奖赏大禹呢？还是作践大禹？让大禹何以为人？更别说为官了。

再说一个错位。舜即位之后，夔奏乐，乐声悠扬，感天动地，因而"百兽率舞"。难道真的会有百兽突然出现在会场吗？很多人认为这是瑞相。其实不然。假如突然间不知从哪儿来了一群怪兽，岂非妖孽，怎么会是祥瑞呢？

之所以"百兽率舞"，一定是各部族戴着各式各样头饰面具的舞蹈，载歌载舞的场面而已。

诸多错位，须耐心辨识，研读《尚书》，此亦一乐趣。笑柄和真相，靠自己去挖掘、鉴别。

三、群星璀璨的朝堂

本章节重点讲述《尚书·大禹谟》。

《大禹谟》仍是以德业开篇，其后大部分是舜、大禹、皋陶、伯益四人的聊天记录。涉及大禹对舜进言、舜对大禹的告诫、伯益对政务的个人见解、舜禅位、大禹推荐皋陶、伯益谏言大禹。君臣畅所欲言，着重凸显大禹的谋略，因此以《大禹谟》名篇。

《大禹谟》未见于《今文尚书》。

㉑ 古人的名字

名字就是个代号，年代越久远，名字越朴实。名字也许跟相貌体征有关，也许跟职业功德有关，也许和生命中某件事有关，等等。尧，是高的意思。舜，是广大的意思。禹的名字并不高大上，"禹"字的本义是古代的一种虫。目前不清楚这类虫跟禹以及禹的部族有怎样的关系，自古至今也没有见过这方面的断言。禹的父亲叫鲧，"鲧"的字义是大鱼。看来禹的家族起名字喜欢跟动物有关。为什么后人称之为大禹呢？这个"大"字，可不是排行老大，也不是个子高，而是其功德太大，高出其他大臣许多，因此加一"大"字，以彰显其功，异于群臣。

《尧典》：曰若稽古帝尧，曰放勋。

《舜典》：曰若稽古帝舜，曰重华协于帝。

《大禹谟》：曰若稽古大禹，曰文命敷于四海，祗承于帝。

很多人认为这是他们的名字，尧叫放勋，舜叫重华，大禹叫文命。而另一派说法，则认为放勋、重华、文命是其功德的叙述，跟名字无关。放勋是至高无上的功德，重华是继尧之后的二度繁荣，文命则是文德教命。由于古代没有标点符号，注疏上的官司打了几千年。同样的句式，我们从《大禹谟》更能看清原委。是不是也可以这样断句呢？"曰若稽古，大禹，曰文命敷于四海，祗承于帝。"这是说，大禹能以文德教命敷陈于四海，又能敬承尧、舜。外布四海，内承二帝，言其道周备。我认为这样解释更为顺畅。

仔细体味，文命似乎并非大禹的名字，同样，放勋、重华也一定不是尧、舜的名字。

㉒ 盛世补短板

在尧舜的时代，并非等级森严，领袖与群贤之间经常坐在一起议事，换言之，当时还没有严苛的等级。因此，上下关系相对融洽，类似于朋友一堂，畅所欲言。

前文记述，舜好问、好察、兢兢保治。大禹深知舜的为政风格，首先提出施政的话题，正所谓响应舜之美意。

大禹说："君主应该知道君主事业的艰难，臣子应该知道臣子事业的艰难。君臣之政治、教化做到位，下边的人民自然就会向好，自觉进德了。"

由于身份高贵，地位特殊，大禹讲话喜欢提出议题，稍加引导，上可以劝君，下可以治臣，而且也可以自我约束。大禹提出的是两个警示的话题：一则不知其难；二则虽知其难而不能尽职尽责。

舜点点头，称赞道："这个话题好。君臣一道，始终保持共渡难关的精神状态，励精图治，正是我所盼望的。我希望大家来帮助我。如果子民有善言，不要被埋没；乡野有贤才也不要被遗漏。为上为官之人，要深入民间、体察民情，耐心听取民众意见，舍己之非，从人之是。"言语中舜也想到了尧对他这一介草民的恩德以及尧的执政操守。

以上是舜对于自己、对于大臣的一贯要求。随后，舜话锋一转：

不虐无告，不废困穷，惟帝时克。

不要苛求鳏寡孤独之人，他们有话无处诉；也不要嫌弃困顿贫穷之人，要多加抚恤。关爱弱者，连弱势群体的言行、生活，您都能放在心上，还有什么事会遗漏呢？

针对大禹的话，舜言简意赅，对以三策：求善言善策；访求贤哲；扶贫。着力点在于基层，扶贫是几千年的社会话题。

经济困难时期，我们习惯突出长板，往往让一部分贤能起到带头作用，做"领头羊"。显效之后，尤其是进入盛世，若再想让官员保持危机意识，莫如让他们访贫问苦，实地看看还有多少问题亟待解决。如果对于鳏寡孤独，你都能拿出耐心来，那么你的思想觉悟基本没有什么问题了。

❷❸ 为而不恃　善而不居

有个多音字——处。"处"，其一，读四声，位于的意思。其二，读三声，如处女。所谓处女，具备女人的所有素质和条件，只是尚未婚配，还没有传宗接代。因此，"处"读三声时，有为而不恃、善而不居的含义。

二十四节气里有个"处暑"，也是为而不有的意思。虽然暑期已过，已经入秋了，但是气温还在暑的阶段。

道家认为"为而不恃"是美德。有史以来，舜是秉承这种美德的第一人。

与大禹论道，舜提出三项主张：向民间求善言；访贫问苦；选用贤才，不论出身贵贱。在这三个方面，舜推崇尧：

惟帝时克。

意思是，这样的事情也只有尧能做好呀。"时"通"是"。舜正是来自贫贱底层的人，他对尧的关爱终生难忘。另外，由于自身家庭的缺陷，父顽母嚚弟傲，舜自幼养成了谦卑的、深沉的、缜密的行为方式。一方面对家人的孝和恕，一方面对于尧的忠。其实舜的政绩丝毫不逊色于尧。比如治水，虽说是大禹的功劳，实在是舜任人得当，后勤工作也十分得力。

舜的谦卑，也是各位大臣都习惯了的。在舜组织召开的会议上，尧始终是大家的旗帜。

> 益曰："帝德广运，乃圣乃神，乃武乃文。皇天眷命，奄有四海，为天下君。"
>
> 禹曰："惠迪吉，从逆凶，惟影响。"

伯益赞美尧之德，广大而无外，运行而不息，很难以一言形容呀。自其德出于自然者言之，谓之圣；自其圣妙于莫测者言之，谓之神；自其刚毅能断者言之，谓之武；自其英华宣著者言之，谓之文。赞扬尧，意在期望舜能效法尧。

舜继位之后，经济民生逐渐向好。大禹接着伯益的话头说，天道不可违，必须时刻清楚世事的艰难。顺者昌，逆者亡。什么叫"影响"呢？好比你竖根杆子，马上就有影子；如同敲击乐器，马上就有声响。显效就这么快。

历史上像这样既有能力、又能耐心甘心听取意见的帝王，真的不多。舜之后，唐太宗略有相仿。其实，未必帝王，小到一个公司、一个部门，负责人能听取部下意见且始终恭敬、和颜者，能有几人？执行力强弱，不一定限于脾气，而是限于能力和综合素质。

❷❹ 心直口快的伯益

如果说大禹扯出话题，那么伯益就是延续话题的炮手。舜的团队，圣贤云集，这位伯益也是牛人。他对于人类的突出贡献就是发明了水井。千万不要小看这个简单的发明，水是人类生活的大问题，平地上挖个坑就能取水了，岂非幸事。假如没有水井，就不可能有城镇、村庄的建设，也没有后来农业大发展。这也是远古六大发明之一。

伯益给舜管理畜牧水产，大概是"理科男"的缘故，他说话直来直去。面对舜，他侃侃而谈："大禹说得对，吉凶立现。作为君王务必时时儆戒。"他的语气近乎嚣张，像喝过二两酒似的。

> 儆戒无虞，罔失法度。罔游于逸，罔淫于乐。任贤勿贰，去邪勿疑，疑谋勿成，百志惟熙。罔违道以干百姓之誉，罔咈百姓以从己之欲。无怠无荒，四夷来王。

"理科男"想来思路清晰，一下子罗列八个问题，涉及三大方面。目前是太平盛世，四方安定，这个时候更要严守法度，不可废弛；太平年景，容易自我懈怠，贪图安逸，此风不可长；生活好了，容易滋生坏毛病，淫于宴乐，或者今天的痴迷珍奇古玩等等，也是绝对不可以的。在任用贤才方面，首先要信任贤才，让他放手工作；剪除小人一定要坚决，小人不除，只会干扰贤才工作；处事要果敢，谋划当先，切不可患得患失，进退失据。为人处世，要秉持一颗公心，奖罚能不能不徇私情？能不能坚守正道？有一种情况，你明白其中道理，可是老百姓不清楚，结果你随波逐流，赚得老百姓的赞誉，却违背了道理和原则。还有一种情况，就是固执己见，自以为是，强硬地命令老百姓跟随你的欲望和想法。这都是私心作祟。

舜，你不能心存一念的倦怠，做事不要有丝毫的荒废，你就可以让四方臣服了。

伯益讲得很过瘾呀。假如我三十岁之前，我实在佩服伯益，佩服他的智慧，佩服他的快人快语。三十年后，我却越来越佩服舜。作为一代圣君，从不自任自专，如此谦卑。舜创造空前盛世，与一众大臣分不开，更与他本人的胸怀分不开。谁不盼望有个像舜这样的人来做咱们的领导呢？反观自己，面对不同意见时，更应该和颜悦色，耐心倾听。

㉕ 看圣人如何聊天

聊天不是随声附和，随声附和就有了主次之分；也不能互相抵牾，矛盾激烈也就谈崩了。最好的聊天一定是和而不同。

舜、大禹、伯益、皋陶都是会聊天的人。伯益劝君要有"公心"，八个问题全部用否定句式，八个"不要作"，最后强调"无怠无荒"，持盈保泰，宵旰不遑。接下来大禹从自己的角度向舜进言。伯益所讲的是舜需要注意的八个要点，而大禹的谏言更具概括性，更便于行政规划和管理。

大禹说："舜，您真的应该记住伯益的话。"人君贵乎有德，德不能仅存于心，而更要施于政。您的德要体现于政治，而政治的要点在于让老百姓过上好日子。

> 德惟善政，政在养民。水、火、金、木、土、谷惟修，正德、利用、厚生惟和。

水、火、金、木、土、谷，并称六府，是天地自然之利。日用不可或缺，应该补其不足，泄其有余，妥善解决温饱问题，解决生存问题。然后教给他们明伦理、正其德；教给他们务农、做工、经商，提高物品的使用价值，利其用；再教育他们勤劳、节俭，过上好日子，这是"厚其生"。

> 九功惟叙，九叙惟歌。戒之用休，董之用威，劝之以九歌，俾勿坏。

六府与三事合为"九功"。九功皆治，百姓受益，歌舞升平。正如伯益所期待的，如何长治久安呢？勉励先进，鞭策后进。歌咏是最喜闻乐见的宣传形式，古人没有多少人识字，因此从舜到禹，都很重视歌咏。歌咏是最好的宣传媒介，弘扬正能量，保万世太平。

帝曰："俞。地平天成，六府三事允治，万世永赖，时乃功。"

舜始终认真地听着，并且赞扬大禹，治理水患，天下太平，九功皆成，长治久安，都是你的功劳呀！舜不居功，功劳是大禹的，不仅治水之功，而且有治世之功，因为大禹是司空。

舜是最会听人聊天的，大禹是最会聊天的，伯益是最敢聊天的。

❷⑥ 舜的暮年

尧和舜都是长寿之人。长寿自古就是人类的理想，古人也常常将长寿与道德高尚相关联，高德者必高寿。

《大禹谟》记载了舜禅位过程。文章前半部分是大禹进言治国安邦之策。后半部分是舜禅位于大禹。舜认为大禹关于养民的论述非常好，赞扬禹："地平天成，六府三事允治，万世永赖，时乃功。"这是何等高度的称赞！根除水患，国泰民安，万世太平，都是你大禹的功劳呀！看来舜选择的接班人就是大禹，而且是经过深思熟虑并深信不疑的。

帝曰："格，汝禹！朕宅帝位三十有三载，耄期倦于勤。汝惟不怠，总朕师。"

我老了，体力不支了。禹，你来继位吧。此时舜已经独立施政三十三年。可以计算一下，尧考验舜三年，舜摄位二十八年，尧去世之后，舜又执政三十三年。可以想见舜已是九十岁高龄。舜自称"耄期"，就是八九十岁的年纪。

八九十岁高龄，考虑禅位是自然的事情。何况当年尧也是这么做的。

其中有两个信息不容忽略。大禹进言和舜禅位，并非同一时间。如果舜到暮年，大禹不可能再去面对一位快要禅位的人讲治国安邦的原则问题。作为舜最倚重的大臣，如果连舜的这点想法都看不出来，他还是大禹吗？

而舜之所以禅位给禹，仍是源于几十年一贯的对禹的认识和信赖，早期的"地平天成",后来的"六府三事允治"。

❷⑦ 大禹心中的皋陶

舜计划禅位给禹,禹感觉自己德薄,不敢接任,推让皋陶。

> 皋陶迈种德,德乃降,黎民怀之,帝念哉!念兹在兹,释兹在
> 兹。名言兹在兹,允出兹在兹,惟帝念功。

大禹认为,群贤当中,唯有皋陶能勇往力行,以布其德。德及下民,人民感恩怀服。舜应该考虑这样的人。大禹在此表述得非常恳切:我曾思虑堪此重任者,是皋陶;若舍而他求,没找到别人,还是皋陶;我嘴上说的是皋陶,深信不疑的还是皋陶。

摄位,是天下之大事,必须能承担使命,能顺应民意,能造福四方,以不负天下之望。大禹之心,为天下推荐贤人而已,不夹杂丝毫个人利益。

因禹推荐皋陶,舜便接过话茬,对皋陶说:"皋陶,惟兹臣庶,罔或干予正。"舜明确不让皋陶参与禅位之事,同时舜也对皋陶的工作给予了很高的赞赏。你皋陶做士师,整肃法纪,以教正违于五教之人,可谓政绩突出。长期致力于教民,也曾谏言教民之事,如今万民从善,风气井然。刑罚的最高境界是"期于无刑",百姓能和于中道,不至于越礼违法。这是你的功劳。你继续努力吧。

在舜眼里,皋陶的贡献是单方面的,在于刑法和教化,或者说皋陶只有专长,格局和视野有局限。而大禹从治水开始,救民于生死一线,而后总治百官,国泰民安,功绩更为突出。

我们也不要把皋陶想象成酷吏,他的执法理念一直令后人膜拜。刑禁于已然,而教感于未然。入乎教,则出乎刑;出乎教,则入乎刑。刑是教的辅助工具。所以刑官,在于"弼教",王者以教化为首务。

皋陶面对大禹的推荐自然也要推让的,文中简略不提。而对于舜的赞誉,他也是不敢承担,连连说那都是"帝德罔愆"的结果,不敢以教化民风自居,

也不敢以明刑弼教之功自任，而应归功于舜。

　　　　帝曰："俾予从欲以治，四方风动，惟乃之休。"

　　面对皋陶的诚惶诚恐，舜不免安慰几句，也是推心置腹的话。你也不必谦虚呀。天下之所以得到治理，跟你德教感民息息相关。善举善事得以顺利推行，每每如风之动物，无不响应。这一切源自你的美德。君臣相与让善。

　　当物质文明发展之后，精神文明必须有相应的提高，同时，精神文明也是物质文明继续发展的重要保障。皋陶在精神文明建设中有突出贡献。似乎在大禹的心里，早已有一种直觉或者迫切要求，即在"仓廪实"之后，必须强调教化，因此推荐轻车熟路的皋陶继承帝位。一方面说明皋陶对于人类确实做出了突出功绩；另一方面也反映了大禹对于国家、对于执政的理解和思路。大禹自认为不如皋陶。

❷⑧ 大禹治水是自告奋勇吗?

　　再回顾一下尧、舜、禹治水的全过程。鲧去治水，当年是众人一致推荐的。尧无人可用，只好"死马当活马医"，让鲧去应对水患。怎奈鲧奔波九载，终无建树。劳民伤财，水患依然，另外还有多人为此失去了生命。无助是最容易化成怨气的，进而愤怒，再无理智可言。对于"无能"的鲧，民愤是自上至下的。最后鲧落得个被作为"四凶"之一，流放羽山。

　　大禹又是怎样异军突起的呢？《尚书》和其他史料都没有记载。

　　我认为，大禹治水，既不是别人推荐，也不是舜征召，而是大禹自告奋勇。鲧治水无功，民愤极大，成为一时罪人。作为鲧的儿子，大禹自然怜悯老父。

　　水患涉及苍生，没有人能远离水患，而治理水患又必须是全民参与才能成功的大事情，因此大禹有治水的志向。

　　面对水患，尧一筹莫展，舜也一样。他们都没有可用之人。

　　鲧毕竟是建筑方面的专家。如果鲧是第一代专家的话，大禹就是第二代专家。古代技术的传承一贯是家族式的。舜的鞭子打在鲧的身上，更是打在禹的身上，禹是当之无愧的人选。

鲧奔波治水，作为儿子的禹，一定陪护在鲧的左右。他不仅学到了鲧的技术精华，也吸取了失败的教训，有了自己的见解。

请看，舜在禅位于禹的时候仍不忘禹的功劳，说："禹，降水儆予，成允成功，惟汝贤。"意思是，在我摄位之初，老天用洪水来警告我，暗指我没有能力，多亏有你。所谓"成允成功"透露了大禹出山的秘密，因此舜才说：你实现了你的允诺，你治理了洪水。只有你最贤。

大禹出来治水，允诺什么呢？显然是自荐，实现自救、救父、救君、救民。可喜的是，他启用新的技术手段，科学治理，而且从根本上解决了水患。有资料显示，大禹治水，确保了黄河此后千余年没有出现大的泛滥。真正的功在当代、利在千秋。

㉙ 圣人心法

舜为什么看中大禹呢？其一在于大禹治水之功；其二在于克勤于邦，克俭于家，从不自满。大禹从不自夸，却没有人比他更有本领；从不自夸却没有人敢与之争功。尧之德为"允恭克让"，舜之德为"温恭允塞"，而禹之德"不自满假"，可见三位圣人先后如出一辙，一脉相承。接下来，舜对禹的执政面授机宜。

> 人心惟危，道心惟微，惟精惟一，允执厥中。

舜将传位于禹，而告以存心出治之本。危，危殆也，危机意识。微，微妙也，要见微知著。人心和道心本来一体。从来自不同个体而言，这是人心，如果人心起念没有高尚、可行的义理约束，便会流向邪恶，这将是很危险的。发自义理正道地称之为道心，道心又容易被私欲所干扰，从而再次陷于昏昧，因此内含无尽微妙。危、微二者，间不容发。如果择之不精，则理欲混淆，中道沦于晦暗，所以要"惟精"。如果守之不一，则理动于欲，立根不稳，所以要"惟一"。惟精惟一，才能使危者安，使微者著。自人心而收之，孰非道心？自道心而扩之，孰非中道？尧仅说"允执其中"四字，舜则加以详细阐述。古之圣人，将以天下与人，先以治人之本传之。心法者，治法之本也。

> 无稽之言勿听，弗询之谋勿庸。可爱非君？可畏非民？众非元后何戴？后非众罔与守邦。

舜又告诫听言、处事之要。纳言，并且务实研究调查。内外相资，治道备矣。

舜又反复训诫大禹务必爱民。舜云"可畏非民"，禹云"民惟邦本"，孟子云"民为贵"。民心从违，即天命去留。可见先秦圣贤对于为君之道已经有了非常深刻的理解，高于秦之后的任何封建朝代。统观两千余年封建社会，唯独唐贞观与之有点相似度，提出"水可载舟亦可覆舟"。所以中华民族对于尧舜的膜拜不是凭空而来的，诸多理念即使在今天仍有进步意义。

❸⓿ 古人的迷信

舜命禹继承帝位，禹再次推辞："枚卜功臣，惟吉是从。"团队之中，功臣无数，我们可以逐一占卜，考知天意，惟吉是从。禹建议占卜。

舜说："设官占卜之法，必先断定其志所向，然后占卜吉凶。我今天任命你摄位，主意已定，无所疑惑；我也曾征询大家意见，大家也同意；鬼神也依顺；占卜也是大吉。不可再行占卜其他大臣。"

不得不说，古人确实很重视占卜。但古人并不是一味迷信，起码不至于信到"迷"的程度。尧、舜、禹之相传一道，其事亦无不如此，他们通过占卜来预知天意，而占卜的使用是有限度的。占卜之法，虽亦古人所重，然必在定志、询谋之后。有没有意向？是否征询了大家意见？而占卜在决策上，只是最后一道程序而已。故《尚书·洪范》论其次序，云："稽疑……谋及乃心……谋及卿士……谋及庶人"，而后才是"谋及卜筮"。

古代占卜手段归国家所有，汉之后才流于民间。古代占卜在于"决断大疑"，后来逐渐变得不那么庄重。为此，清人在《日讲·〈书经〉解义》中提出过尖锐批评："后世舍人而问鬼，舍明而求幽，以致术数之流，皆得妄谈休咎，荧惑听闻。"[1]古人并不十分迷信。尧、舜、禹如此，夏、商、周也如此，事例比比皆是。

㉛ 益：惟德动天

益，这个字是所有人都喜欢的。它会让我们联想到许多好处，如财富、荣誉、健康，等等。

其汉字本意是水在器皿之上，"水"字是横写的，是水满了，并从器皿边沿流出。人人都有贪欲，物质多了是好事，因此"益"有了美好的含义。再后来，美好的意思深入人心，而本义却被人淡忘了，人们不得不加三点水，另造一个新字"溢"来表示水往外流。益、溢便是一对古今字。

尧舜禹时代，有位圣人叫益。我们不知道他是生下来就叫"益"，还是人们因为他的功德称呼他"益"。他有什么功德呢？吃水不忘挖井人，他是中国历史上挖井的第一人。说得高深一点，他掌握着平地取水的技术，挖几锹就会有水从地下溢出来。这就是"伯益造井"。

益是东夷的部落首领，世袭伯爵，因此人们一般叫他"伯益"。他曾跟随大禹治水，突出贡献又在于教给人们渔牧生活，解决基本温饱，后来为舜分管畜牧水产。

大禹继位之后，遇到第一件头疼的事——三苗又叛乱了。大禹计划领兵讨逆。尽管大禹兵强马壮，但三苗毫无惧色。

益赞于禹曰："惟德动天，无远弗届。满招损，谦受益，时乃天道。"

伯益进言，提出用德感化的方案。方案中，伯益还给后人留下一句名言

---

[1] 库勒纳，叶方蔼等.日讲·《书经》解义［M］.爱新觉罗·玄烨钦定版.北京：中国书店，2018：42.

"满招损，谦受益"。

三苗，以兵加之而不服；以德感之他却归来。西方人、年轻人大概不容易理解此事，伯益、大禹创造了东方的睦邻艺术。后人受用，三国中诸葛亮七擒七纵，正是伯益智慧的翻版。东方文明，历来不宣扬武力。

惟德动天，在国家层面，绝非小恩小惠，而是大政方针，是善政善举，是高度发展的文明。伯益方案曾被后人高度膜拜，清人总结为："服远之道，惟在内治之修。内治不修，而徒恃师武臣力，非圣人之所贵也。"① 当然，军事瞬息万变，敌我形势不同，大敌当前则必须同仇敌忾。

反观伯益方案，他所依托的是虞舜时期的太平盛景和清明政治，有国力做后盾，万方来朝。

---

① 库勒纳，叶方蔼等 . 日讲·《书经》解义［M］. 爱新觉罗·玄烨钦定版 . 北京：中国书店，2018：44.

四、被低估的圣人——皋陶

本章节重点讲述《尚书·皋陶谟》，亦名《咎繇谟》。

《皋陶谟》谈国家治理，是皋陶的执政理念和工作经验。这是发生在参政议政时的对话，没有舜发言，却是"为帝舜谋"。通篇都是大段含金量极高、操作性极强的论述，内容涉及君王修养、施政纲要、育人用人、天人关系等。古人归结为君德与治道。孔子云："《咎繇谟》可以观治。"

㉜ 皋陶——被低估的圣人

相比尧、舜、禹，皋陶的知名度要小得多。但是，皋陶同样是中国古代史上顶尖级别的圣人。

他是《尚书》中继尧舜禹之后的第四位出场的重要人物。《皋陶谟》独立成章，是一篇记录皋陶向舜进言献策的文章，即皋陶的谋略。

《皋陶谟》开篇四字也是"曰若稽古"四字。在《尚书》的年代里，"曰若稽古"只能与圣人在一起。大意是，这个人的思维、行为是遵循古道、继承传统的。更有人解释为他的言行是顺天的，因此代表了天的意志。

清代孙星衍认为：非"稽古"不称圣人。尧之同天，以帝号之，皋陶圣臣，稽古不必同天。《尚书·召诰》言："稽我古人之德"，又说："稽谋自天"。

《逸周书·武穆解》云:"曰若稽古,曰昭天之道,熙帝之载。"①

尧、舜代天牧民,均是一代"圣君";而皋陶行王佐之道,是一代"圣臣",是臣子的楷模。《尚书》没有像尧舜禹那样认真归纳皋陶的功业,显然对比前者,皋陶略逊一筹,而且他没有做到帝王,没有掌握全局。

不过,我们可以从上一篇文章《大禹谟》中窥见一二。舜要让位于禹,禹认为自己的德才不如皋陶,极力推荐皋陶。此时有舜评价皋陶的一段话。

> 帝曰:"皋陶,惟兹臣庶,罔或干予正。汝作士,明于五刑,以弼五教。期于予治,刑期于无刑,民协于中,时乃功,懋哉。"

皋陶几乎比肩于大禹,但他主管的是五刑,刑法是德化教育的辅助手段,皋陶能协调教育与执法的关系,宽严适中,他是有爱民之心的执法人。在他的治理下,民众积极向善,社会风气蔚然一新,这是皋陶的功劳。皋陶的刑法也成为远古乃至整个封建时代的圭臬。

㉝ 给舜上政治课

《皋陶谟》记录下这样的场景。在一次议事过程中,众人都在,皋陶侃侃而谈。他在给舜上政治课。

> 允迪厥德,谟明弼谐。

作为君王,践行道德,提高自己的道德修养。君王喜欢听善言,大臣就会积极进言,让你无所不知、无所不明。大臣知道您乐于闻过,就会直言以弼君过失,世上就不会有不和谐的声音。其重点在于"德",德是善政的基石,成功施政是盛世君臣的共同理想和追求。前者是思想修养,后者是认真施政。

---

① 孙星衍. 尚书今古文注疏 [M]. 北京:中华书局,2004:77.

慎厥身修，思永。惇叙九族，庶明厉翼，迩可远在兹。

在很多版本中，此段句读为"慎厥身，修思永"，大意相同。提高道德标准的方法在于慎身修永。慎，诚也，静也。强调自己的行为和思想，排除杂念，守住自我，这是其后中国儒、释、道三家都提倡的修行支点。修，治也；思，通"职"，对于自己的职责要有长远的打算，不可得过且过，一定要做好分内的事务。

不断地修身，而且不断地将德行逐渐扩大、推向远方。首先扩大到自己的族群。"惇叙九族"，用仁厚之心，次序九族。对于家族的事情，古人用"叙"，是调节、排序，使其回到正常，进入良好状态。古人不提倡激烈对峙和排斥，多采用和风细雨般的教导和引领。在古人看来，连家庭都处理不好的人还能做什么呢？连亲人都不愿追随你还有谁能帮你呢？以恩相厚、以礼相序，家族可以兴旺。

由自身推及家，再由家推及国。到底该任人唯亲还是任人唯贤呢？皋陶认为，首先要在九族之内取得族内贤明人士的支持。"贤"是第一标准，而"亲"只是修身以及选材用人的必然路径，由亲及疏。

《论语》记载，季康子问孔子："怎样才能使百姓尊敬而不怠慢，忠诚而不欺瞒？"孔子回答："临之以庄，则敬；孝慈，则忠；举善而教不能，则劝。"[1]孔子思想跟皋陶一致，专在责己，以身作则，百姓自然尊敬你、效忠你。

❸❹ 知人与安民

在施政方面如何体现"迪德"呢？皋陶提出两大要务：一个是知人；一个是安民。知人方能善任，否则怎么能找到合格的官员呢？怎么能成就事业呢？不懂得安民，则民心涣散，国家的根本又在哪里呢？

皋陶侃侃而谈，舜始终默默听着。身居司空的大禹领悟极为深刻，他说："这类事情，以尧的圣明尚且很难做好呀。"

---

[1] 库勒纳，叶方蔼等.日讲·《四书》讲义·上［M］.爱新觉罗·玄烨钦定版.北京：中国书店，2018：111.

知人则哲，能官人；安民则惠，黎民怀之。能哲而惠，何忧乎
驩兜，何迁乎有苗，何畏乎巧言令色孔壬？

人君如何知人，要做到睿智，清明透彻，洞察秋毫，如日月般既无私又
无所不照。重在选用德才兼备者。君王须知安民，恩泽天下，如雨露同润，万
邦永怀，爱之如父母。如果能知人、安民，则群贤集于朝堂之上，百姓和乐于
民间，君王具备"哲"与"惠"，则"何忧乎驩兜，何迁乎有苗，何畏乎巧言
令色孔壬？"

大禹从尧说起，解析知人、安民之难，深切劝勉舜善政、勤政。

《尚书》是儒学的源头。《论语》记载，孔子曾教育鲁哀公说："举直错诸
枉，则民服。举枉错诸直，则民不服。"[1]孔子论点与古代圣君一脉相承。

安民还有另外的非常手段，大禹也不得不提，那就是"流放"。当年，舜
流放"四凶"，顺应民意，万民敬仰。然而，对于大禹，流放是他心中永远的
痛，也许他从不愿意提起。但是为了解析大道他还是毅然提到此事。可见大禹
的公心。

流放"四凶"，大禹只提及三个，未提及自己的父亲，也是古代道德伦理
所限。《白虎通义》用五行诠释：父为子隐，法木之含火；子为父隐，法水之
逃金。[2]大禹属于子为父隐，但是他的言语也算到位了，既能表达大道与公务，
又能兼顾伦理。

㉟ 皋陶九德说

皋陶认为，在知人方面，必须通过其实际行动来评判一个人的品德。会
做事、能做事，才算有德，有德之人方能称之为贤人。

古代"德"的概念相当丰富，既包括思想品德，也包括性格，甚至包括
由"德"而建立的功业，也可以理解为本领。皋陶"九德说"将德分为九种。

---

① 库勒纳，叶方蔼等.日讲·《四书》讲义·上［M］.爱新觉罗·玄烨钦定版.北京：中国书店，
2018：112.
② 班固.白虎通义·五行［M］.北京：中华书局，2024：159.

他所定义的"德"似乎偏于性格和处事方式、方法。九德：

> 宽而栗，柔而立，愿而恭，乱而敬，扰而毅，直而温，简而廉，
> 刚而塞，强而义。

其中"宽而栗""直而温"，曾见于《舜典》;《舜典》又有"刚而无虐，简而无傲"与皋陶之"刚而塞""简而廉"意思相同。原本是舜对大臣夔讲的大道理，看来在皋陶的研究中得到了系统和完善。同时，我们也能看出皋陶对于尧、舜的继承和发扬超乎常人。

所谓九德，约略可以这样解释。度量宽宏的人，容易流于纵弛懈怠，何若宽宏而又庄栗，这是一德。性情柔顺的人，容易陷于萎靡，何若柔和而有坚定主见，这是一德。谨愿的人，善良，随意，容易过于粗俗质朴，何若谨愿而又恭敬谨慎，这是一德。有治才的人，或不足以敬畏，如果既有治才又能使人敬畏，这是一德。明白事理、顺服的人，或失于优柔，如果驯扰而又果毅，这是一德。行事正直者，或过于冷峭，如果正直而又温和，这是一德。器量简大、不爱计较的人，或过于坦率，如果简易而又廉隅，不计较但有棱角，这是一德。事理刚断者，或违逆常情，若刚健而又笃实，这是一德。强勇、性行坚强之人，或任乎血气，若刚勇而又好义，这是一德。

说某个人有德，必须用他所作所为来验证，事皆有据，考察他是否始终如一，是否持之以恒。发现有德之人，重用有德之人，才是真正做到了"知人"。

皋陶九德论，是古代知人、用贤、育人、理政的理论基础之一，其中有些天性或性格相近，但各有侧重，又各有补正方法，影响深远。

即使今天，机关或企业用人，这些观点仍不过时。即使在做人方面，我们也可以剖析自己的优缺点，属于哪种，该避免哪些问题。

🟤 在古代你做几品官

人与人之间性格不同，品德有高有低，德行有大有小。假如生活在古代，

你适合做几品官呢?

皋陶说人世间有九德。其中"日宣三德,夙夜浚明有家"。"有家"属于大夫阶层,有自己的采邑了。在这九德中,如果占有三德,而且有进取之心,可以让他做大夫,勉励他勤奋努力,他能建立一个良善有序的家族。

"日严祇敬六德,亮采有邦。"如果这个人日夜修行,具备六德,那么他可以做大事,可以做一方诸侯。古代诸侯国不算很大,也许小到只有一两个县市的面积。

古代虽然有从民间取官的记载,但大部分官吏和爵位都是封给宗族贵戚的。因此,《尚书》中的"知人",所谓人,是指宗族贵戚,是士子阶层以上。而普通家庭的子弟,只能称作"民"。民,读音源自"苗",尧舜时代黎和苗都属于异族,异族俘虏最为低下,因此,黎、苗往往指代最底层民众,后来被称为黎民。所以,《尚书》"知人"与"安民"中,人与民是有严格界限的。

古代所说的官员,主要是行政官员。当时既没有那么多行业,行业划分也不够明晰。重道德、轻专业技能,是整个封建社会的突出特点。

直到隋朝中国才有了科举制度。普通百姓才算有了公平竞争的机会,但是普通家庭有没有受教育机会呢? 现实告诉我们:只有今天,教育高度普及,真正实现了人人平等,作为平民的我们才能得到公平。

㉟ 知人之道

皋陶为舜论"知人",还在于构建科学高效的官吏体系、运营体系。

作为君王,一定要重视选拔人才,把有德之人全部选进你的执政团队,让他们去治理天下,传经布道,教育子民,则百官有了学习的榜样,各行各业自然因时而动,自然"庶绩其凝",即各项工作都取得辉煌的成绩。

人君的责任是什么呢? 知人而善任之,贤才进而治功成。用人的是君王,做事的是贤才。

君王应该为下面的官员做好表率,不要自己贪图安逸享乐,以防官员效仿、懈怠。每天事有万几,几者,常人之所不能见,及其著,虽智者不能善其后。岂可纵欲? 然而,君王即使能以一人察遍天下之几,又怎能以一身兼理天下所有事务呢？所以必须用你的官员，使人尽其才，这也是知人之道。

官员有分工，等级有高下，知人善任贯穿于整个管理体系，而这个管理体系是上至帝王，下至最底层民众的。皋陶的理论似乎又是对于舜理念的延伸。舜继位之时，仅设立几个部门，册封几个官吏。相对来说，皋陶的理论更系统、更严密。

自然这其中也涉及"安民"工程。"安民"是皋陶进言的另一项重要内容。

❸❽ 安民不只温饱

安民，是让老百姓得到实惠，用封建语言来说，就是要泽惠万民，因此黎民百姓才会爱戴你。

> 天叙有典，敕我五典五惇哉；天秩有礼，自我五礼有庸哉；同寅协恭和衷哉！天命有德，五服五章哉；天讨有罪，五刑五用哉；政事懋哉懋哉！

此时，舜已治国多年，水患得到治理，农耕发展基本解决了温饱问题，四方安定。以前所说的"安民"多数在于养民，例如，民以食为天的观念等。而此时皋陶提出了当前条件下的"教化"问题，教化是另一种养民。

今天我们很容易理解这类问题，生儿育女，不仅仅给他吃喝，还要让他懂事理、有文化、受教育才有前途。

皋陶所提出的教化侧重伦理教育，是通过整齐划一的伦理体系，来建立起一个完整的、有秩序的社会架构。五典有两种解释：其一，父义、母慈、兄友、弟恭、子孝；其二，天生有君臣、父子、夫妇、长幼、朋友五种伦理，又有亲、义、序、别、信之五典。皋陶所谓的"典"与"礼"，是上天赐给百姓的。好文化就要讲出来，要加以推广。而百姓自身不能以惇、庸自和，必须通过君臣一心，来引导、教化民众，然后才能典无不惇、礼无不庸，国泰民安。

君王要知人善任，代替上天来奖赏贤达善举。达官贵人有五等服，不同级别的贤达、官吏分别穿戴不同的服装，以彰显他们的善举和功德。这些做法，不仅仅彰显了封建等级，更重要的是给百姓树立榜样，劝民于德。与此同时，君王又会代替上天罚恶，分墨、劓、剕、宫、大辟五种刑法，惩治犯人，警诫民众，使民众懂得远离罪恶。后来，皋陶推广"象刑"来减少罪犯的痛苦，对于各类刑犯也会有服饰、纹身来加以警示和道德谴责，以此来区别善类。

统一、完善的道德标准，以及正、反两面的奖惩措施，是文化发展的体现。在建立社会秩序方面，皋陶功不可没。难怪大禹都认为皋陶可以承继舜的职责。

㊴ 天人关系新解读

皋陶整段论述多次提到"天"。如："无旷庶官，天工人其代之。"皋陶认为，不仅代天牧民，而且连普通官员的职责都是上天赋予的。其后有"天叙有典""天秩有礼""天命有德""天讨有罪"等语。总之，所有权利来自天，上至帝王，下到群臣，都是为天做事。天命不可违。

那么，天是什么呢？我们又该如何敬天呢？

> 天聪明，自我民聪明；天明畏，自我民明威。达于上下，敬哉有土！

人可以耳聪目明，而老天的视听从哪里来？皋陶认为，老天虽没有眼睛，但是无所不见；老天虽没有耳朵，却无所不闻。天的视听来自民众的视听。你的所作所为，百姓看在眼里，老天也就看见了，所以任何人瞒不了上天。他又说"天明畏"，明者，显扬其善；畏者，刑威其恶。"畏"与"威"通。是善是恶老天都知道，上天要弘扬什么、要惩治什么，也来自民众的好恶。皇天在上，民众在下，虽然远隔，但是民心即天理。"有土"的诸侯们，你们敢不敬之又敬？

皋陶虽然没有提出执政为民的思想，但是间接地突出了"爱民"。由之前单一的敬畏天，改良为民心即天心，行政目的更趋明确。皋陶观点实为后来儒学德政、仁政之滥觞。孟子在此基础上更是提出了"民为贵，社稷次之，君为轻"论述。

《皋陶谟》开篇要求帝王修身养德，结尾仍归结为一个"敬"字。治政应该协于民心，当乎天心。

❹⓿ 舜何不语？

《皋陶谟》，是舜、皋陶与大禹几人在一起聊天，皋陶阐述自己的理政观点，其观点主要是讲给舜听的。为什么舜一句话都不说呢？

其一，舜的性格所致。《舜典》说舜"濬哲文明""玄德升闻"，深沉莫测曰濬，神志通微曰哲，又幽深之德为玄德。似乎舜是沉默寡言之人。

其二，舜的姿态很低。舜"温恭允塞"，面对皋陶陈词，他认真聆听，并不插言。

其三，皋陶的理论高度是别人不能企及的，代表一个时代的思想水平。

其四，大禹偶尔点头、插言。因为大禹负责全面工作，许多事务要通过大禹来实施。此外，大禹也有点主持人的角色。

其五，皋陶的理论，一部分是对尧舜经验的概括和总结，另一部分是对尧舜执政的理论延伸和提高。因此舜不便评论。

其六，皋陶以辅君自许，追求"谟明弼谐"，他的想法只是"思曰赞赞襄哉"，时时赞美帝王功德，弘扬帝王功德，以成就帝王的治功。

其七，《皋陶谟》与《益稷》应该是同一时间、同一场合发生的事情。皋陶发言，舜不语，只是默默地听。等皋陶论述告一段落时，舜反而转过头对大禹说："大禹，你也说说吧。"显然，相对于皋陶来说，舜对大禹偏爱有加。

五、一个篱笆三个桩

本章节重点讲述《尚书·益稷》。

这是一篇君臣互相砥砺的文章。开篇大禹提及益、稷二人，益、稷又是群臣的代表，因此文章以二人名篇。《今文尚书》没有《益稷》篇，全部内容归于《皋陶谟》。舜希望听到大禹的高见，因此，大禹、皋陶、夔相继发言。大禹重点讲述居安思危与团队建设。

由于《益稷》与《皋陶谟》的关联性，因此，本章节接着《皋陶谟》来讲。

❹ 乱而敬

古人对于品德的认识不同于今天。他们不讲究个性张扬，也不太喜欢当仁不让。他们要的是谦逊、有节。更有一个词叫"骄傲"，原来绝对是贬义词，甚至"自豪"一语都不是纯粹的褒义。

皋陶论九德，"乱而敬"是其中一德。"乱"的繁体字写作"亂"，本义是整理、理顺错综复杂的丝织品，引申为治理。乱而敬，具有治理事务的才能，但从不自傲，依然保持着敬畏之心。皋陶发表完高论，诸人赞许，皋陶退后一步，说："我说这些，只是理论上的研究，应该如此。我不敢说必定行之有功，但是我希望自己能更好地辅佐君王，帮助我们的帝王成就功业。"这是皋陶的"乱而敬"。

舜异常谦逊，听讲的兴致丝毫不减，频频点头称是。皋陶说罢，舜又诚恳地对大禹说："禹，你也说一下吧。"以尧舜之圣，犹能听取臣下意见。这是舜的"乱而敬"。

大禹向舜拱拱手，说："予何言？予思日孜孜。"大禹更谦逊。——我说什么呢？我只想努力工作而已。孜孜，是勉励不怠的意思。若说理论，大禹确实不如皋陶。

皋陶说："那就说说你是如何努力工作的吧。"

洪水滔天，浩浩怀山襄陵，下民昏垫。予乘四载，随山刊木。暨益奏庶鲜食。予决九川距四海，浚畎浍距川。暨稷播奏庶艰食。鲜食，懋迁有无化居，烝民乃粒，万邦作乂。

大禹思忖片刻，回忆起尽心尽力的治水过程。大禹不忘旁及益、稷两位大臣功绩。水势大的时候，百姓无食。益教给百姓织网渔猎，边治水边自救。等大水得以治理之后，稷教给百姓播种农谷，积极恢复生产，并发展贸易。

大禹是治水的代表人物，不自恃成功，更不将所有功劳据为己有。居安思危，对于事业始终保持一颗敬畏之心、"孜孜"之心。这是大禹的"乱而敬"。

❷ 大禹主导下的物资交流

大禹持"孜孜之心"才成就了抗击洪水的千秋伟业。介绍治水全过程，大禹尤其强调："懋迁有无，化居。"

古人对于自然灾害无能为力，而大禹是如何治理水患的呢？要知道，他不但要解决水利的问题，还要解决民生问题，一边治水，一边组织生产自救。这是一场旷日持久的求生运动，饿着肚子啥都干不成。大禹和益、稷等官员，组织大家捕鱼、狩猎、恢复农耕，维持人们必需的生活。

大灾面前，什么样的危情都会出现。有的地方水患严重，有的地方虽然治理了水患但土壤仍不能种庄稼，这些地方的主要食物来源只能是水中的鱼虾。有没有其他补给呢？

有。大禹将食物分为两类：鱼虾及动物，即肉类称为"鲜食"；种植庄稼所得的谷物等，为"艰食"。"艰"是土中求食，需要经过耕种、锄草、施肥、收割，要经过漫长的等待，是很艰难的事情。大禹对于各地的食物收获有自己的管理手段。大概是统一管理、统一分配的配给制。剩余部分送给或卖给抗洪前线更困难的灾区，也许有艰食与鲜食之间的物物交换。何以见得？"懋迁有无"是也。

"懋迁有无"。懋，有勉励的意思。鼓励大家互通有无、互相帮助。性命攸关，谁会无私奉献呢？只有利益交换更恰当。而鲜食，之所以称为"鲜"，是不易保存的意思。鱼肉和羊肉，是最容易腐败变质的食物。吃不了也只好交换，这就是贸易吧。

提到古代的贸易活动，大家或许会想到王亥服牛，殷商的远祖王亥用牛拉上货物，从商地出发到四处卖货。王亥的贸易行为是自发的，而大禹的贸易，是官方组织和领导的。

古文研究，"懋"字的解释各异，但都明确地指向贸易。其一，懋，是"贸"的通假字。最早没有"贸"字，贸，买也；贸，是繁体"買"字的误写。其二，司马迁认为，懋，调也，籴也。读音相近。读音相近，则往往意义相关。籴粮食，就是卖粮食；籴粮食，就是买粮食。无论是买还是卖，两种观点都是买卖活动，是贸易。

《尚书》所谓"化居"是大禹贸易的一个重要手段。化，即古"货"字。古贝可以通过交换转化为货，花钱买到的东西叫"货"。居，蓄也，积储的意思。因此，大禹所说的"化居"大致包括仓储和调配两方面。

这是我所见到的对贸易最早的记载。似乎早于"王亥服牛"，也早于《诗经》的"抱布贸丝"。

㊸ 大禹的奋进与中庸

大禹对舜说："予思日孜孜。"孜孜之心，是保持勤勉，不懈怠。大禹治水前后毫不懈怠，他回顾以往的经历，意在劝君劝臣共同敬业进取。假使君王常以孜孜为心，则持盈之虑恒深；人臣常以孜孜为心，则保泰之谋愈切。持盈保泰，君臣合力，方能长治久安。

大禹唯恐舜和在座各位大臣不能明白他的本意，因此进一步阐述："慎乃在位"，"安汝止"。慎，静也，毫无杂念。《大学》讲："静而后能安，安而后能虑。"在位者不可乱为，思想不能乱，思维不能乱，行为更不能乱。这才是真正做到了"慎"。《史记·曹相国世家》云："治道贵清静，而民自定。"清静无为，无为而无不为。人要有定力，不为外力所左右。既是道家思想的滥觞，又有别于道家思想，他是积极的、入世的治理。大禹告诫在场的君臣，学会在位之静。"安汝止"，在止于至善，心不偏不倚，得其中。《论语》说："君子以思不出其位。"郑康成说："安汝之所止，无妄动，动则扰民。"

人应该时时提高自身修养，存养此心，顺应天理，勤政为民，以太和之心，行中庸之道，使自己具备较高的判断力、应变力和执行力。这种判断力、应变力和执行力就是"惟几惟康"。事情发生之前一定有所征兆，细心观察各种苗头，并做出最合理的预案，提前行动，掌握先机。做事情一定要考虑后果，预知未来，必求尽善尽美。

心之所止，静亦安，动亦安。这是高深的哲学，又是高妙的运作。社会就是这样稳健地向前发展的。

无论治理一个国家还是管理一家企业、一个部门，都是需要如此动力、能力和境界的。

❹❹ 批评与自我批评

在火药发明之前，战场上的远攻兵器主要是弓箭。一把强弓，再有力、再金贵也需要经过认真调校，具备了一定的精准度才能上战场杀敌立功。这种校正强弓的功夫叫做"弼"。

皋陶讲"谟明弼谐"，匡救过失，事事和谐。大禹讲"其弼直"。

大禹所言"慎乃在位"和"安汝止"，不仅仅针对舜，也针对群臣，对于每个人都有实际意义。无论你在哪个岗位都要敬业，都要不断提高自己的水平，都要止于至善。思想境界是否合格？心态是否平和？能力是否具备？在任何岗位上都要有所作为，事来能应，"惟几惟康"，慎始慎终。

前边有皋陶陈词，后有大禹大谈"其弼直"，既是应景，又是对于君臣的勉励。有的版本写作"其弼惪"。惪，心直为德。十只眼睛共同审视一个墙角，从不同角度审视，这个墙角一定笔直笔直的。我们的心就是这样透彻、无私，这种德叫高尚。辅弼之臣，要有德，有智慧，而且知无不言、言无不尽。上级主动聆听下级意见，下级仔细分析、认真汇报。这样和谐还会有什么事情做不好呢？"惟动丕应"，我们的所有举措都会达到预期的效果。

舜听了大禹的谏言，忍不住感叹："臣哉邻哉！邻哉臣哉！"邻，是左右辅弼大臣。

《尚书大传》云："古者天子必有四邻，前曰疑，后曰丞，左曰辅，右曰弼。"《礼记》记载："天子有问无以对，责之疑。可志而不志，责之丞。可正而不正，责之辅。可扬而不扬，责之弼。其爵视卿，其禄视次国之君也。"[1] 周公、召公均是周成王的"邻"，周成王要像对待老师一样恭敬他们。舜对大禹可谓极尽赞美。在名分上是大臣，在职责上是老师呀。必有以格我之心，必有以正我之事。历史上，名相名臣和英明之主总是同时出现的，缺一不可。

❹⑤ 虞舜时期的"文化衫"

改革开放初期，我还在农村上中学。那年夏天，县城里富裕家庭的孩子们一窝蜂穿上了写有字的短袖背心。如今，字的内容大都想不起来了，只记得最流行的那句："别理我，烦着呢！"其实，穿着这件衣服的人还是少不更事的少年。且不论它"文不对题"，只是打那时起，社会上便有了一个词——文化衫，将衣服和文化拉到一起。

经过乱哄哄一阵，文化衫步入正轨。从根源上说，衣服本来就是文化，《白虎通义》云："圣人所以制衣服何？以为绨绤蔽形，表德劝善，别尊卑也。"[2]

虞舜时期的文化衫如何呢？又是什么样的文化呢？我们回到《益稷》，舜

---

① 皮锡瑞.尚书大传疏证［M］.北京：中华书局，2022：82.
② 班固.白虎通义·衣裳［M］.北京：中华书局，2024：371.

理解大禹的思路，彼此非常默契，他将大禹比作股肱耳目，是他辅佐自己，是他宣化四方。接下来就谈"文化衫"。

予欲观古人之象：日、月、星辰、山、龙、华虫作会，宗彝、藻、火、粉米，黼、黻、絺绣，以五采彰施于五色作服，汝明。

舜研究前人的文化，由此取象。天地有乾坤，衣服也分为上衣、下裳。上衣为阳为尊，统于上。裳在下为阴，阴统于下。舜取象法天，因此图案是画在上衣的。

礼有以文为贵者。衣服上写什么呢？画图案，图案比文字更含蓄、更丰富、更美观。日、月、星辰，取其照临；山，取镇静；龙，取变化；华虫，取其文。六者绘画于衣。宗彝，取其孝；藻，取其洁；火，取其明；粉米，取其养；黼，取其断；黻，取其辨。把这六样东西，分别以青、黄、赤、白、黑五彩之物画在或绣在丝绸衣服之上，成此五色，作为朝拜和祭祀的官服。舜说："我不能一一细分，你根据大小尊卑来制定各个等级的官服吧。"

正如《白虎通义》所说，衣服的基本功能是遮体，其次是彰显其德行，既督促自己也劝勉他人，同时也使得尊卑有序。

古代最富文化意义的"文化衫"出现了，影响中国几千年。君臣一心，舜创意，大禹监制并将舜创意进一步完善。

❹⑥ 音乐与政治

有些事情可能没有什么科学依据，但古人深信不疑。比如音乐，古代帝王无不高度重视。古人认为，声音和美，说明政事之修治；声音乖张，则显示政事之怠忽。因此音乐成为考察君德与民风的外在指标，帝王用音乐的和谐与否来校正自己的行为。舜对大禹说：

予欲闻六律、五声、八音，七始咏，以出纳五言，汝听。

"七始咏"在不同版本做"在治忽"，内容虽有不同，但不影响大意。

律吕，阳分六节为律，阴分六节为吕。律为君，吕为臣。舜提及"六律"，实为律吕，"举阳，阴从可知也"。好比说"老张家"，多半是这家主人姓张，妻子及所有成员皆从属于"张"，以"张"代之。

五声，有时也叫五音。宫、商、角、徵、羽，有五行与之相对应，也有群臣事物等等与之相对应。

八音，《乐记》载："土曰埙，竹曰管，皮曰鼓，匏曰笙，丝曰弦，石曰磬，金曰钟，木曰柷敔。"[①]有八卦与之相对应，也与四面八方相对应。

为什么声为五种，而音为八种呢？声为本，出于五行。音为末，象八风，即八面来风。《乐记》曰："声成文谓之音也。"

古人笃信"审声以知音，审音以知乐，审乐以知政"。"商女不知亡国恨，隔江犹唱后庭花。"假如陈后主在听到靡靡之音时，能够幡然悔悟并励精图治，也许政事会有所好转的。

舜将大禹比作股肱，比作耳目，你要把这些事情做好。官方的音乐工作要做，民间的音乐也要搜集、整理，其目的在于政事，在于国泰民安。

好音乐应该什么样子呢？舜的标准："以出纳五言。"归之于礼。《汉书·律历志》云："顺以歌咏五常之言，听之则顺乎天地，序乎四时，应人伦，本阴阳，原情性，风之以德，感之以乐，莫不同乎一。"[②]

据载，让孔子"三月不知肉味"的《韶》就是舜的音乐，孔子赞曰"尽善尽美"。而当时的音乐《大武》则被孔子认为尽美而不尽善。孔子说的虽是音乐，未必不兼有时代气象。

舜对大禹讲"汝翼、汝为、汝明、汝听"，此为属望于禹，最后又要求大禹"汝弼"，请大禹监督自己。

❹❼ 古老辨人术与特殊管教

我时常质疑古代圣贤的年龄，尽管古代有"高德者高寿"的说法。常常

① 王先谦.尚书孔传参正·上［M］.北京：中华书局，2011：206.
② 班固.汉书·律历志［M］.北京：中华书局，2007：115.

错觉舜、大禹、皋陶等人似乎年龄相仿。现实当中，舜几乎与鲧的年龄相仿，大禹等人属于标准的晚辈。在晚辈当中，尤以大禹年长老成。在舜眼里，大禹既是他所倚重的大臣，也是他未来的接班人。

> 庶顽谗说，若不在时，侯以明之，挞以记之，书用识哉，欲并生哉。工以纳言，时而飏之，格则承之、庸之，否则威之。

舜认为，平民百姓见识短浅，好为谗说，违规的人既有坏人也难免有好人，怎么区分呢？舜的办法是让这些人射箭射侯，射不中的，就有问题了。古人以射观德。而顽谗之人，志不正，体不直，其射必不能多中。这是古人的理论，今人不敢苟同。不见大奸大恶中也有很多神枪手吗？

这种辨人手段，即"侯以明之"。箭法好的，虽说侥幸逃过一劫，众目睽睽，毕竟也不光彩。尽管是辨人术，谁又愿意这样被单独拎出来测试呢？

一旦被认定为心术不正，起码要吃一顿鞭子，让他长长记性。最后，还要把他的过错记入档案。舜仁慈，不提倡杀伐，"欲并生哉"，好在不把他们当做社会的弃儿。

舜的高明之处还在于"问题青年"教育问题。舜告诉大禹：你要让地方官吏经常找他们谈话，浪子回头金不换，思路好、干得好的，要大力表扬，甚至重用。有经过教育仍言行乖戾的，"威之以刑"，那是自绝于人民，该流放流放、该囚禁囚禁，不能让奸邪与忠直同列。

❽ 大禹会心地笑了

听闻舜将仁爱延及下民，延及顽谗之人，大禹由衷地赞叹："俞哉！"

俞哉，很神奇的词汇。既表达"您说得对"，又隐含我心有未尽之言。

> 帝光天之下，至于海隅苍生，万邦黎献，共惟帝臣。惟帝是举，敷纳以言，明庶以功，车服以庸。

大禹的话与舜形成互补，也是相互印证。光，是道德之光。您的道德光辉要照耀普天之下。天涯海角的百姓，大小邦国的愚贤，无不瞻仰您的德光和恩泽。百姓都愿意成为您的股肱耳目呀。

百姓爱戴您，百姓都响应您的号令。我们可以大开用人进贤之道。"敷纳以言"，观其志也；"明庶以功"，考其事也；"车服以庸"，报其劳也。前有皋陶讲进贤，后有舜讲服装，大禹很快将大家的建议归纳、整理成系统的、可以具体实施的体系。因为他是总治之臣。

普通百姓达到"车服以庸"，就是正式进入官员体系了，起码也是士子阶层。《尚书大传》云："未命为士，车不得有飞铃。"进入士子阶层之后，等级更加森严，不仅人的服饰不同，连车饰都有讲究。从《尚书》上看舜、大禹那个时代，可能就已形成了这种严格的规制。贵贱有等，衣服有别，朝廷有位，乡党有序，秩序井然。

正能量得到弘扬，世人纷纷弃恶从善，追求上进。不尚威而尚德，正是舜的初衷呀。

大禹的补充，似是讲平民，实在也是对于舜的高要求。舜以立法手段来教化顽谗，大禹论进贤扬善以成教化，并推本于君德。

㊾ 坏典型——丹朱

> 无若丹朱傲，惟慢游是好，敖虐是作，罔昼夜頟頟。罔水行舟。
> 朋淫于家。用殄厥世。頟頟

《尚书》分两类版本，一为今文，一为古文。《今文尚书》认为这是舜讲给大禹的；而《古文尚书》则认为是大禹接着前文推本君德，是讲给舜的。

这段话是谁说的呢？我倾向于舜言。之前舜讲惩治坏人，大禹说奖励好人。接下来舜强调惩治坏人的必要性，以提醒大禹。当然，无论是谁的话，丹朱都是此情此景下的坏人典型。

丹朱是尧的儿子，他是十足的恶人吗？尧当年求总治之人，大臣放齐推荐丹朱，放齐称赞丹朱"启明"，而尧对丹朱的评价是"嚚讼"。由此推断，丹朱应该很聪明，脑瓜灵活，口才也好；不足之处是喜欢与人争辩曲直。尧认为他不够持重，敦厚不足，所以没有传位给他。如果丹朱恶贯满盈，还会有人推荐丹朱任要职吗？即使推荐了，尧也不至于仅以"嚚讼"轻描淡写。

因此可以确切地说，丹朱的缺点就是一个"傲"字。舜的大意，还是要注意防范坏人。你没见丹朱吗？没有好的德行，还那么傲。傲者其心散漫，其行为顽劣，往往不知节制。

舜曾经讲对于顽谗小恶的惩戒，谈论丹朱也只是"傲"而不是"恶"。傲，是自我放纵，不严格要求而已。舜为了强调坏人的危害性，才列举后边的"罔水行舟"等罪孽。

显然，丹朱是站在人民对立面的，这样的人可以被赋予种种不堪。确实，古今很多学者也是这么认为的。然而我不禁要问：如果丹朱是个恶人，圣君和圣臣之间还会以恶人恶行来互相警告吗？

无论这是谁的话，其主题思想还是相通的。傲为众恶之本，此心不可稍纵。儒家讲慎独，讲敬畏。一念慎，则进于舜；一念傲，则流于丹朱。道理适用于所有人，不进则退。

❺⓪ "罔水行舟"辩

"罔水行舟"和"朋淫于家"是丹朱的两个恶行。这是什么样的恶行呢？

罔水行舟，古代注疏为在旱地上行舟作乐。试想丹朱坐在船内，奴仆们合力推着前进，即使地面平整到大理石光面，丹朱会很舒服吗？这是什么鬼把戏？尽管此说甚盛，也不是没有质疑。质疑者解释为丹朱行船，却没有治水之功。我想，水患之后，行舟者不必有治水之功吧。

学问上何必从众？以上两种说法分明不妥。

前文，舜论惩戒小人，此处是谈惩戒的必要性。小人在社会上是有危害的，如不加以惩戒，好人也会变坏。所谓"罔水行舟"并不复杂，实在是类似今天跑旱船的娱乐项目。

今天我们讲求整治"四风"，其中就有享乐之风、奢靡之风。资源匮乏的古代更讲节俭。孔子讲:“食无求饱，居无求安，敏于事而慎于言。”[①]孔子将相关行为上升到道德层面。古代对饮食宴乐也有很多严格规定。宴会、娱乐活动必须因时因事，不能超越当朝的规制。不见“车服以庸”吗？即使你是土豪，你也不一定能够买车、坐车；即使你有了坐车的资格，你的车上也不一定允许挂上铃铛。在周朝前期，无故喝酒都是大罪甚至杀头。罔水行舟，就是无缘无故地搞庆典、做娱乐，这风气要不得。孔子删《书》、序《书》，面对春秋时局而保留丹朱恶行这一段，未必不是痛心于僭越礼制，未必不是痛心于礼崩乐坏。

文中“朋淫于家”又该作何解释？“朋”，通“风”字，是异性吸引、相爱，例如，马和牛谈不成恋爱，所以风马牛不相及。“淫”是过度的意思。如果自家庭院里和妻妾嬉戏，在古代应该是法律允许的吧？舜自己不是还娶了两个老婆吗？古代的“家”是家族、部族，或者封地、辖区。未必是丹朱个人行为，更像是一方民风。

抓坏人，改善民风，是文明进程的一个侧面。

(51) 皋陶制象刑

虞舜时期，群贤云集，左有大禹，右有皋陶。大禹给贤达做服装，以树立权威和榜样；皋陶负责司法，“方施象刑”。

“方施象刑”，“方”，一作“旁”，大而广的意思。即，大力推广“象刑”。在原来的刑法中，鞭扑之上，多是肉刑。从轻到重，依次为墨、劓、剕、宫、大辟，此为“五刑”。时代不同，版本不同，因此“五刑”也略有区别，但大致情况相同。对于犯人有没有更人道一些的方法呢？有。皋陶大力推广的就是针对罪犯而设计并强制穿戴的一套服饰，以象其刑。斩人肢体，凿其肌肤，谓之刑；画衣冠，异章服，谓之戮。

《白虎通义·五刑》云:“刑所以五何？法五行也。大辟法水之灭火，宫者法土之壅水，膑者法金之刻木，劓者法木之穿土，墨者法火之胜金。五帝画象

① 库勒纳，叶方蔼等．日讲·《四书》讲义·上［M］．爱新觉罗·玄烨钦定版．北京：中国书店，2018：99.

者，其衣服象五刑也。犯墨者蒙巾，犯劓者以赭著其衣，犯膑者以墨蒙其膑处而画之，犯宫者履杂扉，犯大辟者布衣无领。科条三千者，应天地人情也。"[1]

过去，犯了墨刑，就要在脸上刺字，《水浒传》上比比皆是，终身蒙羞，一辈子是个贼。"方施象刑"之后，则可以免除刺字痛苦，取而代之的是在脸上蒙一条巾。即时刻提醒他的犯人身份，也警醒别人引以为戒。该割鼻子的，一律改穿赭色衣服，古代认为赭色不是正色。该剁脚的，也不用剁了，在膑处画上明显的符号。犯宫刑的，要"履杂扉"，左脚的鞋和右脚的必须不是原装的一对，有的地方叫"差巴鞋"，也许应该叫做"差别鞋"。难怪人们常用"鞋"来骂人。大辟是死罪，杀头以穿没有衣领的上衣替代。

过去舜要求皋陶谨慎执法，如今皋陶推广象刑，心法相传。《尚书》载："惟明。"《尚书大传》说："唐虞象刑，民不敢犯。"饱受宫刑之苦的司马迁读到此处，悲愤地留下四个大字："舜德大明。"

---

[1] 班固. 白虎通义·五刑 [M]. 北京：中华书局，2024：375-376.

六、千秋伟业与贡赋大法

本章节讲述《尚书·禹贡》。

大禹治水是唐虞时代的旷世工程，因此《尚书》对千秋大事及相关治理独立谋篇。《禹贡》内容包括解除水患、治理土壤、划定九州、制定贡赋、疏浚河流以及"甸侯绥要荒"系统规划。内容之广，涵盖水文、土壤、物产、地理、河流、行政、贡赋、文化等多个方面。孔子云："《禹贡》可以观事。"因首倡贡法，篇名《禹贡》。

㊿ 向死而生

《禹贡》乃至所有历史资料没有记载大禹治水的前期准备工作，从治水之后的散乱信息中我们可以推断大禹做了如下准备工作。首先是技术攻关，时不我待。大禹有了自己的思路。其次，向舜汇报方案并加以论证。新理念取代旧理念，变"堵"为"疏"。

经过论证后的方案，自然升级为天下的意志。上有舜的支持，中有群贤的协助，下有四方民众的拥护。治水，成为"举国体制"，大禹可以调配诸多人力、物资。

然而，谁人了解大禹心中的无奈？没有哪一项发明能有百分之百的把握。当初鲧的上任，大家也是积极响应的。水来土掩，自古如此，谁又能说鲧以土掩水的理念错误呢？大禹的研究和施工会不会失败呢？大禹的创新是被逼出来的，还不是铤而走险！

科学施工是大学问。当时的水患主要是黄河流域，而重要的抗洪区非尧舜都城莫属，保卫都城永远是重中之重。从鲧的筑城经验来说，未必是堵塞河道，应该是加高加厚城墙，以阻挡洪水进入城区。而大禹治水的方案是离开城池，去修理河道。这种胆量不是常人能有的。

我们都知道大禹治水在于疏导水流。尧都在临汾，舜都在太原，皆在一片汪洋之中，《尚书》云："怀山襄陵。"导河入海需要一定步骤，大禹竟然首先选择了上游，后续工作节次展开，下游的准备工作也必不可少，天下总动员，全民备战，进度上由大禹通盘调控。

既载壶口，治梁及岐。既修太原，至于岳阳。覃怀底绩，至于衡漳。

黄河经壶口流过山西，因河床抬高，河水暴涨，水沿汾河倒灌山西，从这里疏导，无疑在于分流和正流。

率先疏通上游，足见大禹治水的决心和勇气。大禹要对水系做一个全面、彻底的整治。成败在此一举，如果都城再度受灾，甚或不见好转，大禹都有可能遭受与鲧一样的责罚。

由壶口开始，依次为梁、岐，再到太原、岳阳、覃怀。都城保卫战大获成功，也是治水新理论的成功。"既修太原"，说明鲧曾经构建城池，后被洪水冲坏，大禹进行修缮。

认真读史，仔细分析，切莫听信神话。在科技匮乏的年代，既没有火药，更没有大型机械，凿山何其困难，劈山更是荒唐。相反，挖河清淤才是大禹的疏通河道的手段。众所周知，黄河水中泥沙较多，加上古人不懂得对于河道的护理，树木、石头、泥沙淤积河道，河床抬高形成阻塞，造成汾河水系倒灌，这才是黄河泛滥的原因，而且雨水越大，泛滥越重。施工顺序最能说明问题。做好清淤工作，河水自然恢复正常。

❺❸ 九河既道

禹敷土，随山刊木，奠高山大川。

大禹治水分三项内容：敷土，分而划之，建立冀、兖、青、徐、扬、荆、豫、梁、雍九州，以便确定治水先后顺序；随山刊木，是开通来往道路，又能确定水路流向；奉天子命治水，代天子行事，祭奠高山大川，既是仪式，又是明确权威，建立纲纪。

导河积石，至于龙门，南至于华阴，东至于底柱，又东至于孟津，东过洛汭，至于大伾，北过降水，至于大陆，又北，播为九河，同为逆河，入于海。

以上是治理黄河的基本过程，黄河水通过九河入海。清朝《日讲·〈书经〉解义》以为，古代冀州包括"直隶、盛京、山西、河北之地"，兖州则是"直隶大名府、景州、沧州、山东东昌府及德州、武定州、滨州、济宁州、曹州诸处"。

黄河之水绕过太行南端的大伾山，来到太行以东，北行进入邯郸、邢台，一路向北、向东，进入渤海。因此，兖州治水紧随冀州之后。平原地带，水势逐渐缓慢下来，分成许多支流。正所谓水到渠成，水是最清楚高低地势的，夺其他河流沟壑而行。沿着水的走势，深挖归拢，逐渐形成了九条主要河流。它们分别是徒骇、太史、马颊、覆釜、胡苏、简、洁、钩盘、鬲津。

以徒骇河为例，挖河任务异常艰巨，用工最多，方圆数百里的民工都会集于此，即使这样，大家也为治理之难而惊骇，故曰徒骇。

兖州地势最低，九河下梢，蜿蜒入海，因此治理时间最长、难度最大，水患也最重。《禹贡》云："作十有三载，乃同。"此处不仅贡赋最低，而且在水患后十三年内全免。

九河既道，是兖州得以治理的标志，更是黄河水系以及冀州安全的最大保障。历史上称大禹治水的黄河故道为"禹河"。黄河进入河北，在邢台流入古大陆泽中，其后顺地势向东北方向流入大海。大陆泽曾经是全国最大的湖泊之一，沧海桑田，如今巨鹿、宁晋等县市都是黄河的冲积平原，而宁晋泊以及衡水湖，则均是古大陆泽的遗迹。

❺❹ 九州地名雅趣 ①

冀州，《尚书》不言其疆界，分明是东河以西、西河以东、南河以北所有地区。郑康成说："时帝都之，使若广大然。"天子所在，是可以无限大的。《书》疏引李巡："两河间其气清，厥性相近，故曰冀。冀，近。"《释名》云："冀州，取地以为名也。其地有险有易，帝王所都，乱则冀治，弱则冀强，荒则冀丰也。"冀州，北方之州，又称中土，为四方之主，这里是政治、文化的中心，饱含古代君臣的希冀。

"济、河惟兖州。"兖，既"沇"字，横"水"在允上，隶变为"兖"。李巡说："济河间其气专质，厥性信谨，故曰兖。兖，信也。"《吕氏春秋·有始览》注云："河出其北，济经其南。"《说文解字》云："沇，九州之渥地也，故以沇名焉。"这一方水土是否拥有这样的个性呢？

"海、岱惟青州。"《风俗通》云："泰山尊曰岱宗。岱者，长也。万物之始，阴阳交代。"《吕氏春秋·有始篇》曰："东方为青州，齐也。"《释地》云："齐曰营州。"《公羊》疏引李巡："齐，其气清舒，受性平均，故曰营。营，平也。今为青州。"中国人历来对于东方有一种莫名的崇拜，"青"字也包含美意。

"海岱及淮惟徐州。"李巡说："淮、海间其气宽舒，禀性安徐，故曰徐。"徐，舒也，土气舒缓。范仲淹的《岳阳楼记》云："清风徐来，水波不兴"，那是何等的闲适。然而"徐州"未必好脾气，先秦时徐人着实没少给天子找麻烦，惹得穆天子紧急班师救国，然后又被迫进行修订刑法等系列政治变革。

"淮、海惟扬州。"《释地》："江南曰扬州。"《公羊》疏引李巡云："江南其

---

① 孙星衍.尚书今古文注疏［M］.北京：中华书局，2004：138，145，151，154，158，163，169，171，177.

气惨劲，厥性轻扬，故曰扬州。"《释名》："扬州州界多水，水波扬也。"《太康地记》云："以扬州渐太阳位，天气奋扬，履正含文明，故取名焉。"

"荆及衡阳惟荆州。"郑康成说："荆州界，自荆山南至衡阳之南。"李巡说："荆州其气燥刚，禀性强梁，故曰荆。荆，强也。"《释名》云："荆州取名于荆山也。必取荆为名者，荆，警也。南蛮数为寇逆，其民有道后服，无道先强。常警备之也。"显然，"荆"有贬义。荆地直到周朝初年仍不被皇家重视，谁都不会想到这里居然多少年后形成了一个强大的楚国。

"荆、河惟豫州。"郑康成说："豫州界，自荆山而北至于河。"《释地》云："河南曰豫州。"《书》疏引李巡语："河南其气著密，厥性安舒，故曰豫。豫，舒也。"《释文》引《春秋元命包》云："豫之言序也，言阳气分布各得其处，故其气平静多序也。"《吕氏春秋·有始览》云："河、汉之间为豫州，周也。"

"华阳、黑水惟梁州。"梁州界，自华山之南至于黑水。

"黑水、西河惟雍州。"《释地》云："河西曰雍州。"《书》疏引李巡云："河西其气蔽雍，受性急凶，故云雍。雍，壅也。"《释名》云："雍州在四山之内，雍翳也。"《释文》引《太康地记》："雍州兼得梁州之地，西北之位，阳所不及，阴气雍阕，故取名焉。"蔽塞之地，这里却先后孕育了周朝和秦朝。诚也，不在沉默中死去，就在沉默中爆发。

以上诸说鱼龙混杂，个别论述夹杂封建思想和偏见，请各位仔细甄别。其中区域不同，性格上或有差异，行为方式或有不同，从而形成独特的地方文化，也是情理之中的事情。

❺❺ 大禹治水的启示

大禹治水给后人留下什么启示呢？仁者见仁，智者见智。

让专业的人做专业的事，尧如此，舜亦如此。在科技分工并不明晰的古代，圣人尚且知道技术型人才的力量，何况今天？技术不断革新，理念不断进步，信息革命，不懂得尊重人才，将寸步难行。

技术是先锋，上下一心是保障。想当初，鲧治水之前，尧并不看好鲧。其后的合作，不见得多么顺畅。自古为君者讳，其中的细节不会留下任何文字。而大禹负责治水，舜竟然容忍他远离帝王，远离都城，去上游治水。其间的共识，彼此的气量，不是一般的搭档能够做到的。只不过我们"旁观者明"而已。

历史评价：古来能命臣者，莫如舜；能不负君者，莫如禹。君有知人之明，臣有任事之忠。

假如我做下属，我有没有胆气，丢下老板去搞自己的那一套？我会不会沿袭鲧的做法也给老板做一个更坚固的、抗击打的壳子呢？也许吧。假如我是老板，我会不会放手让下属舍命一搏呢？也不可知呀。

大禹治水，既有经验积累，又有理论创新，找主要环节，先试点运行，然后全面推广。稳扎稳打，不仅治水而且兼顾善后，这种踏踏实实的工作作风比"三过家门而不入"还难能可贵。

古代君臣审视大禹治水自然联想到封建统治，《日讲·〈书经〉解义》云："不法禹之智，而祖鲧之术，未见其可也。古人以民喻水，谓众怒不可犯，水怒不可遏。咈民则民叛，雍川则川溃，岂不信哉？"[1] 这些理论用于国家治理，客观上也起到爱民的效果。

❺❻ 大禹治水十三载？

一年 365 天。唐虞曰载，载行万物一周；夏曰岁，岁者，遂也，谷物一年一成；商曰祀，商人重祭祀，每年所有祭祀履行一遍；周曰年，年也是谷物成熟、收获之意。

通行的说法：大禹治水十三载。

然而这里有分歧。大禹独立主持治水多少年？包括不包括他跟随鲧治水的九年呢？

汉代经学大家马融认为：禹治水三年，八州平。即鲧治水九年，又加上三年，为十二年。而兖州的水患仍没有得到完全治理，又延后一年，共计十三年。

---

① 库勒纳，叶方蔼等.日讲·《书经》解义 [M].爱新觉罗·玄烨钦定版.北京：中国书店，2018：82.

与之相反，《三国志·高堂隆传》云："洪水滔天，使鲧治之，绩用不成，乃举文命，随山刊木，前后历年二十二载。"即，鲧主持治水九载，大禹主持治水十三载，合计二十二载。汉代经学大家郑康成是这一观点的支持者。

孰是孰非？我倾向于郑康成的观点。

试想，大禹治水时，几乎全天下洪水滔滔，非一州一地，尽管轻重缓急不同，工程量可想而知。而鲧治水九年，其功绩无非在于加固城池，即使有堵塞河道的工程，也在后来的洪水中不断被损毁，实在是不仅没有建树，还留下一堆堆建筑垃圾。真正合理、有效的治理在大禹主持工作以后。大禹治水用什么工具呢？青铜器时代，坚实耐用的铁器尚未出现，施工是没有铁锹的。工程进度可想而知。

再比较一下机械化之前的根治海河。海河相当于大禹时代的兖州段，大禹治理兖州时间最长。根治海河用工之众，一定高于大禹治水，每人一把铁锹，还有胶轮手推车等工具。海河流域仅仅是大禹治水的一部分，而根治海河历时多少年呢？严格地说，海河治理始自1958年。1963年再次发大水，毛泽东主席做出"一定要根治海河"的批示，第一阶段为1964年到1973年，其后还有第二阶段。

大禹治水，深习水性，这是对大自然的敬畏。

❺❼ 《禹贡》的精神

《禹贡》讲述大禹平水土、定贡赋及经理天下的次第。为什么独以贡名篇呢？清代《日讲·〈书经〉解义》认为，水土平而贡赋定，"举其成功而言也"。而我觉得，以贡名篇，还在于提出大禹在治国理念和方略上的贡献。治水之事不常见，而贡赋对于国家机器却时时不得忘记。

联想《尚书》对于尧舜禹三人的记叙，各有侧重，又逐步递进。

尧的突出点在于选德用人。尧的年代，用人惟德，分工不明晰。每每用人，他只是想找一个能做事的，"畴咨若予采？"求治水之人，也只是认为鲧道德有缺陷，并没有着眼于鲧有没有治水的专业水准。

舜任命官员，有了明确的分工，选材标准又上一个层次——德才兼备。

官员有分工，部门开始细化，工作更趋于专业了。管理上了一个台阶。

大禹对执政的突出贡献是什么呢？便是贡赋。曾有人认为尧之前也有贡赋，比如井田制，有公田，但无信史记载。国家机器的正常运转，势必需要开支。没有贡赋支持的国家，它的政府是没有执行力度的。

《禹贡》记载了各地物产、土壤肥瘠以及贡赋标准。前两项类似百科全书，第三项则被历代帝王尊为贡赋准绳，也被儒家奉为仁政圭臬。如兖州受灾最重，十三年后再开始纳贡；再如扬州锡贡，必待锡命之后而贡，即，尽量不劳烦百姓，不设为常贡。

清人对此有这样的评述："上无过取，下无厚敛，经制既立，一成而不变……大抵圣人之治天下极劳，而取于民又极慎，非独以为爱惜物力当若此，盖深知上下一体，国家之足必本于百姓之足。留不尽于民，正所以裕无穷于国。诚后世为人君者所不可不知也。"[①] 其中，以民为本，是孟子思想的重要论述，对于执政为民的当今社会，这段话仍有积极意义，继承中国共产党的优良作风，勤政爱民，万众一心，实现中华民族伟大复兴。

❺❽ 大禹的"五环线"

水患去除了，天下太平了，这些地方总要有人管才行，如何建立高效的管理机制呢？

> 锡土姓，祗台德先，不距朕行。

"锡"通"赐"。要把土地分封给德才兼备的人，让他们立国；有才德的人，根据他们的封地或者德行赐予姓氏，让他们立宗。立国者，下可以管理臣民，上可以推行德教，忠于天子。立宗者，彰显其高德，教化社会，传承家风，以保千秋英名。有了这些榜样的存在，国家何愁得不到治理呢？

过去农村过红白事必须"惊动"五服之内的家族成员。相对来说，丧事

---

① 库勒纳，叶方蔼等．日讲·《书经》解义［M］．爱新觉罗·玄烨钦定版．北京：中国书店，2018：85.

比喜事更重要，这也是古代留下的传统，古代国之大事"惟祀与戎"。所谓五服，以丧事为例，儿子是第一层，他们对于死者是最直接的服侍者，这叫一服；其次，死者的侄子辈，比儿子远一层，但比其他人要近得多，这是二服；以此类推。五服之外不算亲人，大概只有小的礼节上的来往而已。五服之内，在丧礼上的服装也是不同的，儿子要披麻戴孝，是最不整齐的，然后顺着五服的关系，分成五等服装，逐次趋于精细。外人一眼便知他们与死者的关系。

家族关系上的五服，是以自己为中心形成的"五环线"，越靠近中心，责任、义务越多，每条"环线"功用不同。而大禹治理天下也有类似的"五环线"，《尚书》称之为"弼成五服"，跟家族关系有异曲同工之妙。

离都城五百里之内的，算作一环，称甸服。甸服是王畿之地，田赋以供王家。所供之物，由于道路运输的问题，又细分为五等。百里之内为最近，稻谷连穗带秸秆一起缴纳，秸秆可以作为饲料；二百里之内，次之，穗头带一半秸秆；三百里又次之，只交穗头；四百里交稻谷；五百里交精米。缴纳有粗有细，远者轻而近者重。

再向外五百里相当于二环，称作侯服。侯者，候也，恭候，等候，随时恭候天子的调遣。

三环，侯服之外五百里，称作绥服。绥，安也。绥服离京城尚不算远，不用刻意约束，他们会自觉服从王者教化。其中前三百里偏重文教，服从王化；后二百里侧重安保，"奋武卫"也。

四环，要服。离京城较远，要通过强化政教来加以约束。前三百里文教方面稍弱一点，尚且还能平静地守法守礼。后二百里也许在守法方面要多少费点力气。前者称"夷"，后者称"蔡"。"蔡"，有差别了，他是不能守主有常的，草莽。夷是远方的人，蔡是被驱逐的人。

五环荒服。偏远之地，不服教化，荒服之内，"三百里蛮，二百里流。"蛮是疏野的人，流是被放弃的人。天高皇帝远，民风粗野，是充军发配的地方，也是统治者权力与威严最难以到达的地方。

可见，大禹的"五环线"不仅依据离都城的距离，也是根据亲疏加以调配来划分的，而且责、权、利相对应，一切围绕中心，效忠于王权统治。

七、家天下的烂事儿

本章节重点讲述《尚书》中三篇文章，即《甘誓》《五子之歌》《胤征》。

《甘誓》：大禹死后，儿子启承袭王位，有扈氏不服，夏王启平叛。《五子之歌》：太康失国，太康的五个弟弟作悲歌五首。《胤征》：太康的弟弟仲康登上王位，发动夺回政权的战争，消灭后羿的党羽羲、和。

《五子之歌》和《胤征》未见于《今文尚书》。

❺❾ 大禹身后的糊涂账

尧禅位于舜，舜禅位于禹。大禹会将位置留给谁呢？据孟子讲，大禹所选择的继承人首先是皋陶。《尚书》有《皋陶谟》篇章，历史上将皋陶定位于圣臣。不巧的是，没等到大禹禅位皋陶先死了。大禹又将伯益定为继承人。伯益也是三朝老臣，曾经给舜负责水产畜牧工作，曾经协助大禹治水，历史上伯益还是水井的发明人，也是春秋时秦和赵的祖先。大禹死后，伯益为了让大禹的儿子启登基，自己跑到箕山躲了起来。于是启成了新一代帝王。

文献中，始终未见大禹生前交由伯益摄政的记载，因此谈不上禅让，只是钦定接班人而已。

孟子说，大禹死后，人们有事就找启商量、定夺，自然启就成了下一代帝王。

对于启的上任，有扈氏非常不高兴。毕竟这不是禅位的游戏规则。禅位的原则是让贤德之人继位，贤德之人应该是伯益，也就是大禹生前指定的接班人。其实这位有扈氏不是旁人，正是大禹的庶子，新任帝王启的庶兄。

启登基之后，宴请诸侯，有扈氏故意不到场，因此有扈氏的罪孽被定为"威侮五行，怠弃三正"。

有扈氏是否有叛乱的军事行动呢？应该没有。君不见启与有扈氏的战场在哪里吗？启将自己的部队带到有扈氏的郊区，然后发表战前誓词：

> 有扈氏威侮五行，怠弃三正，天用剿绝其命。今予惟共行天之罚。

启为了这个帝位，带兵找到有扈氏家门口作战，消灭了有扈氏。

古人除了世袭就是禅让和战争，没有我们今天的广泛、公平的选举机制，也没有候选人报名程序，同时大禹也没有提前做好伯益上位或儿子继位的起码的铺垫。我们不能苛求古人具备我们今天的文明程度，但是历史会留于后人评述。请恕我不敬，大禹在处理身后事上存在缺陷，智慧上、境界上均逊于尧舜。

❻⓪ 只有人民代表正义

夏启与有扈氏各执一词。夏启是大禹的儿子，大禹死后，大臣、诸侯都聚到了他的麾下。从这两个角度看，夏启的即位顺理成章。不过，有扈氏的极力反对也有充分的理由。其一，贤德之人是伯益；其二，大禹内定，夏启不符合禅位程序。

孟子认为，代表各方势力的大臣诸侯都追随夏启，无论举贤还是传子，都是可以的。

代表草根阶层的墨子，则更支持原始部落间的民主禅让制，更同情有扈氏。

汉代经学家孔安国注疏："夏启嗣禹立，伐有扈之罪。"古人用字考究，所谓"伐"不同于"讨"。"讨"是奉天子之命，因此有"言字旁"，是帝王打击邪恶。而"伐"是诸侯之间发起的战争，相互攻伐。显然，孔氏认为夏启攻伐有扈氏的时候，夏启不具备帝王之资格，或者说夏启的继位不是很妥当的。

《淮南子·齐俗训》云："昔有扈氏为义而亡。"看来他也是有扈氏的坚定支持者。

清代大学者王夫之认为："功罪，风化之原也。""最下，以臣与民之不顺于君者为大罪，而忘其民。其次，以君与吏之不恤其民为大罪，而忘其天。"古之帝王，赏罚惟天为重。"五行者，天以其化养民也，民以其神为性者也。""三正者，天所示人以气至而主其感者也。"所以，夏启不提及有扈氏的叛乱，而是给他定罪为"威侮五行，怠弃三正"。誓言精妙，仿佛逆天一般，这是要遭天讨的大罪。① 至于罪名是否合理，王夫之未作正面回复。似乎王夫之也是历史地看问题，看是否符合发展，不拘于一格。

综合前边几个观点，感觉还是孟子的观点更为进步，他为国家安定考虑，观察大臣和各方诸侯的意愿，而不在乎是否禅位或世袭。从原始社会进入奴隶制社会，阶级的产生也是社会发展的必然和趋势。抛开权力的争斗，打破僵化思维，看是否符合历史，是否有利于人民，只有人民才能代表正义。

❻❶ 夏启的死命令

有扈氏带头拒绝夏启的宴请，夏启兴兵征伐，大军会聚有扈氏的东郊。

《甘誓》云："大战于甘。"战者，惮警之也。这是交锋之前的紧张局面，空气都被凝固。御驾亲征，天子之兵称之为"大战"。真正交锋才叫做"斗"。

> 六事之人，予誓告汝。有扈氏威侮五行，怠弃三正，天用剿绝其命。今予惟恭行天之罚。

六军全部将士整齐排列，夏启登高慷慨誓词，声震九霄。有扈氏恃亲而不恭，这是威虐侮慢五行，是怠惰弃废天地人之正道。

---

① 王夫之. 尚书引义 [M]. 北京：中国书店，2016：351.

五行，即水、火、金、木、土。四时之政，皆顺五行之德。五行又与五常相配，水曰智，火曰礼，金曰义，木曰仁，土曰信。三正，《周易·说卦》云："立天之道曰阴与阳，立地之道曰刚与柔，立人之道曰仁与义。"又称作三才。《尚书大传》则认为：天有三统，土有三王，王者所以统天下也。

关于五行、三正解释颇多，各不相同。总之，有扈氏的罪责是逆天而行，诚所谓罪恶滔天。因此，上天要剿灭他。执行上天命令的正是夏启，"今予惟恭行天之罚"也。夏启的话语掷地有声，既整顿了军心，又鼓舞了士气，师出有名，有扈氏死有余辜。

左不攻于左，汝不共命；右不攻于右，汝不共命；御非其马之正，汝不共命。

古代战车，三人，中间的负责驾车，左边的执弓箭，右边的执矛戈。你们要服从指挥，奋力杀敌。否则，就是违犯了我的命令！同时，夏启定下奖惩。

用命，赏于祖；不用命，戮于社，予则孥戮汝！

秦朝之前，天子御驾亲征，必载祖主、社主同行，以示自己不敢自专，遇事都向祖主、社主"汇报"。有功是祖主、社主的功，有过则是自己没有做到位。祖主阳，因此，有功者在祖前受赏，有罪者在社前承受刑罚杀戮。

夏启眼露凶光，你不是我的人，就是我的敌人。"予则孥戮汝！"有罪的人，不要以为自己被杀戮就算清账了，还要连坐，你的老婆孩子都要受到惩罚。

舜当政时期，刑罚较宽，有象刑。而今夏启变法为"家天下"，统治方法随之变化，也是形势严峻，竟有连坐。这是我国有史以来第一次涉及"连坐"的记载。

夏启挟大禹恩威，兼有峻法，哪个敢不效命？几次战斗之后，夏启彻底消灭了有扈氏。

⑥ 夏朝乱了

历史上对夏启评价不一，有人说勤政，有人说昏庸，有人说早期勤政、后期昏庸。无论如何，他通过铁腕巩固了自己的政权，成功做了"家天下"的第一人。夏启在位年限不是很长，几年或十几年而已，既然说法不一，那就是好也好不到哪里去，坏也坏不到哪里去，所谓角度不同，认识各异。

夏启死后，将帝位传给儿子太康。太康是个纨绔子弟，昏庸的事没有他不敢做的，从来不理政事。民怨沸腾，"黎民咸贰"。

太康有一次出游到洛河一带狩猎，100天都不回都城。有穷国国君后羿乘机举事，发兵到黄河岸边，将昏庸的太康阻截在黄河以南。尧舜禹时期，都城均在冀州，即黄河以北的地方。从那一天起，太康再没有亲近过他的宝座。太康被困于洛而丢了国家，史称"太康失国"。有人说，太康在洛生活了十年，也有人说后羿射死了太康。

太康出游的时候，他的五个兄弟带着老娘相从。《五子之歌》云："厥弟五人，御其母以从。"史书没有记载具体年限，只是说太康死后，弟弟仲康继承太康的王位。可见仲康被允许回到都城，并且成为后羿的傀儡，而真正的权势仍在后羿手里。接下来，后羿又废除了有自己理想的仲康，扶植仲康的儿子相。

历史上有多个后羿。严格地说，后羿更像官员或功德的称谓。后，通"司"，后羿是管理射箭、射术的人。在古代，技术是父子相传的，神射是这个家族的符号。这位后羿生来高大孔武，加之东夷部落的强大经济与军事实力，因此他轻而易举地掌握了实权。

不久之后，后羿又除掉相，干脆自己登上天子宝座。做天子，古人最先强调德性，秦之后又讲帝王之术，相当于帝王管理学。而这些能力和知识，后羿一点也不懂，跟太康一样贪图逸豫。很快，后羿的权力全部落到他手下权臣寒浞手里。寒浞也是心狠手辣之人，找准机会，果断杀死了后羿，自立为王。

这里有个奇怪现象，后羿和寒浞当政，都没有改朝换代，这个朝代仍然叫作"夏"。

难道夏真的名存实亡了吗？不会。相死的时候，留下遗腹子少康，少康长大后，勇猛又有智慧，他秘密召集夏朝的友好部落，经过几番恶战，终于夺回政权。

无论做任何事业，都不能坐享其成，不能无所作为。想祖先大禹平治水土，功在当代，利在千秋，即使有如此深厚的背景，太康仍不能得到民众的认可。祖宗的荫护不足恃，财富更不足恃。创业难，守业更难。太康之后几位帝王走马灯似的，荒淫无道是最大的弊端。刘备说："勿以善小而不为，勿以恶小而为之。"一旦思想上产生松动，事业就走下坡路了。信息化时代，企业经营更是如此，市场不给你片刻的懈怠。不忘初心，砥砺前行。人人应该保持前进的状态。

自尧舜时期，便有"可爱非君？可畏非民？"的诘问，太康之流如能知道这个道理就可以免于灾难了。

❻❸ 哀婉的《五子之歌》

《五子之歌》的五子，不是太康的五个儿子，而是太康的五个弟弟，是夏启的另外五个儿子。为什么不说"五弟"而说"五子"呢？说明这五人尊重夏启，从夏启那里论起，相反瞧不起这位太康哥哥。

启有几个儿子？有人说六个，太康和《五子之歌》中的五子。有人认为启只有五个儿子，如王符《潜夫论》说："启子太康、仲康更立。兄弟五人，皆有昏德，不堪帝事。"[1] 以《五子之歌》论述，其中言语都是对于太康的哀怨，并不含有类似太康自责的内容，话语当中虽然诸多抱怨，但对于作为君主的太康又多有避讳，所以此五子似乎不包含太康，五子是太康之外的五个兄弟。《五子之歌》分五段，不知道是一人所歌，还是每人一段。

民可近，不可下；民为邦本，本固邦宁。

---

① 王符.潜夫论·五德志 [M].北京：中华书局，2018：460.

"敬"是尧舜一贯的法则。敬则能亲民，而民心固结；不敬则必虐民，而民心离怨。大到邦国之安危，小到企业经营，敬业、勤政永远是兴亡的关键。这段话是仲康说的吗？也许仲康懂得一些道理。

内作色荒，外作禽荒。甘酒嗜音，峻宇雕墙。

这里列举六种恶行，沾染其一则丧家辱国。歌词并没有直接批评太康有此六恶，但是太康恶行昭然。享乐为人之常情，须知道节制。政务废弛，谁人答应？

惟彼陶唐，有此冀方。今失厥道，乱其纪纲，乃厎灭亡。

尧舜禹授受一道，奉天子民。大禹弼成五服，怎么可以擅自离开京城享乐呢？我们的京城不在洛阳，京城在冀州呀。

明明我祖，万邦之君。有典有则，贻厥子孙。关石和钧，王府则有。荒坠厥绪，覆宗绝祀。

先人大禹的德行章法还历历在目，天下太平，事事井然。创业之君，具有大智慧，政治清明、礼法详备，怎么能忘记传统呢？循之则治，悖之则乱。

最后一段最为凄婉，"我们无家可归了"。

上述祖训，下察民情，中称己过，兄弟一体之仁，荣辱与共。覆巢之下无完卵，至性至情。臣子引咎之义尽显，领导如此荒谬，臣子是否有纳谏之责，如今又有什么可以补救的方法呢？皇上圣明是一方面，臣子尽忠是另一方面，时至今日，仲康等人也不可能坐以待毙，他们也在寻求转机。

以我个人的观点，仲康兄弟的《五子之歌》不仅仅是哀婉，更像是表明态度，与太康成功切割。也正是因为这个立场才有了后来的仲康继位。

❻❹ 先天不足的夏朝文化

没有文化支撑的朝代毕竟走不长远。从原始禅让的"公天下",变为夏启一脉的"家天下",夏朝需要崭新的奴隶制文化支撑。而处于动荡、变革的年代,理论往往落后于现实。夏朝最初几十年便是一个文化缺失的时代。

尧舜时代,重视贤德,为君者首先严格自律,任人唯贤,包括君王。形成"家天下"之后,任人唯亲成为首选。文化断代,继承不足,残缺的文化是夏朝最大的风险。在某种程度上,夏启的为人不能被天下人认可,甚至被诟病。

夏启把精力用于铁腕统治,对于文化的重建不是那么重视。瞧他的几个儿子,没有一个成器的。无论言传还是身教,太康兄弟几人既没有高德,也没有高能。有点暴发户心态,过于张狂了!

不知道太康是否受过"高等"教育,皇家学校里是否有道有术。遥想舜当年,他命夔教育胄子,"直而温,宽而栗,刚而无虐,简而无傲",如果接受这样的教育,起码为人处世还是没有大问题的。五六个儿子,不可能都不成器吧?只有仲康是稍稍优秀一些的,但是才能方面也没有显出王者风范。

夏初的文化不仅在皇家内部缺失,在社会层面照样缺失,没有统一整个社会,给人的感觉只不过是山大王似的野蛮争夺。因此后羿等人造反了。没有文化的时代,后羿也被自己的没有文化害死了。

从战争角度,后羿不懂得除恶务尽,仅限于拒绝太康回家。后来自己做了天子,也是同太康一样的昏庸。前车之鉴呢?

相对后羿,寒浞似乎手腕更高一些,起码他一直追剿太康、仲康的余脉。然而他同样没有形成自己的文化。后羿、寒浞主持局面,竟不知道改朝换代,仍称之为"夏",这在古代也是非常可笑的事情。从陈胜吴广到李自成、洪秀全,连生于草莽的起义军首领都懂得给自己一个名号的。

宋徽宗据说不是想当皇帝的人,醉心艺术,帝王之术不甚了了了。宋高宗赵构接到手的烂摊子要比仲康还惨。尽管我们一直骂赵构昏君,然而赵构重新收拾了半壁江山,南宋延续150余年,也是可圈可点的。显然仲康比不得宋朝赵构。

太康之后，只有那个遗腹子少康还不错，他卧薪尝胆、励精图治，终于联合友好部落杀死寒浞，夺回了夏朝。

文化既有继承，又有实践中的不断补充、校正、发展。文化很重要，作为当家人既要有德，又要有过人的能力，还要形成稳定的文化机制，如此才能成就百年老店。

❻❺ 倒霉的仲康

也许像宋徽宗一样，压根就没想过当皇帝。在古代，皇子们太热衷帝王之术未必是好事，除非你真的当了太子。仲康继位之后，能力有限也在情理之中。

仲康登基，后羿是权臣。为了对付后羿，仲康任用胤国国君掌管六军，收了后羿的兵权。

因为太康已死，由仲康继任夏王，名正言顺，合乎礼仪。仲康的出现，能顺利继承夏朝大一统。此举虽说不上高明，却着实中规中矩，国不可一日无主。其中也少不了仲康几兄弟的苦心经营与运作。

如果是和平年代，仲康也许能够做一个合格的君王，但是他将面临的是凶猛、顽劣的后羿。夏朝国君掌握不了多少军队。那个年代就没有专业的军人，都是遇事的时候临时从各诸侯国征召的农民，组建临时军队，打仗结束后再回去种地。因此，虽然后羿不再掌握兵权，但势力依然强大。

仲康的下一步斗争从哪里入手呢？他把目光悄悄转向了羲和。羲和世代为皇家掌管天文历法。驱逐太康，他们是后羿的重要帮手。能讨平羲和，也就断了后羿的左膀右臂。这一年，上天给了仲康一个再合适不过的理由。

羲和废厥职，酒荒于厥邑，胤后承王命徂征。

那一年发生日食，而羲和竟然没有预测到，更没有上奏。他们平日里只知道喝酒作乐。

消除羲和并不难，仲康取得阶段性胜利。后羿失去了羲和的支持，自然很多计划受阻，后羿并不甘心。经过一段时间煎熬之后，暴脾气的后羿终于忍不住了，瞅准机会一戈将仲康送上西天。

主弱臣强，历史上多有案例。仲康的敲山震虎方案，虽然断其羽翼，实际上也打草惊蛇，提前暴露了目标。秦始皇之于吕不韦，汉献帝之于董卓，康熙之于鳌拜，等等，无不是擒贼擒王。汉献帝之于曹操，选择了隐忍，共荣共生。力量对比悬殊的情况下，缓图之，也未必不是上策。

人们往往有英雄情结，将个人的"义"建立在众人之上，建立在团队之上。比如项羽乌江自刎，虽为后人歌颂，却实在是莽夫所为。

仲康之举，或失于周密，或后续攻势不足，或偏安于后羿临时不再生事。总之，尽管胤征获胜，从整个斗争来看，仲康还是失败的。受害的不止仲康一人，仲康追随者以及平民百姓都会受到殃及。作为当家人，不可不慎。

⑯ 羲和的死罪

羲和家族自尧时期就为皇家负责看天象、订历法。羲和的罪名是"羲和废厥职，酒荒于厥邑"。羲和只顾自己喝酒作乐，对于日食这样大的天象都没有察觉和汇报。

> 圣王谟训，明征定保。先王克谨天戒，臣人克有常宪，百官修辅，厥后惟明明……其或不恭，邦有常刑。

天象是神圣的。先王有祖训：天象正常，说明君德足以格天。一旦遇到天象异常，帝王就应该增修其德，认真反省，谨慎行事。辅弼大臣应该帮助君王恢复理政之常法，群臣百官要更加兢兢业业。这是古代帝王对于天象的认识。

适逢日食异象，正是君主所当戒备反省的紧要当口。而羲和不奏闻，则是蔑视和丢弃祖宗大法，不肯修辅君之责，岂不是死罪？出征之前，首举先王训令，以明事君之大义，仲康计谋确有可取之处。按照古代《政典》的法则，在日食观测上任何失误都是杀无赦。

仲康大张旗鼓地追究此事，还有另外一层含义。日食为君弱臣强之象，羲和不以奏闻，直欲夏王不知有天戒，而疏忽于逆臣之防，还有什么比蒙蔽君上更可恶的吗？这就是仲康的小心机，势力尚弱，后羿不能速除，故而单说日食之失。

　　咸克厥爱，允济；爱克厥威，允罔功。

仲康固执地认为，用杀伐取代慈爱才是治国之道。这句话后来为申、商之术所引用，也为历朝历代的猛政提供了借口。敲山震虎。仲康有恢复王权的理想，能强化官员的治理，从反逸豫入手打击后羿。

　　歼厥渠魁，胁从罔治。旧染污俗，咸与惟新。

虽然说过狠话，但是仲康指示：只针对罪魁祸首，至于胁从概不追究。天子能体会天心，以好生为德，不可过于杀戮。儒家于此处又着落"仁爱"二字。打击面的确不宜过宽，不是还有后羿这般大恶都没有处理吗？突出打击羲和，实为打击从逆之人，明眼人一看便知。羲和都不是首恶，却在劫难逃。

八、最惊世骇俗的理论

本章节重点讲述《尚书》三篇文章，即《汤誓》《仲虺之诰》《汤诰》。

《汤誓》记载商汤向夏桀宣战并打败夏桀的全过程；《仲虺之诰》讲商汤功德与商汤革命的正当性；《汤诰》首先以伐桀大义昭告天下，同时发布执政理念并安抚民心。

《仲虺之诰》和《汤诰》未见于《今文尚书》。

❻❼ 成汤造反的理论

中国人讲礼仪，即使农村老太太打架，也要先在大街上彼此数落几番，引来村里的老少观看，把理儿说明了，实在不行再开打。当然也有个别背后打闷棍的，那是被人瞧不起的事情。

国家、部落之间的斗争也是如此，每逢战争，必有一番说辞，其一，表达正义性；其二，严肃军纪。这番说辞，在《尚书》里叫"誓"。前文《甘誓》现存文献中第一篇战前誓词，是天子讨伐诸侯的战争，天子出征，替天行道，理所当然。而成汤造反，会如何阐述他的理论呢？成汤的理论独步天下，这就是《汤誓》。

我们曾谈过两起战争。后羿围攻太康，没有留下誓词；有扈氏抵御夏启，也没有留下誓词。因此，《汤誓》是第一篇造反的文章。

王曰："格尔众庶，悉听朕言。非台小子敢行称乱，有夏多罪，天命殛之！"

夏朝最后一个国君叫夏桀。汤将伐桀，首先壮大声势，自称武王。商汤言称，我没有胆量犯上作乱，伐夏不是我的本心，我是奉了天命才这么做的。夏桀虐民而慢天，其罪非一。因此"予畏上帝，不敢不正。"

话说夏桀知道有人要反他，他指着太阳说："看到太阳了吗？它会亡吗？我就是那个太阳。"面临危局，夏桀仍狂傲无知，恐吓下民。夏桀自比于天，他跟天一样常在；又自比于日，去而复来。夏桀指日代天，俨然不顾天意、不顾民心。事实上，老天已经不关爱夏家王朝了，老天眼下关注商汤和他的商邦。

桀以慢天虐民而亡，汤以畏天爱民而兴。这是汤留给世人的宝贵遗产。

后世造反者，从理论支持到操作手法，都是商汤的门生。周武王革命，也多次提到效法成汤。以子之矛攻子之盾，这是成汤没有想到的。秦末陈胜吴广起义，虽是兵卒，也以成汤为师，先假托一个天意——大楚兴陈胜王，揭竿而起。宋朝水泊梁山那帮草寇也自称"替天行道"。落魄秀才洪秀全干脆自创拜上帝会，对抗朝廷。一篇《汤誓》，其影响之广，其影响之深远，延续几千年。它用迷信的手法打破了皇家垄断天意的神话，为封建时代的造反者提供了理论背书。

❻❽ 我的心思说给你

征伐夏桀，并非汤自作主张，而是上天如此安排的，我不得不遵从上天的旨意。

汤虽然自封为武王，其实他是很儒雅的人。他爱惜他的子民，国富民丰，政治清明。过惯了安逸日子的人，谁愿意当兵打仗呢？老百姓都说："我们的国君为什么不体恤我们呢？为什么要让我放下农活去打夏桀呢？"

成汤说："我知道你们的抱怨。你们的生活很安逸，可是你们知道夏桀有多残暴吗？之所以劳师动众，是顺天应人。如果不是夏桀得罪于天，我怎么敢劳烦大家呢？"

夏桀的罪跟我们有关系吗？他残害百姓，横征暴敛，民不聊生。他的子民都心存怨恨，政治、生活混乱不堪，而他仍狂妄地说："看见天上的太阳了吗？我跟它一起生死。"桀无道，天下皆欲伐之，我必须前往。夏桀必亡。

> 尔尚辅予一人，致天之罚，予其大赉汝。尔无不信，朕不食言。
>
> 尔不从誓言，予则孥戮汝，罔有攸赦。

汤自谦"予一人"，跟我一起上战场吧，帮助我这个老兵，对夏桀行"天之罚"，一起加入我们的正义之师吧。服从我的命令，我奖赏你们。请相信我，我决不食言。如果不服从命令，我将施以重罚，甚至你们妻子儿女，绝不宽恕。成汤以循循善诱开始，耐心解释，最后仍要重申军法，军令如山。

历史的车轮滚滚向前。民心向背，即天命的去留。汤武革命历来被当政者歌颂，也为当政者时刻敲响警钟。得民心者得天下，仁政，爱民，谦逊的品质，坚定的精神，形成了崭新的执政风格，汤武革命推动了历史进程。《周易·象辞》云："言汤武革命，顺乎天而应乎人。"圣人岂有私天下之意？

胜利后的成汤，并未趾高气扬，而是"惟有惭德"，心头隐隐作痛。放逐夏桀，后世会怎么议论这件事呢？他生怕做事不够妥当。他隐约预感到，我造了夏桀的反，日后还有人效仿陆陆续续地造反，也包括造我商邦的反。

❻❾ 最需要政治家的时候

两方交战，盛怒之下，汤发表誓词，群情激奋，一鼓作气打败夏桀。局势稍微稳定下来，如何处置夏桀，以及执政的问题逐渐袭上汤的心头。因此，当夏桀败逃的时候，汤的军队只是马马虎虎地追了几步，并没有赶尽杀绝。

汤武革命至此成功，因此"汤"字前边又加上一个"成"字，从此称为"成汤"。

如何处置夏桀呢？毕竟曾经是君臣关系。古代最讲究五常，君臣、父子、夫妇、兄弟、朋友，君臣关系居首。夏桀逃到南巢，就让他在南巢安顿吧。

对于武力攻伐、驱逐夏桀的举动，部族之间会有不同声音吗？那是一定的。从君臣道义上讲，连成汤自己都感觉愧疚和不安。何况夏的那些亲近部族呢？

商汤的左相仲虺是个有大智慧的政治家、理论家。仲虺向全天下发布诰命——《仲虺之诰》。

> 成汤放桀于南巢，惟有惭德，曰："予恐来世以台为口实。"……
> 天乃锡王勇智，表正万邦，缵禹旧服。

他讲得非常诚恳，商汤惭愧于往昔，恐惧于将来，生怕有不合适的地方。仲虺要解释一系列问题，总而言之，就是必须给商汤一个光明正大并能够为天下人接受的理由，只有这样才能实现政局安定，民族团结，人民幸福。

君命神受，仲虺首先推本于上天立君之意。天为民立君，不是简单找个人稀里糊涂地扶上尊位就行了。上天创造了人类，有形体，即有嗜欲。如果不派君王来管理的话，他们就会各逞其欲而相争，以至于祸乱。上天不忍黎民受苦，赐给商汤勇与智，勇足以有为，智足以决几，使"表正万邦"，以继承大禹留下的事业。天子代天牧民，是千古不变的天理，大禹遵循之，现在大禹的子孙不能继承、继续它，由商汤来"缵"之。"奉若天命"，仲虺不言"革命"而言"奉若"，汤的行为是奉命行事，天命无私。

为什么说夏桀不能"缵"呢？桀有昏德，涂炭生灵，获罪于天。民心不从，桀纯属谎称天意来命令下民，上天震怒。商汤受命，兴师伐罪。

仲虺诰谕商汤，也不必把固有的道义挂在心头。夏桀亲小人，远贤臣。夏桀待我商邦"若苗之有莠，若粟之有秕"，我邦老幼皆恐无辜受罚。唯有我君商汤躬行仁义，人民为其悦服，夏桀岂不嫉恨。因此伐桀既是天讨，又是民意。

接下来，仲虺还要突出讲述商汤的德政，哪一位不希望脱离苦海？哪一个不希望国家有一位明君？

仲虺为商汤找到了充足的法理依据，不仅确立法统地位，而且明确了君王的责任重大。因此商汤不必因个人情结而惭愧，更不要为此辜负了天命。

❼⓪ 我眼中的商汤

军旅曰誓，会同曰诰。之所以说商汤"有惭"，是仁德之主的自谦与谨慎。而《仲虺之诰》一方面告诉商汤，更主要是诰谕天下，让大家尤其是敌对面释怀。不仅对既往的战争做一下梳理，更对未来做一个训诫。《仲虺之诰》即使是商汤自己的心里话，在没有被大家彻底接受之前，先由一位大贤出面为你主持正义，唱和往来，本身就是一种极好的宣传，这是人心向背的表现。假如这位贤达再能够把未来畅想一下，公之于众就更好了。以仲虺之贤，他自然进一步为商汤正名。代天牧民，这些话从别人嘴里说出来，显得更公允、更可信、更有高度。

> 惟王不迩声色，不殖货利。德懋懋官，功懋懋赏。用人惟己，改过不吝。克宽克仁，彰信兆民。

仲虺要把英明的商汤介绍给大家。汤不贪财，不好色，不盘剥百姓；任用贤德，论功行赏；见贤思齐，闻过则喜；有宽、仁之德，信义行天下。

何为宽、仁？《日讲·〈书经〉解义》云："若夫宽、仁者，人君之大德，然行之不善，或反受宽、仁之累者有之。惟王克宽，广大中具有节制，而不失于纵弛。惟王克仁，慈爱中兼有严厉，而不流于姑息。君德昭著，实有感孚一世之理，天下亦皆从而信之，其临民之善如此。"[1]

因此仲虺这段话包括三个层面：用人、处己、临民，汤无不各尽其道。

仲虺以事实为证。昔有葛伯无道，放纵自弃，不祭祀祖先。汤派人询问，葛伯说没有粮食。汤就派其青壮劳力为他们耕田，派老弱给他们送粮。结果葛伯抢走粮食，还把人给杀了。于是，商王征伐的第一个国家是葛。天下国君暴乱者多，商王行仁义之师并征无道。之后，商王每次出征都会得到大家的拥护。商汤东方出征，西方也盼望商汤早日到来；商汤南方出征，北方念

---

①库勒纳，叶方蔼等.日讲·《书经》解义［M］.爱新觉罗·玄烨钦定版.北京：中国书店，2018：104.

着商汤怎么还不到来。仁者无敌，义者无敌，伐罪吊民，万民期待，万民敬仰。

商汤的形象与夏桀形成鲜明对比，是人民选择了商汤，是人民为之黄袍加身。

❼ 仲虺之诰

仲虺为商汤正名，鞭笞夏桀，盛赞商汤，谁能说这不是在鼓励和鞭策商汤呢？以我们自己为例，有时很怕领导表扬，你越是当先进，你就越要严格要求自己。

前文都是总结过往，下边仲虺要谈未来了，谈未来的帝王应该怎么样。

> 佑贤辅德，显忠遂良。兼弱攻昧，取乱侮亡。推亡固存，邦乃其昌。

君临天下，首先要管理好诸侯、大臣等高官。诸侯之中有才德兼备，是谓贤者；有积善行仁，是谓德者；有委身殉国而为忠者；有奉公守法而为良者。分别佑之，辅之，显之，遂之。

对于诸侯及百官，有柔懦无为而弱者，当兼并之，而治以王官。有昏庸不明而昧者，当攻治之，而削其封地。有败坏法纪，是乱者也，当殄灭其国而取之。有荒淫无度，是亡者也，当戮及其身而侮之。对昏庸无能者，绝不姑息，形成赏罚分明、能上能下的流动机制。

保持一颗公正、清明之心，"推亡固存，邦乃其昌"。

> 建中于民，以义制事，以礼制心，垂裕后昆。

要想做好以上这些，前提是不断提高自己的修为。仲虺勉励商汤以修德检身之道。振奋精神，必勉明其大德，求所为中道者而建立之，成为民众的标杆。盖德者，我之所得；而中者，民所同具也。通过治理，民有法可依，咸归于中。义与礼，又是昭德建中的要务。做到守德、守中，遇到情况就知道如何行动了。动则以义制事。万几当前，处之能无过与不及。至于自己的心境与胸怀，则始终处于宽裕、从容的状态，古人又称之为静。静则以礼制心。一念之萌，必慎持其逸豫，而使无偏倚之累。用其中于民，如中庸思想；"以义制事"又同于荀子方略。此外，仲虺又嘱托商汤虚己下贤，"好问则裕"。

功不废于无益，事必期于有成。要想做好一件事，必须从开始就严格要求。天命无常，惟德是视，有德者天佑之，昏暴者天覆之。希望商汤"钦崇天道，永保天命"。

《仲虺之诰》也是一篇道德文章，谨始善终、顺天应人等积极思想，被儒家所继承，进而成为中华民族的优良传统和文化，不仅是君王之道，也是做人之道、处事之道。

⓻ 天子命　君子心

圣人无私心。商汤代天伐罪，自不敢窥伺君位。战争结束，稍作休整便收兵返回自己的都城。在返程当中，左相仲虺发表了《仲虺之诰》，告示天下商汤伐夏的缘由，并希望天下太平，国泰民安。

商汤返归亳都，退就侯国。此时八方诸侯接踵来朝，天下归心，因此商汤成为当之无愧的天子。商汤就任，发表第一篇执政要文《汤诰》，他要讲一讲为君之道。

> 惟皇上帝，降衷于下民。若有恒性，克绥厥猷惟后。

惟皇上帝，即上天。上天创造万物，在始生万民之初，即赋予至正之责，所谓衷也。商汤所谓"衷"，实际上就是"善"。《三字经》讲："人之初，性本善。"商汤认为，民受此"衷"以生，自然不能更改，万事皆有常理，也就是恒性。如仁义礼智信等优良品德都是先天就有的，属于人的本性，人们应该安于其道，这是大道的恒性。为什么上天要指派一个天子呢？因为上天创造了万民，禀赋不同，环境不同，人人都会有所偏，所以要立一个君来管理他们。人君有奉天治民之责。至善之理，发自上天，在天为衷，民受之成为性，君王因性施治之为猷。这就是古代逻辑下的"治理"，哲学前提下的治理。

这种治理，建立在人性基础之上。欲尽人性，必先自尽其性。君王责任重大，人君当以天心为心。

天心即民心，天人相与，其几甚微，其应甚捷。看看夏桀，那就是反面案例。自以为与天同寿，肆意而为，荼毒生灵，难道就不知道天道"福善祸淫"吗？做善事，会得到上天的福佑；做坏事，上天会让你迅速灭亡。

解读为君之道，痛批夏桀，也是自我警醒，而天下愈知商汤之贤明。

❼❸ 商汤的就职演说

商汤先讲为君之道以昭告天下，警示自己。接下来也要讲到群臣。夏桀是前车之鉴，上天派我伐夏，又得到诸位贤达鼎力相助，于是共同成就了为民请命大业。

商汤为天吏，每事上请命于天，下求先知先觉之"元圣"，而后收"勠力"之效。臣子之功，商汤不敢不敬。

> 天命弗僭，贲若草木，兆民允殖。

大德曰生。天以生物为心，没有不爱下民的。人君以天之心为心，则顺天而应人，百姓才能得其福祉。

商汤自言：我伐桀为万民谋福祉，尽管我努力去做，却不知是否得罪于天地。天降大任，商汤唯恐不能胜之。"栗栗危惧，若将陨于深渊。"深知为君之难，故无日不戒惧。汤之圣敬日跻，诚帝王心学之要。好好学习，天天向上。

> 凡我造邦，无从匪彝，无即慆淫，各守尔典，以承天休。

汤希望群臣也互相劝勉，以共承天地之休美。侯邦惟旧，商命惟新，革除旧弊，全部重新开始，故曰"造邦"。商汤兢兢业业，守典以承天休，自不待言，而整顿纲纪，整齐各诸侯，乃是登基后的大事。

尔有善，朕弗敢蔽；罪当朕躬，弗敢自赦，惟简在上帝之心。

做一个明白人，做一个好帝王，必须不蔽善人，不赦己过，上天会在心里给我记一本账。

其尔万方有罪，在予一人。予一人有罪，无以尔万方。呜呼！尚克时忱，乃亦有终。

对于这次造反成功，他既踌躇满志，又心怀忐忑，他坦诚地向众人承诺，如果因为我的原因，导致各诸侯有罪，罪责在我一人，请上天处罚我自己。如果我一人有罪，与天下诸侯无关。商汤不仅告示天下，也向上天发誓。古人认为，天虽高而听则卑，福善祸淫，报应昭然。商汤厚自刻责，惟体天之心，以尽君之道。

商汤明晰为君之道，洞彻兴亡之故，惟有兢兢业业，敬畏天命。然而世道艰难，人事难尽，商汤与大臣互相勉励，共同去实现一个美好的愿景。

九、让浪子回头

本章节重点讲述《尚书》三篇文章，即《伊训》《太甲》《咸有一德》。

《伊训》记载大臣伊尹训诫少年天子太甲的事情。《太甲》记载太甲自制力不足，被伊尹放逐桐宫，三年后，太甲开悟并重新执政。《咸有一德》记载伊尹归政太甲，在回归封地前向太甲"陈戒于德"。

《伊训》《太甲》《咸有一德》均未见于《今文尚书》。

🄴 好帝王要善始善终

宋儒王应麟说："《仲虺之诰》言仁之始也，《汤诰》言性之始也，《太甲》言诚之始也。"《仲虺之诰》云："慎厥终，惟其始。"凡事，从开始的时候就要怀着一颗敬畏之心，思考周密，谨慎而行。

天有不测风云。商汤之后，他的几个儿子普遍短命，因此在伊尹的主持下嫡长孙太甲登上天子位。太甲年少，脾气秉性尚未形成。谨始虑终，伊尹希望太甲承继祖德以弘大成汤大业。伊尹在太甲即位之初，即以祖德告之，也是老臣的职责。

伊尹先祭祀先王，太甲居于主祭位，八方诸侯、大小官吏依次而立，伊尹以三公摄冢宰向幼主发表训词。

古有夏先后，方懋厥德，罔有天灾。

夏代初期几个帝王能够以德禳灾，山川鬼神各安其事，鸟兽鱼虫各顺其性。后来的帝王不循祖道，天下灾祸，上天用我们的手将其剿灭。之所以大战于鸣条，桀始于无道而亡，成汤始于修道而兴。

作为帝王，拥有至高无上的权力，其影响力遍及四海，其责任系于万民，一旦违于天命，岂有不危？因此，帝王更应该修身养德，顺天应人。桀败于都城鸣条，而商则起于亳。天命可畏而不可谌，祖德可法而不可恃。要经常检点自己德行，以自求多福，国家的命运、部族的命运，皆系于君王一身。孔子说"吾日三省吾身"，也是这个道理。

> 惟我商王布昭圣武，代虐以宽，兆民允怀。

我们的祖先成汤，除暴安民，德义行于天下，是谓圣武。革除暴虐之政，代之以慈惠宽仁，万民爱戴。得天下者必有圣德，并非专尚武力以取天下。似乎后来的秦皇汉武，穷兵黩武，虽坐拥天下，亦被后世诟病。

> 立爱惟亲，立敬惟长；始于家、邦，终于四海。

伊尹以先王之德勉励太甲，而欲其谨始。谨始之道自家邦达于四海者，首先在于"孝悌"二字。然而欲推行孝悌之义于天下，必先尽爱敬之道于一身。孝悌，爱亲、敬长之道，对父母尽孝，对兄长敬悌。君王应该首先以身作则，行孝悌之道，成为天下人的楷模。始自一个家庭，其次一个国家，最后推广到四海之人。人人亲其亲，长其长，则天下太平。孝悌者，做人之本，亦君德之始，王道由之而成。

> 先王肇修人纪，从谏弗咈，先民时若。居上克明，为下克忠，
> 与人不求备，检身若不及，以至于有万邦。

孝悌是最基本的伦常，将孝悌延伸到"五典"，就是施政的艺术。肇，始也。夏桀昏德，纲常废弛，成汤开始重修三纲五常之理。从谏，敬老臣及前朝

遗老。取人之善，则随才任使，而不为求全；检己之身，则惟日孜孜，而常恐不及。身居高位的，要体察民情，洞察忠奸，处事以明；身居低位以及小吏、草民，则要尽忠事上。前者强调孝悌，德之始也；而"肇修人纪"则上升为"道之始"。

❼❺ 检身若不及

"与人不求备，检身若不及。"待人不必求全责备，人没有十全十美，总会有这样或者那样的不足，不要因为小的不足而使朝堂丧失一位贤能之人。待人以宽，广纳贤才。《皋陶谟》曾经有精彩的九德论述，什么样的人才适合什么工作，使贤哲居其位，尽其才。而对待自己，一定要严格，时刻检点自己，时时怀着敬畏之心，就像自己还没有做好的样子，以便日臻完美。

三国刘备教育儿子时说："勿以善小而不为，勿以恶小而为之。"其实早在殷商时期，伊尹就提出过同样观点："惟德罔小。"

敢有恒舞于宫、酣歌于室，时谓巫风；敢有殉于货色、恒于游畋，时谓淫风；敢有侮圣言、逆忠直、远耆德、比顽童，时谓乱风。

针对新王登基，伊尹首先画出防范重点。伊尹称之为"三风十愆"，三大种类，十项劣迹。沾染其一，则卿士亡其家，邦君亡其国。列位大臣，如果见到君王触犯以上条款而不谏言匡正，就是没有尽到臣子的责任，也会处以墨刑。伊尹告诫太甲，也劝勉群臣，广开言路，以防有失。

嗣王祗厥身，念哉！圣谟洋洋，嘉言孔彰。

伊尹不敢自专，用先王功德来说话，要求太甲敬慎修身，学习先王商汤。先王圣谟广大兼备，皆嘉言；明白简切，昭然孔彰。

惟上帝不常。作善降之百祥，作不善降之百殃。

伊尹是个严厉的老师，话语不免越来越重。上天不会永远保佑一个人，做善者诸福咸集。《周易》云："积善之家必有余庆，积不善之家必有余殃。"

善事善德，再小也要做，"万邦惟庆"。小善为什么也能得庆？因为敬德之一念就是庆呀。一念之不善，不德虽小，"坠厥宗"。小恶未必马上报应，而灭德之一念就已经埋下堕落的种子。由此祸福之机已经悄然产生。

《日讲·〈书经〉解义》云："盖王者修德凝命，无过一敬。能敬其身，则十愆并去，而百祥自臻，然后可以嗣祖德，承天休也。"[①]生活中，每个人都有不足之处，每个人都不完美，但是每个人都要自强不息、厚德载物。

❼❻ 伊尹的第一堂辅导课

商代命运多舛，多亏了有伊尹这般忠厚老臣，国运才不致颠仆。伊尹面对少年天子太甲发布《伊训》，以尽帝师之责。《伊训》类似于开学典礼，接下来的辅导课并不轻松，太甲并不是有自制力的孩子。《太甲上》记载了两堂辅导课内容。

伊尹开门见山地批评太甲"不惠于阿衡"，意思是，我不高兴，你没有按照《伊训》做。

先王顾諟天之明命，以承上下神祇，社稷宗庙，罔不祇肃。

成汤功德是最高级的政治法宝。成汤当年执政，谨始虑终，做事之前总不忘回头审视一下是否符合天命；做事之后也不忘再次回顾是否遵从了天命。他努力做好政务，以敬承天地之神，敬承社稷宗庙。

天监厥德，用集大命，抚绥万方。

上天是福善祸淫的。上天仔细考察我先王之德，于是伐夏桀而有天下。

---

① 库勒纳，叶方蔼等.日讲·《书经》解义［M］.爱新觉罗·玄烨钦定版.北京：中国书店，2018：117.

也正是由于我们同心协力，嗣王您才得以继承商家天下。

先王之所以"顾諟明命"，犹如《诗经·大雅·思齐》所云"不显亦临，无射亦保"。上天随时监视你的一言一行，即使你在暗处，也有神监临，所以我们任何人都要修身不倦，以保安宁。虽一息之顷，一事之微，也离不开周流不息的天理，你不得有一丝懈怠，不得有一丝停留。言下之意，太甲你想想你自己的所作所为吧！

大堂内空气有些凝重。伊尹再以夏王朝为例，以儆太甲。夏之先王皆有忠信之德，诚意相孚，能享国长久而有终。而夏桀丧失先王之德，不能终其业，迅速灭亡。

嗣王戒哉！祗尔厥辟。辟不辟，忝厥祖。

这是严厉的批评。你要懂得为君之道，一旦辱没了你的祖先，你也将死路一条。

国有诤臣，不会亡国；家有诤子，不会败家。伊尹是诤臣楷模。话虽如此，而对于君王来说，纳谏还要从善如流。你不见夏桀一意孤行，自己完蛋了，一众臣子或贤或愚也跟着完蛋了。

君臣相需，既需要明智的君主，也需要尽心竭力的臣子，通力合作方能守成。太甲并非顽劣，其一，他不反感伊尹，不敢稍稍动怒；其二，太甲能够听懂伊尹的话，但是无力坚守，这是太甲的最大弱项。假如太甲太过昏庸，伊尹也就没有必要苦口婆心地劝他了。

❼ 伊尹怒了

虽然苦口婆心，但是太甲依然我行我素，没有个君主的样子。《太甲》记载："王惟庸，罔念闻。"

伊尹真的上火了，他要让太甲明白：我为什么惩罚你？我把道理再讲一遍，你听好了！

先王昧爽丕显，坐以待旦。旁求俊彦，启迪后人，无越厥命以自覆。

昧爽，天将明未明之际。旁求，是多方求之。我们的先王常常在深夜之时，澄神涤虑，以大显明其德。夜以继日，唯恐时间不够、用心不够。他常恐自己修为不足，又旁求俊彦，以启迪我后人。生命有限，必培养、教育后人，为长远之计。先王可以为后世法则，修身、尊贤。修身，后世君王当为效法；尊贤，贤达方为之尽忠效力。

伊尹脸色凝重，一字一顿，对太甲提出八字要求：

慎乃俭德，惟怀永图。

不要纵欲奢华，要胸怀大志，做久远之计。看来太甲的问题是贪图逸豫——古代很多帝王的通病。胸无大志，得过且过，也是因为贪图享乐所致。太甲能明白《伊训》，却不能遵守，自制力差，正是胸无大志、缺乏磨砺的表现。伊尹也清楚，这位年轻天子不是不明白，只是没恒心。

若虞机张，往省括于度，则释。

似乎为了缓和气氛，也似乎伊尹有所犹豫，伊尹又打了一个比方。好比射箭，必须熟练弓箭，瞄准目标，眼界提高了，境界提高了，才能箭不虚发，才能做事有成。总之，要继承祖德，恪守法度，严于律己，方可保万代江山。

可惜呀，"王未克变"，这些日子以来，你太甲积习已久，你根本不能改变自己。

伊尹的心在滴血，他清楚他自己在干最危险又最正确的事——他要流放眼前这位帝王。

伊尹在成汤的墓地筑起一处"桐宫"，带领群臣将太甲送入桐宫，以远小人，思祖训，承继先王传统，名曰"为成汤居忧"。居忧三年之后，太甲果然能痛改前非，而有贤德于身。

伊尹耐心劝谏，可谓其忠；伊尹胆敢把太甲关在桐宫面壁，可谓其义。大智大勇如伊尹者，古今能有几人？仅此一点，就足以成为股肱大臣的万世楷模。

❼❽ 桐宫三年

严格地说，应该称"桐宫三祀"。

由于史料缺失，《太甲》篇存在颇多争议。其一，太甲啥时候被送到桐宫的？其二，商汤之后，经没经过那几个短命的君王？换言之，太甲是不是第二任天子？

第一种看法，太甲即位几个月后，伊尹感觉他欠缺太多，身边有不良之人，马上送他到桐宫反思。太甲在桐宫居住两年多，加起来三年。古人所说的三年未必是整整三年，也许是两年多。

第二种看法，太甲即位三年，始终荒淫无度，无力悔改，其后伊尹将太甲关进桐宫三年。

两个问题有相关性。因为古代有丁忧三年的习俗，所以坚持第一种看法的人，往往认为太甲是继成汤之后的第二任帝王，他是给成汤守庐三年。

在皇位继承上，我倾向于太甲之前曾有几代短命君王。我认可《史记·殷本纪》的记载，"太子太丁未立而卒。于是乃立太丁弟外丙，是为帝外丙，帝外丙即位三年，崩。立外丙弟中壬，是为帝中壬。帝中壬即位四年崩。伊尹乃立太丁子太甲"。[1]商代在王位继承上首先是兄终弟及，其次为父死子继。太甲年少即位，属于不得已之举。其理由在于，如果没有外丙和中壬的存在和称帝，太甲就会负责给商汤守丧。而居丧期间的朝政要交于大臣。伊尹难以发现太甲的诸多缺点，也不至于有桐宫思过之说。

至于太甲登基时的年龄，根据《伊训》的口吻，太甲应该是具备了是非判断的年龄，即青少年。也正因为是青少年，才容易跟随身边的小人物胡作非为。

① 司马迁.史记·殷本纪［M］.北京：中华书局，2009：13.

以常理判断，青少年时期是世界观、人生观形成的重要阶段。三年光景相当重要，相当宝贵。类似于今天的初中三年或高中三年，荒废一年都可惜。以伊尹之圣明，判断力高于常人，必不会任太甲三年妄为。伴君如伴虎，如果伊尹从一开始放任太甲，随着年龄的增长，太甲将很难控制；伊尹会日趋凶险。

因此我推断，太甲上任仅仅几个月，伊尹发现他不能胜任，果断采取措施。为了让他常思祖训，认真反省，勒令太甲在桐宫居住三年或者两年多。

❼❾ 悔过迁善

三年期满，伊尹穿上吉礼之服，到桐宫亲迎太甲。《太甲》云："奉嗣王归于亳。"称其"嗣王"而不称"王"，前者太甲称王时间短，后者太甲居桐宫被解除王权，因此太甲只能是嗣王身份。此时正待伊尹归政。

民非后，罔克胥匡以生；后非民，罔以辟四方。

面向太甲和群臣、诸侯，伊尹作书以告。经过三年（实际是两年多）的反省，太甲大有进步，毕竟也是改过之初，仅此，伊尹就已经非常高兴了。对于帝王来说，思想境界最重要，一旦思想境界提高，其他事情交给臣子办理就行了。君民相需，人民需要君主，没有君主谁来管理他们的生活呢？反过来君主也需要人民，失去了人民的君主就是光杆司令，又何以照临天下？

伊尹接着说：皇天眷佑我商邦，使嗣王幡然醒悟，能终其德。我们的商朝可以万世无疆了。喜庆之情溢于言表。

君子坦荡荡，勇于担当，又不擅权。何其魄力？尽人事，听天命。太甲未明厥德之时，伊尹惟尽人事所当为。及至克终允德，则又归之皇天之眷佑。感天动地，惟尽人事，才可以赢得天之休美。

王拜手稽首曰："予小子不明于德，自厎不类，欲败度，纵败礼，以速戾于厥躬。天作孽，犹可违；自作孽，不可逭。"

对于三年来所发生的一切，太甲自认咎由自取。他略带惭愧地向众人表明心迹。细心的读者会发现，从这一段文字开始称"王"，说明伊尹已经归政。太甲重登王位，心有万千感慨，致谢伊尹。他说，我过去无道，嗜欲不节，坏其奉身之度；纵肆不恭，坏其修身之礼。实在是罪戾一身。天降灾难，尚需要人事补救，如果人所为不善，则是自作孽，又怎么能逃离灾难呢？

太甲再三致谢，望伊尹及群臣行"匡救之德，图惟厥终"。

往者不可追，来着犹可图。浪子回头金不换，何况太甲？君臣尽欢。

⑧ 百善孝为先

早年读《三国演义》，曾经惊讶于汉人名字多用德字，如曹操，字孟德；刘备，字玄德；张飞，字翼德。德字在汉人心中的位置可见一斑。汉代是一个非常注重道德修养的社会，具体他们各自标榜、膜拜的是什么德呢？

在各种道德标准之内，首先有一种德行是人类所共同遵守和膜拜的，那就是"孝"。不见同时期的名人，如吕布，字奉先；郭嘉，字奉孝。

善举往往以"孝"开始，继而九族既睦，继而出仕、治国。伊尹对于太甲的教育仍是从"孝"字开始。古人有"事死如生"的做法，虽然先人亡故，但是仍然像他活着的时候一样来处理事情。居桐宫，不正是像成汤活着的时候一样吗？让太甲日夜跟成汤生活在一起。在桐宫里，太甲不得不恭恭敬敬、日夜思念成汤功德，反省自己的过去。

如今太甲醒悟，伊尹归政。但伊尹仍不忘叮咛几句，毕恭毕敬行过君臣之礼，说："君王修德，深知前非，今后努力做事吧。德，出乎身，又加乎身，信德合于臣民天下，做一代明君吧。"伊尹又重提成汤往事，"先主待穷困之人像自己孩子一样，所以人民都愿意服从他的教令。相邻邦国也追随我商邦教化，人民向往。君王您一定要勤勉其德，效法先王列祖，切不可有一丝懈怠。"

修身养德，以大公之心治天下，行仁政，不用刻意结交于人民，而人民自然而然地归化。任重道远，太甲务必日新其德。伊尹提出四项谏言，也是四项要求：

奉先思孝，接下思恭。视远惟明，听德惟聪。

仍是"孝"字当先，孝、恭、明、聪，则法祖之实。不忘祖德，继承祖先事业，才是孝；不骄不傲，善待臣子，臣子才会知无不言，此为恭；期于远行者，必须看得远，不为浅近者所蔽，此为明；广开言路，吸纳众人的智慧，以至于聪。

言毕，伊尹送上真诚的祝福：君王照此行事吧，我就可以"承王之休无斁"了。伊尹忠心可鉴，不以功名利禄为意，着意于国家社稷，以君德为美。拳拳老臣心，为臣子之楷模、为百姓之榜样。

我辈每读至此，不忍反观自己，于家国、于企业、于朋友，我的忠诚能有几许？学习伊尹的忠诚，也要赞美太甲的胸怀和雅量。"苟日新，日日新，又日新。"谨记伊尹之言，不仅是太甲修身密钥，也是后人进德阶梯。

⑧ 若想人不知

若想人不知，除非己莫为。汉朝有个官吏升迁，要去上任。临行的前一天，他的下属趁着夜色送来重金，官吏坚辞不收。下属附在官吏耳朵上说："这是我孝敬您的，没有人知道。"官吏正色道："天知地知你知我知，怎么没有人知道呢？"

古人没有那么多科学知识，但是他们迷信天地鬼神，他们用天的力量使自己产生敬畏，不断提高修养。

惟天无亲，克敬惟亲。民罔常怀，怀于有仁。鬼神无常享，享于克诚。天位艰哉！

老臣伊尹年岁大了，本来爱唠叨的嘴愈加唠叨得勤快。虽然是唠叨，但是思路清晰，他说的这几样都是你惹不起的。头上的皇天，你惹得起吗？它是最公允的，没有亲疏远近之分。敬天，养德，不做错事，它才会保佑你。低头瞅瞅自己，你的德性够不够格呢？第二件也可怕，就在你身边，你能看得到的是民情民意，你对他好，他会拥护你；你对他不好，他会反对你，把你赶下台。第三件也在你身边，你却看不见它，那是鬼神，鬼神对你的行为时时做出评判，做好了给你奖励，做不好它会惩罚你，甚至杀掉你。

不寒而栗呀。太甲该怎么办呢？伊尹送太甲“三字诀”：敬、仁、诚。

敬，事天之理。敬以自持，动静语默，不生一息怠慢，天就会眷佑你，对你施以关爱。

仁，爱民之道。人民的日子过得怎么样？衣食住行还好吗？

对待鬼神的标准是“诚”。商代是祭祀最为繁盛的社会。鬼神在哪里？没有人知道，但是商人坚信其力量。我谨慎做事，该祭祀就祭祀、该上香就上香，不敢有丁点的差池。

不单单不能做错，连一个念头都不应错。“修合无人见，存心有天知。”动动歪念头都不行。否则就是亵天、慢神、虐民。伊尹认为，敬、仁、诚，要浸入骨髓、浸入灵魂。看得见、摸得着的，无非是仁爱你的子民呀。

(82) 换一个角度说话

伊尹教育太甲，始终强调“德”字，唯恐其德心不固。您想想呀，三年前太甲为什么犯错呢？因为身边有小人引诱。为什么流放太甲呢？居桐宫，让他专心学习成汤心法。究其根源，是德上出了问题。德上的事，自然也脱不开你的言行举止。

敬、仁、诚，是精神层面的要求，具体工作又该如何开展呢？伊尹不会大庭广众之下揭开帝王的伤疤吧？伊尹自然说得有技巧，不揭伤疤，却能让你领会。

> 德惟治，否德乱。

否德，是鄙陋之德。如果任用贤士，其德日进，国家就会大治；如果亲近小人，其德日衰，恶习染身，国家就会乱掉。有德之人，天佑之，民怀之，鬼神享之。治乱之关，重在君德。

与治同道，罔不兴；与乱同事，罔不亡。

治国属于大道，而所行非道则只能称为"事"，小事，坏事。道大而事小，道路问题最为重要。时时遵循大道，还要认真做好小的环节，防微杜渐，比如反腐倡廉等。"事"虽是个别现象，但是危害性很大。伊尹于此处分别用了"兴"与"亡"，道路走对了，达到兴旺；事情做坏了，非衰即亡。自我完善、守住正道才是坦途。伊尹勉励太甲做一代圣君。

先生惟时懋敬厥德，克配上帝。

懋敬，在"德"字上用力，秉承德治，施之于国家，便可成就事业，功可"配天"。其实做一代圣君也不难，不必远求，伊尹要求太甲学习先王德行，遵循先王道路就行了。进德修业，日夜不息，继承先王遗绪，您足以德配皇天。

先王是太甲的楷模，历朝历代的正反事例也是我们的教材，治乱兴衰，从国家到企业、再到个人事业，都是一个道理。

❽❸ 老司机胆小

伊尹每天唠叨，虽然太甲总是一一称诺，但伊尹是个细心人，是个知道进退的人。何况当年还曾放肆地把君王发配到桐宫，他也知道胆小。

伊尹前边讲了大道，下边说一点小事。

若升高，必自下；若陟遐，必自迩。

似曾相识的一句话。老子把它翻译成"千里之行，始于足下"，写进了《道德经》。

荀子把它演绎成一篇美文——《劝学篇》。"积土成山，风雨兴焉；积水成渊，蛟龙生焉；积善成德，而神明自得，圣心备焉。故不积跬步，无以至千里；不积小流，无以成江海。骐骥一跃，不能十步；驽马十驾，功在不舍。锲而舍之，朽木不折；镂而不舍，金石可镂。"

荀子说的是学习，伊尹谈的是工作。既要有远大理想，又要脚踏实地。先王也是这么做的。

> 无轻民事，惟难；无安厥位，惟危。慎终于始。有言逆于汝心，
> 必求诸道；有言逊于汝志，必求诸非道。

古人也有"批评与自我批评"，虚己以听人。听到反对的意见，我要认真吸收并研究；听到顺应的意见，我也要加倍谨慎。

伊尹说，君王您做功德，全天下都会受到您的庇护。百官正于朝，万民正于野。

> 君罔以辩言乱旧政，臣罔以宠利居成功，邦其永孚于休。

如同老司机开车，越开越胆小、越谨慎，何况伴君如伴虎。前者说给君王听，后者是说给大臣的，更像是伊尹说给自己的。为君者有清净宁一之德，不被花言巧语所迷惑；为臣者有恬淡廉让之风，还要懂得急流勇退，切不可贪图名利。

政治以素，民风以醇，伊尹也在考虑归隐的问题了。

❽❹ 伊尹其人

伊尹，生于洢水河畔，以地为氏，本名挚。据相关资料，伊尹早年是一位厨师，至今仍被奉为"中华厨祖"。后来商汤与有莘国公主成亲，伊尹作为公主的奴仆来到商邦。由于他出色的才干，被商汤任命为尹，相当于宰相，因此后人尊称他为"伊尹"。

夏代末年，桀政混乱。伊尹生来就以颠覆夏朝为己任，他多次给商汤建议伐夏。他确实具有这方面的天赋，有造反的冲动，也天生知道造反的所有技巧。

想当年，大禹制贡赋以"取之于民，用之于民"为理念，君王以代天牧

民为出发点。贡赋本不可横征暴敛，随着夏朝"家天下"的延续，逐渐失去了原来的味道，失去了仁政。

照例商邦每年要给夏代当权者夏桀进贡。这一年商汤依旧把贡赋准备好。正要派人押送的时候，伊尹站了出来，他历数夏桀暴政，力阻商汤，先不要缴纳贡赋。商汤本来也对这么重的贡赋生气，索性就听了伊尹的意见。

夏桀听说商邦拒绝贡赋，暴跳如雷，立即组织身边多个部落发兵讨商，十万大军迅速集结，汹涌而来。商汤大感不妙，伊尹不慌不忙地告诉商汤："夏桀暴行，尽人皆知。虽十万之众，也有我们的同情者。眼下把贡赋送过去，夏桀就没有口实。"果然，夏桀的军队迅速解散。

又过了两年，伊尹又跟商汤说："不要交贡赋了。"夏桀又怒了，欲发兵。然而这次没有几个人响应夏桀。伊尹大喜，他兴奋地对商汤说："上一次是试探，这一次机会真的来了。"于是才有了商汤革命。

在治国方面，伊尹经常给商汤讲做饭的那些事情，把厨艺和治国相类比，用"以鼎调羹""调和五味"的道理来治理天下。相隔一千年之后，老子著《道德经》曾经提到"治大国若烹小鲜"，始作俑者便是伊尹。

伊尹不仅辅佐商汤建立商朝，而且是商朝最伟大的思想家。他对于君命神授以及君臣之义都有超前的阐释，具有划时代的意义。《周易·象辞》云："汤武革命，顺乎天而应乎人。"《孟子》云："汤之于伊尹，学焉而后臣之，故不劳而王。"[1] 又说伊尹"以尧舜之道要汤。"可见伊尹在商朝建立初期的卓越贡献。

"殷人尊神"是商朝社会的主要特点，伊尹正因为能够作为精神的存在，又有商汤的加持，才具备了放逐太甲、鞭策君王的权力，他被当作天的代言人。伊尹死后，被后人奉祀为"商元圣"。

⑧⑤ 咸有一德

在整部《尚书》当中，伊尹是最喜欢教训人的，他教训的不是普通臣子，

---

① 孟子.孟子·公孙丑［M］.北京：中国文联出版社，2016：77.

而是天下一人——君王。

太甲归政以后，伊尹便有了隐退的意思。况且他曾在《太甲下》中提出过"臣罔以宠利居成功"的观点，这大概是历史上最早的退休倡议，建议老臣在适当的机会退下来。

退休之前他还会给太甲讲什么呢？其实临近退休的时候，人们的心情往往很复杂，还有很多事没有来得及做，还有很多话没有来得及说，种种思绪。今后国家的命运、企业的命运不再由自己掌控，是伤感？是愤懑？是解脱？是不安？

伊尹此刻既有牵挂也有解脱。对于退休之前的陈词他选择了总结，总结一生的辅政、理政心得，再次叮咛。言语中少不得一些陈词滥调，归结为一点，就是守住你的德，持之以恒，纯一其德，咸有一德。

　　天难谌，命靡常。常厥德，保厥位。厥德匪常，九有以亡。

九有，即九州。天难谌，即天不可信；难信者，未始不可信。命靡常，即命无常；靡常者，未始无定在。懋勉于德而已。德纯一而不杂，才能久而不息。

不见先王革命的道理吗？君王最大的失德莫过于慢神虐民，最大的修德就是敬天爱民。非有纯诚之德不能成其敬，不能成其仁。所以先王"圣敬日跻"，"爱革夏正"。

　　非天私我有商，惟天佑于一德。非商求于下民，惟民归于一德。

夏桀为什么失败？先王凭什么胜利？天心最为微妙，我们尽心竭力也难以跟上它的节奏；民心最为散乱，最难以约束划一。只有最高境界的德，才能感召上天，才能感召万民。

修德，修到至纯至正、不偏不杂。天心无私，惟德是视，德惟一，嘉祥所集。太甲您再次当政，迁善之心日盛，颇具先王遗韵，您的成功在于"德"，若要德业永固您还要依赖"德"，修德无止境，不断完善、进取吧。

❽❻ 还有几点警示

这是伊尹退休前的最后一课，他还要重复几件具体事。

天心鉴观，人心系属，全在人君即位之初。此为第一印象，新官上任三把火。但是，更要关心"三把火"之后的作为。

道德完备纯一称为"一德"，日日用功涵养称为"新厥德"。还记得《沙家浜》吗？里边有个反派叫刁德一。虽然角色不好，但"德一"却是个很好的名字，绝对高雅、大气。德必自新而后能一。常使清明在躬，志气如神，不为情志驱使，不为事物遮蔽，日新其德。此其一。

任用贤才是第二件事。辅弼之臣，处大事，决大疑，论道经邦，调元赞化，惟贤惟德能堪此大任。作为臣子，对帝王负责纠谬绳愆，对民生要兴利除弊，宣化承流。求贤用人"其难其慎"，安邦治国"惟和惟一"。

日新其德，见贤思齐，此为第三。马克思主义认为没有绝对真理，只有相对真理，真理是发展的。德，也是不断充实、完善的。唐代韩愈说过："圣人无常师。"寻常路人也常有一言之善、一事之善，也是值得学习的。《日讲·〈书经〉解义》说，一本万殊，所取者博而无穷；万殊一本，所主者约而可守。由是万善归怀，而衡鉴不爽，君德修而政治举矣。"善无常主，协于克一"，一以贯之也。①

恪守一德，则可以保先王基业，八方臣服，万民受其福祉，感乎极速。政之得失，不能掩于当时；德之纯疵，不能掩于后世。"七世之庙，可以观德；万夫之长，可以观政。"再次警醒太甲，此其四也。

"后非民罔使，民非后罔事。"伊尹前者言取善，而欲其无遗于百姓。君王欲成一德之治，则内而百官，外而万民，皆为我取益之地。切不可自恃聪明，自以为是。这既是君民关系，又包含访贤求贤机制，使贤愚皆能尽其才、尽其用。此其五也。

---

① 库勒纳，叶方蔼等.日讲·〈书经〉解义［M］.爱新觉罗·玄烨钦定版.北京：中国书店，2018：135.

五点警示，皆以"一德"为中心——"咸有一德"。

太甲和众大臣听得毕恭毕敬，惟惟称诺。然后在一片雅乐之中，伊尹走出商都，带着成功的喜悦走向自己的封地颐养天年。

十、盘庚的整风运动

本章节主要讲述《尚书·盘庚》。

《盘庚》记载盘庚迁殷政治及诰命。盘庚不驱之以威，不迫之以刑，而是反复开谕，诰命天下。

87 盘庚的困局

殷商的天下并不太平。在王位继承上是"兄终弟及"，没有弟弟了再传下一代。因此发生了"九世之乱"，这一乱局的终结者就是盘庚，盘庚所经历的突出事件就是迁都。

盘庚初登基，他遇到了什么样的问题非要迁都不可呢？迁都这样的大事，而且众人反对，他仍然一意孤行，他又有什么打算呢？

首先，皇权纷争不断，帝位不固。此时已历经"九世之乱"，乱局仍在延续。这是最重要的一点，关乎盘庚切身利益。无论对于自己，还是对于皇室，稳定都是大问题。

第二是水患。河水泛滥，都城受灾。中国人历来安土重迁，不到万不得已不会搬家。从一班大臣和百姓的态度来看，似乎水灾还没有到非迁不可的地步。不过，盘庚有对水灾的警觉，因此近代学者偏于"避河患说"。

第三个原因，也是水的问题，不是河水，孔安国疏解为"水泉咸卤"，地下水过去是甜的，如今变咸了、变涩了。这是环境原因还是地质原因？饮水是生活中的大事，古人会不会将此定位成异象呢？地下水变坏，应该是迁都的原因之一。这一点过去常常被人忽略。范文澜的《中国通史》曾记述：商朝的法律中，把灶膛的灰倒在路上都是要受刑的。不知道范文澜先生此说的出处，也不清楚这条法律的建立和水质是否存在因果关系。

第四个原因，奢靡的社会风气。首先是贵族的奢靡。贵族的奢靡必然导致对于底层人民的掠夺，加剧社会矛盾。越是追求奢靡，越是无心理政，矛盾越尖锐，恶性循环。汉代学者多支持"去奢行俭"说。

第五个原因，社会分化。根据《尚书·盘庚》文中意思，能看出平民对于贵族阶层的不友好。

第六，外交困局。当你国力强盛、政治清明的时候，万国来朝。商汤那个时候，各路诸侯追随而来。如今没有人来了，连纳贡都不来了。还记得商汤造反吗？不就是这样可怕吗？

此外还有应对强敌侵略的说法。都城是政治、经济、文化的中心，也是应对外部形势的心脏。祖乙当年迁邢，也是内忧外患，南部受诸侯部落侵扰，不得不向北退却。而北方也有劲敌虎踞，幸有井方部落实力雄厚，成为重要的支撑。祖乙迁邢，退到无可退，置之死地而后生，也体现了祖乙的雄才大略。那么，此时的盘庚受到来自哪方的威胁呢？《尚书》没有提及，仅是后人猜测，也许是盘庚未雨绸缪。不见后来的高宗伐鬼方吗？

历代学者虽然所说不一，有所偏重，显然盘庚遇到了大麻烦。我倒觉得盘庚迁都绝非单一原因，他一定是在多方面权衡利弊之后，才做出的决定，是经过综合考量的。比如水患，迁都之后就没有水患吗？比如奢华，迁都能解决吗？

总之，盘庚通过大数据运算得出的结果——迁都。

❽❽ 盘庚的旗帜

经过连续几个昼夜的辗转反侧，盘庚终于做出他一生当中最艰难、最大胆的一项决定——迁都。

第二天上朝，他把决定跟大家一说，大殿里马上开了锅。分明社会舆论不在他这一边。盘庚不得不郑重地发布诰命，诰谕天下，解说迁都事宜。

《尚书·盘庚》中提到占卜，迁都之前要进行正规、严格的占卜，这是自古代的必要程序，也曾提及天意，但是在诰命当中，这些内容都是次要的。

伊尹聊天，喜欢谈天意、说道德，而盘庚仅仅将天的旨意作为迁都的佐证。可见天的威严不足以收拾乱局。历史在进步，谈天有点不灵了，需要新的更直接、更实际的震慑。盘庚的法宝就是"祖宗"这面旗帜。

过去看历史、听评书，常提到宋高宗赵构，说他是昏君，昏庸、无能、胆小，最糟糕的是他还杀了功臣岳飞。试想一下，就是这个浑蛋，一个从金兀术手里跑出来的宋朝小皇子，他连太子都不是，孤家寡人凭什么能收拾残局？凭的就是一面响当当的旗帜——"对抗外族，恢复大宋"。正义之师，从者如云。

今不承于古，罔知天之断命，矧曰其克从先王之烈！

不迁都，天将绝命，先王基业将毁于一旦，何况你们每个人的性命呢！你们难道不想我们商邦兴盛吗？难道有违祖宗的命令吗？重点在于先王。

面对乱哄哄的人群，他不得不加强警戒，不住地要求大家"肃静"。不断摇晃的铁拳，预示着他的坚定。

天其永我命于兹新邑，绍复先王之大业，厎绥四方。

盘庚的旗帜也是祖宗，祖宗的基业和思想。老天让我来迁都，让我来继承、发扬祖宗留下的基业，以安四方臣民。这是先王成汤未竟的事业。

这是最具正能量的声音，也是贵族无可辩驳的理念。

❽❾ 迁都总动员——劝谕

细心的读者都会发现，这篇诰命并不叫《盘庚诰》，而是直接名之《盘庚》。显然作者在歌颂盘庚迁都这件事，而不是诰命文本，足见其功德影响至深至远。

盘庚的招法是别人从来没用过的。先树立起"重振商朝、造福百姓"的大旗，旗下贩卖的内容就是迁都。作为新晋帝王，尚没有强大的号召力，但是他有善良之心，他有好口才，他很会讲动人的故事。

> 我王来，既爰宅于兹，重我民，无尽刘。不能胥匡以生，卜稽曰其如台？

盘庚的大意是：我王祖乙当年北迁，是为了让你们过上好日子。当时你们也是很多人反对，然而我王祖乙说："我的子民若为水所害，相当于是我杀之。"我今天也是一样，重我民生，必然拯救我臣民逃离水患。于是我慎重地占卜过天意。

算起来，从先王成汤到今天已经迁都五次了。为什么迁都？迁都的道理就在于我们先王每临事必敬谨顺天。先王犹不敢常安其邑，往来迁居，你们还有什么说的吗？

现在的都城命数已尽，皇天将永其命于新邑，我们应当学习古人迁都之事。天命将绝，尚不自知，你们凭什么说还能守住先王基业？

数番迁都，大家对于亳地已经没有什么记忆。盘庚说，大树倒了，还能长出新枝。亳殷曾经是我先王成汤居住的地方，如今上天命我回迁此邑，以匡扶先王大业，绥靖四方。

心头最柔软的地方，莫过于祖业；心头最强大的信念，莫过于光宗耀祖。当然，对于帝王来说，还有人民安居乐业，四方平安和谐。

在古人看来，都城为天下的中央，百姓为王业之本。根本既固，则承天命，光祖业，绥四方，定都也成为重中之重。

盘庚又告诉百官和平民说："我知道你们的疾苦，我们要行先王之旧事，循旧时章法。除壅蔽，正法度，从现在开始。"生活要回归正途。

> 王命众悉至于庭。

在夏商周时代，帝王讲话，普通百姓都是可以到场的。按照《周礼》的记述，"国大迁大师，则贞龟。"[1]又曰："国大询于众庶，则各帅其乡之众寡，而致于朝。"

接下来盘庚还要继续瓦解反对势力，争取更大的支持。"有的臣子，我要告诉你，不要将我的话置若罔闻，趁早放弃你的私心，不要放纵安逸。"古人讲求君臣关系，臣对君应该尽忠。同样，我们今天对待自己所在的企业和单位也应该有一份忠诚。散漫、无政府主义，什么年代都要不得。

❾⓪ 迁都总动员——威严

无论盘庚出于怎样的考虑，迁都之事必须办成、办好。如果失败，他也许死无葬身之地。没见皇家、大臣那么激烈地反对他，没见民间都站在对立面吗？

不仅当时的执行力有限，即使有足够的武力，盘庚也不想由此引发动荡，更不想生灵涂炭。他要用诰命的形式向反对者发起政治攻势。对于古代帝王来说，这无疑是最高的智慧，也是中华民族的福音。

> 格汝众，予告汝训汝，猷黜乃心；无傲从康。古我先王亦惟图任旧人共政……今汝聒聒，起信险肤，予弗知乃所讼！

不要胡作非为！放弃你的私心！古代讲究门阀和世袭。盘庚说，我先王一贯喜欢重用世袭贵胄，你们的祖先执行我先王的旨意，从来不会隐瞒懈怠，更不妖言惑众。而你们传播邪恶之说，不要以为我不知道。我不想剥夺你们的爵位，而是你们自己废弃先人善德。我洞若观火，只是不想跟你们计较才导致今天的局面。作为臣子，尔等应该像你们的先人一样，将君王的恩泽宣布于民间，同时将基层的谏言上报君王。你们应该这样做呀。

你们应该听从我的命令，如同渔网有纲，纲举目张；如同种庄稼，有春

---

[1] 孙星衍.尚书今古文注疏［M］.北京：中华书局，2004：223.

耕才有收获。切勿傲上，要遵行君臣之义；不要贪图安逸，要施德于百姓，迁都是造福百姓、一劳永逸的事情。如果谁影响了百姓的利益，你别想有任何收获。佞臣的罪名就在这里：内怀私心，外托劳民。蛊惑民心，干扰大计。

我掌握着你们的生杀大权。妄想星火燎原吗？不等你有所动作，我就会将你捕杀。你不要咎由自取。

盘庚引用古贤语："人惟求旧；器非求旧，惟新。"用故人，迁新邑。从我们的祖先说起，他们曾是多么好的君臣呀，同心同德，共创大业，你们怎么办？像你们的先人那样吧，否则就是不孝。我也希望你们还做我的大臣。我不会掩盖你们的善行，自然也不会容忍你们的恶行。我祭祀先王的时候，你们的祖先也在分享祭品，你们是好是坏都由他们来处置。

盘庚坚定地说，我心至难，我心已决，"若射之有志"，你们不要抱任何幻想。你们不要欺负年高德劭的老人，更不要欺凌幼弱。带上你的家人、族人，听我指挥。无论远近亲疏，一视同仁，"用罪伐厥死，用德彰厥善"。审利害，计久远。国家好了，是你们大家的功劳；国家有问题，罪在我一人。

> 各恭尔事，齐乃位，度乃口。罚及尔身，弗可悔。

国法无情，你要干好你的工作，守住你的岗位，管好你的嘴巴，别等着惩罚到你身上，后悔莫及。

多日来，尽管盘庚显得有点急躁，毕竟性格偏于仁厚，通篇却仍是"不忍"，没有渲染严刑峻法。先儒观《盘庚》赞曰："反复三遍，当于包容不迫处观其德量，于委曲训诰处观其恩意，于规画细密处观其措置，可以为处大事、断大谋之法矣。"[①]

❾❶ 效不更方

中医给人看病开药方，第一服药下肚，如有效果，第二服药一般不换药

---

① 库勒纳，叶方蔼等.日讲·《书经》解义［M］.爱新觉罗·玄烨钦定版.北京：中国书店，2018：147.

方。这就是效不更方。

盘庚晓之以理、动之以情，恩威并重，首先在上层起到很好的作用。迁都马上开始。"勿褻在王庭，盘庚乃登进厥民。"他不敢守在王宫发号施令，而是亲临迁都第一线。面对不太情愿的民众，仍然"诞告用亶"。亶，诚也。让大家一起制造渡河的船只。

> 明听朕言，无荒失朕命！鸣呼！古我前后罔不惟民之承保，后胥慼鲜，以不浮于天时。

君王为民求安全，你们也要与我共患难。顺时布政，时不我待。他又解释说："让你们迁都并不是你们犯了什么罪，不是流放你们。这是先王的旨意，先王怀念他的创业之地，那里土地肥沃，水草丰美。迁都，正是让你们过上好日子。"

盘庚警告消极怠工的臣民：如果你还不行动，就比如登舟不渡，坐等舱内物品朽败吧！这是自取灭亡。只知道有今天，你知道你还有明天吗？我命令你们跟我一心，马上行动起来。

盘庚提高嗓门，尽量让每个人都听到。"我之所以迁都，是延续你们的生命，我们的生命在新邑，我怎么会威胁你们呢？我实在是帮助你们。"

仁厚的盘庚接着又打出亲情牌。我先王曾与你们的先人共同创业，如果我不能把你们带到乐土，是我的失政，先王在天之灵就会降罪于我，责问我："为什么虐待他的子民？"

你们不与我共谋迁徙之事，先王也会降罪于你们，惩戒你们："为什么不帮助他的幼孙？"

> 古我先后既劳乃祖乃父，汝共作我畜民。汝有戕则在乃心，我先后绥乃祖乃父；乃祖乃父乃断弃汝，不救乃死！

你们的祖先曾经跟随我先王，你们应该效法你们的祖先。先王曾经对你们的祖先有安抚之恩，如果你们不听从我的调遣，你们的祖先就会"断弃"你们，让你们"不救乃死"。

> 兹予有乱政同位，具乃贝玉，乃祖乃父丕乃告我高后曰："作丕
> 刑于朕孙！"

现在仍有乱政之臣在位，只知道搜罗货贝、宝石，不以安民为念。你们的祖先会报告给我先王，主动要求对你们动用重刑。随后盘庚祭出最严厉的惩罚："你应该懂得君臣之礼，不要与我相背离，尽快合于中道，站到我的队伍中来。如有违越，我定要剿灭你，连同你的家人，一个都不许进入我的新邑。这是我惩罚奸宄，以保全善类。如果你能改过自新，还来得及，我仍然让你世袭爵位，随我入新邑，永保平安幸福。"对民而责臣，更具威严，宣传更具广泛性。

恩威并用。盘庚没有像夏启那样以"威侮五行、怠弃三正"全力清除，而是一派仁政爱民之风。《尚书》没有记载迁都过程中是否真的使用了刑法。估计杀一儆百的事会有，但起码没有形成规模性事件。由于盘庚反复劝诫，逐步化解，整个迁都过程比较顺遂。

❾❷ 殷商的祭祀

殷商是祭祀活动最为频繁的朝代，几乎每天都有祭祀。每每祭祀，诸多祖先神、天神都要被搬出来，而且常有各路诸侯、亲友纷纷参加。由此造成许多浪费。

后来商朝不得不出台政策，以规范秩序、简化祭祀。由于殷商帝王以天干为名字，于是就规定只在相应的天干祭祀相应的帝王。除几个重大节日外，一般祖先神、天神都不能参与其他神的祭祀。当然，也有三位帝王例外，成汤、太甲、祖乙，此三者并称"三示"，即三位功勋卓著的祖先。他们有资格随时享受各种供奉。

盘庚诰命，多次提及祭祀，并用祖先的意志来约束臣民。他曾说："兹予大享于先王，尔祖其从与享之。"看来盘庚早期，祭祀列祖列宗的时候，一些

故去的大小功臣、王侯也在祭祀之列，分享部分烟火。盘庚是主祭，也许朝堂之上这些诸侯、贵戚就是助祭。所以盘庚的话还是很接地气的。

盘庚说："世选尔劳，予不掩尔善。"你们祖先的功劳都在我心中记着的，你们有善举我不会隐瞒下来。《尚书大传》云："古者诸侯始受封，则有采地……其后子孙虽有罪黜，其采地不黜，使其子孙贤者守之，世世以祠其始受封之人。此之谓兴灭国，继绝世。"[1] 这其中既有封地的事，也有宗庙社稷的考量。

盘庚所言"大享"，应该是禘祭于明堂。《礼器》云："大享，腥也。"其注为：大享，祫祭先王也。《礼器》又云："大享其王事与？"延及诸侯之贡、诸侯之宾，则大享即禘祭也。惟禘有诸侯助祭。《公羊》亦注云："禘所以异于祫者，功臣皆祭也。"[2]

《王制》："天子诸侯宗庙之祭，春曰礿，夏曰禘，秋曰尝，冬曰烝。"其注云：夏殷时礼也。《祭统》又云："礿禘，阳义也。尝烝，阴义也。禘者，阳之盛也。尝者，阴之盛也。故曰莫重于禘尝。"[3]

又《尔雅》认为禘为大祭，凡祭之大于余祭者，皆得为禘。[4] 故冬至祭昊天上帝圜丘，夏正祭感生帝于南郊，及宗庙五年一祭，皆为禘。

汉儒郑康成说："秋冬之祭尚及功臣，则禘祫可知。"[5]

盘庚又说："作福作灾，予亦不敢用动非德。"《祭统》云："古者于禘也，发爵赐服，顺阳义也。于尝也，出田邑，发秋政，顺阴义也。"福灾皆由自取。所谓非德，应是操持发爵赐服之类事情。

透过盘庚语句，可以看到古人非常敬畏鬼神。有人认为这不是"德治主义"，而是"鬼治主义"，每逢臣民不听话的时候，就搬出上帝和先祖加以压制，问题就会迎刃而解。我认为，敬畏鬼神是时代、文化所限。而鬼神行使权力的依据依然是道德，按照道德评判事物，福善祸淫，客观上也形成了"德治"。

① 皮锡瑞.尚书大传疏证［M］.北京：中华书局，2022：124.
② 孙星衍.尚书今古文注疏［M］.北京：中华书局，2004：229-230.
③ 孙星衍.尚书今古文注疏［M］.北京：中华书局，2004：229-230.
④ 孙星衍.尚书今古文注疏［M］.北京：中华书局，2004：229-230.
⑤ 孙星衍.尚书今古文注疏［M］.北京：中华书局，2004：229-230.

❾❸ 迁都大结局

现代有人说盘庚花言巧语、威逼利诱，但无论如何他的迁都确实从政权到经济都收获了很好的结果，殷商复兴。盘庚有没有阴谋呢？且看他迁都之后的行动。

君臣及万民渡河之后，盘庚做的第一件事是给百姓盖房子，安置万民。然后才是修建王宫，建立尊卑秩序。可以想象，迁都之前盘庚一定做过实地考察，在都城设计上事先已有方案。这样他预留出王宫的位置，在指定区域内，先解决百姓住房问题，才是最合时宜的方案。毕竟百姓舟车劳顿，何况怨声不断呢？安居方能乐业。而作为古代君王，能先天下之忧而忧，后天下之乐而乐，也是非常难能可贵的。

与此同时，盘庚颁布第三道诰命：首先宣布迁都取得阶段性胜利。要求大家恪尽职守，勉以"懋建大命"。

其次他告诉那些过去有怨言甚至诽谤迁都的人，你们的事我早已释怀了，各安其事吧。这又是一件大快人心的事。曾经有过怨言，说过什么，做过什么，很多人正心有余悸，现在好了，安心生活就是了。谁不为盘庚的胸怀点赞呢？

借此，盘庚重申迁都的意义。迁都是为了让百姓过上好日子。这既是天的旨意，又是先王的旨意，也是仔细占卜的结果。先王会保佑我们在新邑长治久安。我怎么会无缘无故地让大家远途劳顿呢？

> 呜呼！邦伯、师长、百执事之人，尚皆隐哉！予其懋简相尔，念敬我众。

百姓的艰难奔波，我的各级官吏尚恻然隐痛于心。各级官吏，你们还要继续负起责任来，安顿好我的子民。所谓"念敬"，念，存诸心而不忘；敬，慎其心而不忽。

我不贪图财物，去奢从俭，非为我个人，而是为了天下苍生。各位大臣，能做好安民养民之事，我会依次奖励你们。希望你们认真体谅我的心。"式敷明德，永肩一心。"告诫群臣：用施明德，长能一心，不二其志。

诚勉臣民，以通上下之情，抚慰疑惧之心，以安民为要，不好货财，专心为民。诰命语气平和，俨然一位和蔼、善良、敦厚的长者。

❹ 阳谋

有个成语叫"指鹿为马"。据说，秦朝赵高先用手段辅佐秦二世登基，后来又想谋权篡位。到底有多少胜算呢？奸臣赵高想出了一个清洗异己的办法。某日，赵高向秦二世呈献一只鹿，却偏说这是一匹马。秦二世说："这是鹿，不是马呀。"赵高说："这是马。不信咱们问问各位大臣。"于是各位大臣有说马的，有说鹿的。说马的，分明是赵高的支持者或附庸者；而坚持说鹿的，之后纷纷遭到赵高的迫害。

赵高的指鹿为马，是典型的阴谋。与之相对的是阳谋。查百度词条，阳谋"是在现有条件下，在不影响别人、也不依赖别人的前提下，因势利导、光明正大地通过改变自己的资源配置，提高效率，达到总体更好的结果或实现更高的希望"。

请看盘庚的作为。盘庚在众人反对的情况下，坚持己见，完成迁都。不仅使民众生活得到保障，也重新规划了社会伦理秩序。因此，威望提高，帝位巩固，不动刀枪，将分裂势力化为无形。

据有关姓氏学方面的资料显示，盘庚迁都，确实有留守的皇族贵戚。他们以国为姓氏。具体是作为盘庚对立面留下来的，还是盘庚的股肱之臣留下来作为封地的，无从稽考。这个姓就是"耿"。耿，有耿介、正直的意思。耿也有光明的含义。

有人认为，自盘庚迁殷之后，都城就固定下来，没再搬迁，同时，帝位传承上也建立了新的规定，再没有大的事端。

百度词条又说：阳谋"乃王者之道，惯以堂正之师借势而发，领天下大势，聚天下人望，不发则已，发则以摧枯拉朽之势，一击而胜之，非天下至正之人不能用，用之则无往不利，乃谋中之王，道中至道，无可阻挡"。盘庚迁都属于阳谋，是大智慧。

　　本章节至此，已将盘庚迁殷梗概介绍完毕。如今再说本篇的一桩公案。《盘庚》三篇，有人认为是盘庚为君时所作；也有人认为上篇是盘庚为臣时所作；还有人认为是盘庚死后，人们为追念盘庚而作。持第三种观点者，认为上篇是盘庚迁殷后的结果，然后中篇、下篇才是盘庚迁殷的过程。换言之，如果按照第三种观点的分析，《盘庚》是一篇"倒叙"文章。如此，这一篇文章很有可能是中国文化史上的第一篇"倒叙"。

十一、武丁是个夺权者

本章节重点讲述《尚书》两篇文章,即《说命》和《高宗肜日》。

《说命》记载武丁求贤治国的故事。武丁即位后三年不语,后来梦中得见大贤,于是遍寻天下,终于找到大贤傅说。接下来就是傅说与武丁谈论治国方略的内容。《高宗肜日》记载武丁祭祀,有野鸟飞到鼎耳上鸣叫。大臣借机谏言武丁修德敬民。

《说命》未见于《今文尚书》。

❾❺ 梦里贤士

据相关资料显示,盘庚在位二十八年。盘庚死后,帝位传给弟弟小辛。小辛死后传给弟弟小乙。小乙死后,传位给自己的儿子武丁。武丁是继盘庚之后的又一位圣主,政权稳定,国富民强,天下太平,而且武丁能开疆拓土,史称"武丁中兴"。

小乙死后,武丁守孝三年,沉默寡言。《尚书·说命》载:"王宅忧,亮阴三祀。"按照当年的规矩,丁忧期间政权由手下大臣掌管。三年期满,武丁仍寡言少语,从不开会,也不理政。

　　天子惟君万邦,百官承式。王言惟作命,不言,臣下罔攸禀令。

大臣们纷纷来劝解武丁：您是天子，百官都追随您的行为。您的命令就是我们的方向，您没有指示我们不知道怎么做呀。

恭默思道，梦帝赉予良弼，其代予言。

有一天，武丁忽然开口说话了，并且发布了一篇诰命：治理国家，做万民的表率，我怕自己的德性不足，这是我一直没有说话的原因。然而我岂敢昏昏度日，我长期以来始终在收敛此心，持敬畏之心，思索治理天下之大道。昨夜做了一个梦，先王显灵了，先王赐给我一个贤臣"良弼"，让这个贤臣辅佐我做事。

于是大臣们赶紧根据武丁的记忆和讲述，把梦中"良弼"画影图形，四处搜索。

古人对武丁的梦境深信不疑，武丁以至诚之心、以圣君之慧，自能感通上苍。

宋儒程颐说，静则自明，夫明生于诚，诚生于静，朗鉴空悬，而物来自照。姑且不论武丁梦境的真伪，单说程颐，这种学习态度、生活态度、研学精神，还是很有积极意义的。

武丁命令全国的臣民四下找寻，最后在傅岩找到一个叫傅说的人。把他带给武丁，果然是梦中之人，确实是一位大隐、高人。

❾❻ 朝夕纳诲

荀子说："学莫便乎近其人。"武丁费尽千辛万苦把傅说找到了身边，如何使用呢？还记得太甲吗？他开始不就是被身边小人相引诱吗？多亏后来积极反省，追随伊尹才重归正途。荀子还说过："学之径莫速乎好其人，隆礼次之。"学习的捷径是你喜欢这个人，从尊重这个人开始。之后，无论是武丁还是大臣，都会以隆重的礼节恭敬傅说。

爰立作相，王置诸其左右，命之曰："朝夕纳诲，以辅台德。"

武丁没有像往常干部提拔那样逐级实习，而是直接让他做了宰相，宰相可以总领百官；"置诸其左右"，左右就是太师太保的位置，武丁有事要咨询他；假如武丁有错，他也要随时予以指正。这个"左右"绝非秘书之类那么简单。

恩宠有加。武丁告诉傅说："朝夕纳诲，以辅台德。"喜悦之情溢于言表，谦卑以待贤人。作为君王应该表正四方，惟在于德。有傅说在我的身边，我就放心了。傅说要朝夕进纳善言，指导我的言行，改正我的错误，以辅正我君德，使我日进于光明正大。

古人认为，人君求治，必以德为本；而宰辅之功，以辅君德为要。

整部《尚书》当中，尊重师保、大臣的个例很多。舜与一般大臣类似朋友关系；商汤与伊尹等人既是朋友关系，又是上下级关系；太甲之于伊尹，以之为师，却多了一点敬畏；后来的周成王对于周公多了一分猜疑。唯独武丁，不仅老师是自己找来的，学习是主动的，而且对老师委以重任，是关系最佳的。往日读《三国》，刘禅有诸葛亮，尊为相父，而蜀国仍日渐凋零。非明君不能为，非名相不能为。君臣共治，武丁、傅说为后人楷模。

或者目光转到当下，今天企业里常有智囊团，有几人能用好智囊团呢？有谁家智囊团的智囊足够多、足够好呢？

> 若金，用汝作砺。若济巨川，用汝作舟楫。若岁大旱，用汝作霖雨。

武丁真诚地对傅说说："如果我是刀具，你就是我的磨刀石；如果渡河，你就是我的船和桨；如果大旱，你就是甘霖。"何等尊敬，何等谦卑！如此礼贤下士，国何愁不强？贤士亦自当尽心竭力。

㊐ 约法三章

傅说从草民忽然走上高位，能不能畅所欲言呢？有没有顾忌呢？武丁瞅着略显稚嫩、羞涩的傅说，在大庭广众之下对傅说约法三章。

> 启乃心，沃朕心。

你应该重视你的责任，打开你的心扉，展示你的智慧。用你的心来浇灌我的心。我舍己从人，虚心受教。凡修德之要、治国之策，你要知无不言、言无不尽。你能尽职尽责，随时随事进行监察、规劝，助我进德修业。务必使我君臣感通，洞达无间。

> 若药，弗瞑眩，厥疾弗瘳。若跣，弗视地，厥足用伤。

武丁生怕自己的话没有说透，也生怕大臣们没有听清楚，或者有所误解，又接连打了两个比方。好比吃药，没药劲怎么能治好病呢？再如，走路不看道，还不把脚扎伤了？常言说，良药苦口。你尽管打开心扉说真话，我一定会虚心接受的。《易经》以损上益下为"益卦"，为上者谦逊，为下者才能尽心；如此才能上下同心，事业蒸蒸日上。

历史上不乏直言之臣，而罕见武丁这样谦逊的君王。唐太宗李世民也是被广为流传的明君，他也爱才，他也纳谏，他常把魏徵当作一面镜子，时刻检点自己。

宰相之职，在于管理百官。宰相要学会领导的艺术，各取所长，使工作井然有序。武丁进一步吩咐傅说的职责。你要带领他们同心同德，直言匡弼。一起辅佐我，遵循先王的道路，踏着先王的足迹，"以康兆民"。修己为德，泽被下民为功为业。

"这就是我的命令，听明白了吗？进德修业，只有起点，没有终点。"君德未成，没有止境；兆民未安，也没有止境。你我君臣一道努力吧。诚如武丁分析，很多事情没有止境，学海无涯，学习没有止境；技术没有止境，科技日新月异；事业哪里会有止境呢？《尚书》云："惟精惟一，允执厥中。"《中庸》亦云："君子尊德性，而道问学，致广大而尽精微，极高明而道中庸。"人生智慧永不穷尽。

傅说听了武丁的话，也很激动，恭恭敬敬地行君臣大礼，说："木从绳则正，您从谏则圣。您能够作为圣君，我们怎么敢不尽心尽力呢？我一定完成您赋予我们的使命。"

《日讲·〈书经〉解义》云:"廓度量以尽其才,明劝赏以作其气,则听纳日广,资益弘多,而作圣之基在是矣。"①

❾❽ 傅说释天

天是什么?为什么必须效法、遵循天的法则?请听傅说的高论。

这是傅说上任的第一篇宏论,也是《尚书》留存下来的唯一一篇傅说论政的文章——《说命中》。《说命下》虽然也有傅说的论述,但那是武丁与傅说关于学习方面的谈话,远离政事,而且属于二人交流范畴。

天地设位,君臣分定。这是古人所谓"天道"。傅说当仁不让,面对君王武丁和满朝大臣侃侃而谈:我们奉行天道,建立邦国,设立都城,树立天子、君王,其下又有大夫、师长,形成一套完整的管理体系,上下尊卑不可乱。为什么要维持这样的秩序呢?

> 不惟逸豫,惟以乱民。

乱,治理也。不是让你君王和大臣享受安逸,而是让你管理好你的人民,上古人称"代天牧民"。清雍正帝写过一副楹联:"惟思一人治天下,岂以天下奉一人。"这是为君者的艰辛。

苍天在上,是公平正义的化身。但是上天不会直接领导百姓,而是选择天子来行使权力。如果仅仅天子一人,能力、精力必然不足,因此要有大臣辅佐,各级官吏依次行事,由上至下深入民间,造福百姓。只有完备的体系才能不负上天所托。傅说的话,上对君王武丁,下对大小臣子,各司其职,各尽其道。

> 惟天聪明,惟圣时宪,惟臣钦若,惟民从乂。

① 库勒纳,叶方蔼等.日讲·《书经》解义[M].爱新觉罗·玄烨钦定版.北京:中国书店,2018:166.

法天以治民是傅说的中心观点。苍天不庸听而聪无不闻，不需视而明无不见。你的一言一行都在天的监视之下，天无所遗漏，人类必须敬之畏之。

圣君应该效法天的作为，"惟圣时宪"，法天而行。苍天无所不闻、无所不见，你能够做到吗？天无私心、无纰漏，你会做到吗？你的政令是否得宜，是否遵循了天道？

君王符合天道，臣子奉令行事，恪尽职守，建立功业。德被四海，万民则无不顺从、归附。

傅说谈治国理论，主要针对武丁。封建时代，天子权力往往无所限制，因此天子掌天下之柄，盛衰系于一人。希望德被天下，无所不照临，首先要照见自身，查一下自己的行为、道德有没有瑕疵。

❾❾ 傅说论行政

伊尹曾经讲"咸有一德"，傅说此时讲"惟圣时宪"，一以贯之。依据天的法则来行政，绝非易事。傅说一一道来。

一些事情看似简单，实则关乎国家命运。有四个注意项：言勿轻易出口，甲胄勿轻出库，衣裳勿轻易轻赏，干戈勿轻易使用。天子言行关乎天下，切不可草率。三思而后行，可以洞见其原，察见其微其几。所以，天子不违于天，言出为谟诰，兵戢为神武，赏足以昭天命，罚足以彰天讨，事事休美。

王惟戒兹，允兹克明，乃罔不休。

所谓聪明，能预见事态发展动向，防患于未然，此其一；洞见事物本原，且能返修己德，此其二。

振纲纪，慎赏罚，纯一其德，法天之聪明也。

惟治乱在庶官。官不及私昵，惟其能。爵罔及恶德，惟其贤。

傅说告诉武丁，假如你的政令完美无缺的话，那么政令能否贯彻执行，关键取决于你的大小官吏。因此选人很重要。其一，不要考虑亲疏、恩仇，任官封爵，惟贤惟能。他有本领，就用之不疑。尧不是任用了舜吗？舜不是任用了禹吗？也不要管他出身低微卑贱，只要有贤德，照样封爵。尧任用了平民身份的舜，您任用了草民身份的我，这都是很好的范例。其二，官无旷职，爵不滥予，乃盛世法则，以此不坏进贤之路。

管理，首先是人才的管理。盛衰在于人才，而人才的有无，在于古代的君道，在于今天公司的政策。吸引人才，重用人才，傅说、武丁都极为重视。

> 虑善以动，动惟厥时。有其善，丧厥善；矜其能，丧厥功。

在处事方面，要效法天的聪明。养成深思熟虑的习惯，弄明白了、想好了再动，所谓"虑善以动"。"动惟厥时"，行动还要讲求时机，应运而生，像刻舟求剑那样就不行了。其实何止于"时"，还有"势"，当行则行、当止则止，才是最好的天时、地利、人和。

> 黩予祭祀，时谓弗钦。礼烦则乱，事神则难。

不管是主动的也好，被动的也罢，傅说居然还是史书记载的第一个破除迷信的人。他居然将简化祭祀活动作为一项国家大政来研究。国家的祭祀，如郊庙、社稷、山川、百神等，要有时有节。他认为，祭非其时，就是亵渎，根本不是敬。另外，每次祭祀都用那么多祭品、那么多环节，有必要吗？难道你弄得那么烦琐，神会高兴吗？非其礼，亦不可为。

⑩ 傅说论君王

"家天下"的年代，君王的执政水平是国运盛衰的关键。傅说谈行政，也谈君王修身养德之事。法天，既是国家大事，也是君王自身的事。对于修身养德，傅说着重提出以下几点。

傅说原本是一位处士，古代称有德才而不出来做官的人为"处士"。即，具备某项才能而不求那个名分的人。古代认为"居而不有"是一种美德。《周易》里有遁卦，只有君子才有资格称之为"隐遁"，不彰显不炫耀。平常人本来就没有特殊才能，本来不显，何谈隐遁？

　　　　有其善，丧厥善；矜其能，丧厥功。

　　有，自足之意。作为君王，你不要有点善德就自足自满，那样你的善德将从此消失；也不要有一点功劳就自夸，那样你的功劳将化为无形。修德要日日新，求学要持之以恒，都是没有止境的。哪怕有一丝骄心，便会产生一分懈怠。

　　伯益曾言："满招损，谦受益。"《周易》论谦卦之德，地山谦，山虽高，但是仍认为自己只是大地的一个分子。傅说的论点在历史上得到多次认可。

　　　　惟事事乃其有备。有备，无患。

　　祸患每伏于无形，儆备当存于先事。细节决定成败。都考虑周全了吗？有没有沙盘推演？有没有应急预案？这是傅说对武丁的要求，也是今天企业经常提到的问题。

　　　　无启宠纳侮，无耻过作非。

　　天没有私情，人难免会有私情，但一定要公私分明。无心失理谓之"过"，有心失理谓之"非"。作为君王，身边的人，朝夕亲近，易以狎昵。不是说"近水楼台先得月"嘛，久而久之，你的聪与明将为其所蔽。文过饰非也是很多人常常做的，君王是不是更爱面子呢？聪明不为其所累吗？孔子研读《周易》，占"贲"而惧。世间事最怕花里胡哨地粉饰。我们今天也是常犯此错误的。

　　心为万化之原，君王之心决定了君王的功业。君王应该法天以为治。惟精惟一，则"政事惟醇"。

最后，傅说送给武丁一句殷切的勉励："非知之艰，行之惟艰。"

⑩ 学以致用

武丁是个爱学习的人。他尊敬贤人，重用贤人，对待傅说，不仅委以重任，置之左右，还时时以师礼对待他。

> 尔惟训于朕志。若作酒醴，尔惟麹蘗；若作和羹，尔惟盐梅。尔交修予，罔予弃，予惟克迈乃训。

武丁对傅说的要求是"启乃心，沃朕心"。由你来训导我的心智。好比酿酒，你就是麹蘗；好比煮羹，你就是盐和梅。你要调和燮理，赞化君德。欲成我德，必交修于我，多方以归正之，委曲以维持之。你可不要不管我呀。足见武丁尊贤求教之殷切。

> 说曰："王人求多闻，时惟建事……惟学逊志，务时敏，厥修乃来。"

傅说说，学习不是最终目的，而要学以致用，成就功业。不用学习某个人，重点学习过往经验、心得，才是最有收获的。君王求学更是如此，用之于行政才见实效。

逊者，入学之基；敏者，力学之事。学习要谦逊，不可生骄傲之心；无时不敏，不可生懈怠之心。如此日积月累，修身养德，治国之道，自然会集于一身。这一点对当前教育也有借鉴意义。逊是师生关系，教育不是流水作业；敏是对知识的渴求，要有上进心。整体来说就是尊师与重道。

> 惟敩、学半。念终始典于学，厥德修罔觉。

傅说提到教学相长的问题。知识的传递不似简单的物质传递，而是信息的再生和发展。早在听到武丁"启乃心，沃朕心"的时候，傅说就知道"孺子可教"。君王为学，贵得之于己，得者，即为德。而君王表正四方，又是万民之表率。所以傅说称之为"教学各半"。教为新民，学为明德。新民亦是学习之途径。"厥德修罔觉"，你的进步是在不知不觉中形成，自然而然。内外兼修，教学相长，学而时习之，你不仅要学好弄通，还要做万民的表率呀。

傅说作为大臣，不得不沿袭祖宗法典，这也是那个年代所无法逾越的，老生常谈。他说，先王成法是我们取之不尽、用之不竭的源泉，你要认真学习。修身，就效法其制事、制心之理；为政，就效法其建中、表正之规。修德，固然是人君之事，而进贤，又是大臣的职责。傅说要求武丁法祖，修德至于无怨。而我自己则"式克钦承"，秉承您的旨意，承担起为君王招揽贤才之责，"旁招俊乂，列于庶位"。

欲君德无怨，不做错事，谁能说这不是极高的要求呢？做到这一点，又岂非辅臣之功？傅说"旁招俊乂"，延揽人才，也是助君于无怨无过，然而傅说不独以帝师自居，这是傅说的聪明，也是傅说的美德。

⑩ 以先王自期

傅说要求武丁像先王那样成就功业，武丁也以先王自期。武丁接过傅说的话说，四海之内，都仰慕天子的善德，这是上天赋予的责任。而我所依赖者就是辅治之臣，尤其是宰相您。

> 股肱惟人，良臣惟圣。

武丁说："手足俱备，则可以为人；有了良臣辅佐，我就可以成为圣君了。"

《尚书》中求贤最切的君王就是武丁。先是梦里先人指引，继而举国寻找，其后视之若砺石、若舟楫、若甘霖、若曲蘖、若盐梅、若股肱。天下大治，自然在于天子。如今天子寄厚望于宰相，傅说身为股肱之臣岂能不尽心竭力。

武丁真切地望了傅说一眼，又仰望苍天，仿佛先王先贤俱在。他说：傅说啊，你听我说。先王有宰相伊尹，我今有你傅说做宰相。伊尹辅佐我先王成就功业，伊尹曾经说过，上辅吾君至于尧舜之君，下治吾民为尧舜之民，如果做不到就会心里有愧，如同在闹市受到鞭刑一样难受。

傅说的心如水一样清澈，如水一样平静，因为对于治国，他有足够的智慧和胆识。武丁接下来说傅说：

尔尚明保予，罔俾阿衡专美有商。

你是上天赐予我商邦的宰辅，你就是我的伊尹，对内则辅君德，使君王大德照临四方；对外则要安抚百姓，让他们安居乐业。

《日讲·〈书经〉解义》云："为臣者不志伊尹之志，不足以尽臣道；为君者不以伊尹之志责臣，不足以成君德。"[1] 君臣交相勉励。

君臣交谈甚欢。武丁感慨道："惟后非贤不义，惟贤非后不食。"自古天下大治，必有圣主和贤臣齐备，缺一不可。武丁和傅说搭班子也是很深的缘分呀。圣主必须有贤臣才能宏大功业。找不到合适的辅弼之臣，武丁宁可空缺，求贤之难也。反过来，贤臣遇不到明主，又怎么能发挥自己的才能呢？谁会随意向君王进谏呢？倒不如归隐山间。这是臣不遇君。先王让我们君臣相见，是让我们共同承担起上天赋予的责任，宏大先王功业。

武丁以先王圣君自期，以伊尹期于傅说。傅说期于君者，学古训，法先王，其心不已；傅说亦自期，辅君如先王，其心不已。

⑩ 莫衷一是的傅说身份

《尚书·说命上》载，武丁派人全天下找寻梦中贤人，最后找到了相貌完全一致的傅说，此时傅说"筑傅岩之野"。

孔安国说："傅氏之岩，在虞、虢之界，通道所经，有涧水坏道，常使胥

---

[1] 库勒纳，叶方蔼等.日讲·《书经》解义［M］.爱新觉罗·玄烨钦定版.北京：中国书店，2018：178.

靡刑人筑护之。说贤而隐，代胥靡筑以供食。"①此说广为后世流传，即傅说正在以囚徒身份做劳役，修筑道路。此说有何依据，未可知也。

《孟子》云："傅说举于版筑之间。"《墨子》云："傅说居北海之洲，圜土之上，衣褐带索，庸筑于傅岩之城。"②显然，孟子、墨子均没有说傅说是囚徒或奴隶。

关键还在于如何解读这个"筑"字。为什么一定是筑路呢？古来一直争论不休。有人解释为"依傅岩筑居"，在傅岩这个地方盖房子，也许给自己盖房，也许给别人搭屋；有人解释"卜筑、卜居"，就是隐居在傅岩的意思。

明末清初的大儒王夫之从刑法入手，他考证：周朝之前根本没有罪犯服劳役的法律。《舜典》所谓"流宥五刑""金作赎刑"，流止于徙，赎止于金，没有劳役。一直延续到周穆王，此法未见修改。《周礼》之被刑者，亦单使守而不使作。至于刑罚劳役的做法，始自秦汉之际。即使秦汉之际犯法者要自己服劳役，也没有雇人代劳的。因此，傅说断断不会代替囚徒去筑路。

以傅说的智慧，在任何时代填饱肚子总不会困难吧。王夫之说："纵令乏食，自可就佣民间，何至辱身毁体，代罪人以求食乎？"③

"说筑傅岩之野"，即傅说隐居于傅岩。此处似乎不必过多演绎。

另外，您真的以为武丁做过这样奇异的梦吗？未必。这也许和武丁即位前的民间经历有关。换言之，武丁借梦境中先王旨意来让傅说顺利登场。

⑩ 武丁即位之前

历史上有很多相似和巧合。比如唐代，开国皇帝李渊有三个有本事的儿子，分别是太子李建成、秦王李世民、齐王李元吉。太子李建成和秦王李世民的功劳不相上下。众所周知，后来李世民发动了玄武门之变，斩杀李建成、李元吉，李渊见状宣布禅位。老实说，李世民的位子来得并不光明正大，但这并不妨碍他成为一代明君。查阅历史，类似的情况比比皆是。宋朝赵匡胤50岁，

① 王先谦．尚书孔传参正·上册［M］．北京：中华书局，2011：470.
② 王先谦．尚书孔传参正·上册［M］．北京：中华书局，2011：470.
③ 王夫之．书经稗疏［M］．北京：中国书店，2016：247.

健壮如牛，怎么突然驾崩，跟他同样聪明的弟弟赵光义也脱不了干系，"烛光斧影"，成为千古之谜。

武丁的帝位来得也不算正当。有人问：他不是继承的他父亲小乙的帝位吗？继承他父亲不假，但是殷商那个年代的传位次序是兄终弟及。哥哥死了，二弟继承，二弟死了，三弟继承；如果没有弟弟了，才换下一代的，由哥哥的长子继承。武丁的上一代分别是阳甲、盘庚、小辛、小乙，兄终弟及，分毫不差。小乙之后没有弟弟，按理说即位者应该是大哥阳甲的嫡长子，而不是自己的儿子武丁。看来小乙、武丁这父子二人在背后用了功夫。

武丁自小就是极聪明的人，在这一代孩子里他绝对算得上翘楚。对于聪明人来说，生于帝王家绝对是悲哀。太子或者皇兄对你恨之入骨。不见曹丕收拾曹植吗？要么被太子收拾，要么收拾了太子。汉景帝也算是个明白皇帝，自打他喜欢上刘彻，很快就废了原来的太子刘荣，随后刘荣自尽。刘彻登基之后，依然疑惧自己的哥哥们，最具贤名的河间献王刘德就是被他逼死的，中山靖王刘胜只能借着酒色韬光养晦，混个寿终正寝而已。

《尚书·说命下》说武丁早年"遁于荒野，入宅于河，自河徂亳"。作为小乙的儿子，为什么遁呢？必有难言之隐。有关书籍上说，是小乙为了让武丁体察民情，懂得百姓疾苦。似乎是为君者讳。还不是躲到民间去，藏匿锋芒。如此一来，都城里的原定继承人放松了警惕，都城外的武丁却能发动群众。再看武丁的行踪轨迹，从荒野之远，先回到河边，再从河边来到亳。武丁立足于亳，美誉扬于旧都，则羽翼丰满。这是由远到近的路径，也是武丁一步步走向权力中心的路径。当然，在都城内，还有他父亲小乙的积极运作。

难怪小乙死后，发生了这般咄咄怪事。武丁先是沉默不语，后来梦里先王授意。殊不知都是掩人耳目。

⑩⑤ 武丁的首任老师——甘盘

王曰："来！汝说。台小子旧学于甘盘，既乃遁于荒野，入宅于河，自河徂亳，暨厥终罔显。"

武丁与傅说坦诚相见，谈起自己的经历，称孤陋寡闻。"我早年跟随甘盘老师学习，后来遁于荒野，之后又定居黄河，又从黄河到亳地，可惜跟随甘盘老师的时间太短了，导致今天我也没有显明之德。"

看来甘盘是老君王小乙特意给武丁指派的老师。甘盘是一位大贤，足以和眼前的傅说相提并论。甘盘首先有学问；其次是君王小乙的心腹；其三，既作为心腹，也必是朝中重臣。

武丁登基之后，政治一新，开疆拓土，民富国强，殷商复兴，可见武丁的雄才大略。可否这样认为：武丁早年的学问来自甘盘，登基之后的谋臣主要是傅说，此外他还有一班能臣会聚朝堂。

甘盘，作为小乙的心腹大臣和武丁的老师，在武丁登基问题上一定是个关键人物。也许武丁远遁以及步步为营就是出自甘盘的运筹。小乙故去，甘盘迎接武丁入城，扶武丁上位。这些也是小乙早就安排好了的。

既然武丁登基不是那么名正言顺，一定有不同声音，此时维持局面的想必还是甘盘。甘盘是小乙朝最后一位权臣。武丁守孝三年，谁来理政呢？还是这位甘盘老师掌控局面。

甘盘老去，身体不支，武丁只好安排下一步，调远在民间的心腹、大贤傅说。甘盘很可能就在武丁守孝三年归来之际去世。所以武丁只能恨自己与甘盘缘分浅。

这种猜度绝非空穴来风。周朝有相关记载：周成王登基，"召公为保，周公为师，相成王，为左右。"因为周公曾经摄政，如今仍为"师"，召公心中不悦。周公劝勉召公一起辅政，曾说过这样一段话：每个帝王都需要贤臣辅佐，商汤身边有伊尹，太甲身边有保衡，太戊身边有伊陟、臣扈、巫咸，祖乙身边有巫贤，"在武丁，时则有若甘盘"。周朝应该清楚殷商的事，在周公的记忆里，甘盘分明给武丁作出过大贡献。前文周公列举的均为首席大臣，眼下傅说作为宰辅，那么甘盘在什么时候为武丁出过大力气呢？古来一直为君者讳，周公也懒得讲那么清楚。

⑯ 肜日异象

《书序》说，武丁祭祀成汤，在肜祭之日，飞来一只雄雉落在大鼎的鼎耳上"雊鸣"。这等怪异之事被后人记录下来，即《尚书·高宗肜日》。

高宗，是武丁的谥号。《丧服四制》云：武丁"继世即位，而慈良于丧。当此之时，殷衰而复兴，礼废而复起，故善之。善之，故载之于书中而高之，故谓之高宗。"①

肜，祭名。《释天》云："绎，又祭也。周曰绎，商曰肜，夏曰复胙。"孙炎疏引《诗经》云："肜者，亦相寻不绝之意。"② 换言之，昨天是祭祀的正日子，今天再来简单祭祀一下，这叫"肜"。

鼎是宗庙之器，一般应由长子主祭，如今出现野鸟飞来鼎上鸣叫，众人莫不失色。众大臣里自然有会说吉祥话的："天降祥雉，赞我烈祖之德也。"确实古人称鸡为"德禽"。雉有五德：戴冠为文，趾突为武，好斗为勇，呼食为仁，守时为信。说吉祥话的不是别人，正是另一位大臣祖己，他必须凭自己智慧化解眼前的僵局。因为在当时人们的眼里，野雉登鼎，是对武丁夺位的最大讽刺。

逢此异象，武丁何尝不是惊出一身冷汗。然而有了祖己的周旋，场面基本稳定，祭祀照常进行。

事后，祖己悄悄找到武丁，借机训诫武丁应该修德消灾，并阐述了自己的治国理念。

　　惟先格王，正厥事。

您应该认真学习先王，做好您的政事。比如这祭祀，搞这么大场面，费这么多人力，用这么多祭品，有什么益处呢？祈求先王保佑，不是我心该想的；祭祀如此丰盛，而不知敬民，也不是您该做的。

① 孙星衍.尚书今古文注疏［M］.北京：中华书局，2004：242.
② 孙星衍.尚书今古文注疏［M］.北京：中华书局，2004：242.

惟天监下民，典厥义。

上天监视下民，以义为常。上天决定你的命运，你要循理行事。祖己刻意没有提及阳甲、小辛、小乙几个帝王。假如你做得好，上天就让你长久；反之亦然，不顺天德，也是咎由自取。修身养德，做好政事，才是武丁的首要任务。

《高宗肜日》，司马迁认为"帝武丁崩，子帝祖庚立。祖己嘉武丁之祥雉为德，立其庙为高宗，遂作高宗肜日及训"。[①] 此说似乎不妥。古人认为野鸟登鼎不是吉兆，本文也并非褒奖。此外傅说曾谏言武丁简化祭祀，武丁一定会言听计从，因此武丁之后不可能马上有"祀丰于昵"之失。只能有一种解释，傅说和祖己是同时代的人，二人均意识到祭祀过于繁复的社会问题，先后向武丁进谏。

武丁确实不负众望，从善如流，勤奋理政，实现了殷商再度复兴，被公认为殷商明君。"高宗"是赞誉度极高的庙号。谥法说："德覆万物曰高，功德盛大曰高，覆帱同天曰高。"

至于古人所谓"修德弭灾"，不过是告诫武丁要顺天而行的另一种说法。

---

① 司马迁.史记·殷本纪［M］.北京：中华书局，2009：14.

十二、风雨欲来风满楼

本章节重点讲述《尚书》两篇文章，即《西伯戡黎》《微子》。

《西伯戡黎》记载西伯征伐黎国之后，老臣祖伊向纣王进谏，希望纣王修德勤政，而纣王毫无悔改之意的故事。《微子》记载微子面对殷商危局，深感不安，故求教于太师、少师，三人各自抒发在殷商危难面前的志向和行为方式。

⑩ 革命是儒学的暗线

稳定的、正常的社会，需要合理、可行的社会伦理，古人将此归纳为仁，归纳为义，归纳为三纲五常等等。现实中，这些社会秩序的法则并非不可逾越。只要是符合天道，符合民意，完全可以不受此法则约束。君不见历史上如何评论汤武革命吗？自古给予汤武革命极高的评价，"汤武革命顺天应人"。

诸如此类事情屡见不鲜。如武丁登基，本不符合传位制度，但是他具备雄才大略，能招揽贤才，能治国安邦，能富国强兵，能开疆拓土，再造殷商，后人将其庙号定为"高宗"，赞之为中兴之主。一个人的历史功绩才是对他最好的评判。

武王伐纣，无论从君臣关系还是亲属关系上说，都是违背伦理的，但这些常理在天道面前显得微不足道。推翻商纣大快人心。

《尚书》不仅一次地提出，上天不会只眷顾你一人，天子只是代天牧民而已，做不好就要受到上天的惩罚。《尚书》还提出"天心即民心"的说法。这些论述才是《尚书》的终极法则。

夏桀自以为与日月同辉，却身败名裂；商纣自恃雄武，贪图享乐，不纳忠言，落得个自焚下场。此二人遗臭万年。

朝代兴替，一则内患，一则外来侵略。中医讲"正气存内，邪不可干"。所以《尚书》常是以安民、牧民为要务。民以食为天，让百姓吃饱肚子安居乐业，他们的心声就会传递到天上。天没有眼睛，也没有耳朵，百姓、万民就是上天的眼睛和耳朵。

纵观《尚书》，评价君王近乎公允。封建道统是《尚书》的明线，维持封建的稳定性；顺天应人是历史前进的革命性，《尚书》通过褒与贬反映自己的思想，因此"革命"是《尚书》之所以经久不衰的暗线。

孔子将《尚书》章节选择性地讲解给弟子，而后世代流传。我们目前看到古文版本将《说命》《高宗肜日》《西伯戡黎》《微子》《泰誓》《牧誓》罗列在一起，既反映了时代的混乱，更从正反两面解开革命的必然性。尤其是站在统治者的角度，不止一次地揭示朝代灭亡的根源。可见古代先贤的良苦用心。

⑩⑧ 祖伊谏言

自从武丁中兴，殷商得到大发展、大繁荣。而其后几代帝王平平，并无大的建树。轮到帝辛登基，帝辛还是颇有一番作为。传说帝辛力大无穷，可以一手托起房顶，就能把房梁拆换完毕。帝辛早年在稳定局面和拓展疆域方面做了不少贡献。可是，帝辛自恃有才，越来越追求奢靡逸豫，越来越荒废政务，殷商政权开始走下坡路。

与之形成反差的是西岐小国，他们的国君地位逐步升高，国力日益增强，政治清明，百姓安居乐业，而且先后打败了数个不服从他们的周边小国，进而将自己先进的文化理念传播开来，也因此声名鹊起，各方诸侯纷纷归附过来。再后来，西岐君王姬昌被封为西伯侯。千万不要小看这个西伯，他的辖区可不仅仅是西岐，实际上身在雍州，并兼梁州、荆州。又有学者认为，殷商分为东、西二伯。可见西伯地位已经达到一人之下、万人之上。

话说这位西伯侯，早有夺取天下之意。他居然进兵讨伐殷商京畿之地的黎国。作为臣子，竟然敢对天子的奴仆动手，尽管这奴仆该打，尽管打人者有十足的理由，但此事也非同小可。

老臣祖伊得知此事，赶紧从自己的采地跑到京都朝歌，进谏帝辛。帝辛就是后来的纣王，"纣王"一词是武王伐纣之后给予帝辛的虐称。作为前朝老臣，祖伊说话很直接："国运能够长久，在于上天。从今天看来殷商的气数将尽了。无论是有识之士，还是灵龟卜测，均没有一点好兆头。不是先王不想保佑我们，而是我王不畏天命，不法祖宗所致。贪图淫乱戏侮，自绝于天。望我王幡然醒悟，以回天意。"

是呀，虽然西伯侯是您的臣子，但是他能带领大军打到君王您的辖区，攻伐我们的附属国黎国，况且他声势日隆，只要他继续东进，就会直捣朝歌。任何有眼光的军事家都会注意到这一点，外患当前，帝辛您怎么还能安于享乐呢？

天将丢弃我们，灾异横行，民不聊生，穷困面前天性迷失，道德沦丧，这是内忧。人民苦于虐政，纷纷诅咒殷邦："上天为什么还不惩罚他呢？有道之君为什么还不到来？现在的君王跟我还有什么关系呢？"

可怜的老臣，这次他真的见识到了人们传说中"顽劣"，如此重语竟未能打动帝辛。幸亏他是前朝旧臣，而且又是武丁朝那个大臣祖己的后人，所以胆敢如此嚣张，还能全身而退。尽管如此也不敢迟疑，祖伊迅速逃归采地，"殷之既丧，指乃功，不无戮于尔邦"，千万别伤及我邦子民呀。

⑩ 德比

《尚书》有很多章节的篇名怪异。以《西伯戡黎》为例，通篇没有戡黎的内容，更没有戡黎的过程。浅显地说，篇名源自文章第一句："西伯既戡黎。"而文章内容则是由于西伯戡黎，"祖伊恐，奔告于王"，是殷商末期的一次劝谏过程。

为什么不名之为《祖伊谏帝辛》呢？除了当年以首句为标题的记述习惯之外，还缘于史官的高妙思维。其一，西伯侯姬昌率领大军攻伐黎国，未必合法，西伯侯的职权根本管不着黎国；其二，西伯侯声势浩大，万国归心，西伯侯身边那些随从小国将来都是殷商的敌人；其三，西伯侯确实有吞并殷商之心，不然为啥会到咱的家门口闹事呢？其四，戡黎是占领军事要地，进可攻，退可守，黎国的灭亡，使得殷邦完全暴露在西岐大军面前。

西伯，即我们所说的周文王。文王的心思不便公开，为君者讳，不如省笔。所以，只写了征伐的结果。"西伯既戡黎"，黎国无道，西伯举兵伐之，获得胜利。可见西伯势力强大，追随者云集，政治影响力已经超越了帝辛。

德比大战近在咫尺。只要西伯一声令下，大军顷刻就会进军朝歌。而此时的帝辛依然傲慢无礼，我行我素，外边的混乱他却浑然不知，似乎没有他办不了、摆不平的事，西伯侯大军或者军临城下，他还在浑浑噩噩地享乐。

旧臣祖伊前来责问帝辛。帝辛指着天上的太阳说："呜呼！我生不有命在天？"我有天命，何惧那几个小毛贼？俨然夏桀再生，这等君主能不亡国？古人认为，天生万物，故万物法天；祖先繁衍后代，故后代要效法先人。天为万物之根本，也是人类的根本。君主务必敬天畏天，必须效法先王，而帝辛两点都没有做到。

一方在日益壮大；一方在逆天而行，走向灭亡。史官有意，将此二者进行对比，得道多助，失道寡助，胜负显然。

⑩ 西岐公亶父

西岐有个公亶父，他是周朝的源头，是西岐繁荣的发动机。据推算，公亶父是轩辕黄帝的第 16 代孙，周祖后稷的第 12 代孙。

殷武乙元年，因戎狄威逼，公亶父率领族人迁徙到岐山下的周原，今陕西岐山一带。《诗经》云："后稷之孙，实维大王。居岐之阳，实始翦商。"[1]

他继承祖先遗风，开荒种田，发展农业。他经常带着妻子儿女亲自下地干活，不辞辛劳。他们掌握着农业技术，而且岐山一带土地肥沃，水草丰茂，适宜农作物生长，所以年年大丰收，部族日渐繁盛。同时，公亶父遵从古代道

---

① 郝敬. 毛诗原解·毛诗序说［M］. 北京：中华书局，2021：652.

德，访贫问苦，因此远近百姓都扶老携幼前来归附。殷商帝王武乙便把岐山一带封给公亶父，定邦国为周。

在外交方面，公亶父首先打破了戎狄的包围，获得了稳定的生存环境。然而若想迅速崛起，必须依附强大的殷商。《诗经》称之为"翦殷"，这应该是后来武王伐纣的话语特点。

西岐周邦，丰衣足食，公亶父开始谋划走向强大的第一步，与殷商贵族联姻。在严格的父系氏族之前，男孩一旦与大家族的女孩结婚，那么他的地位马上提高，等同于大家族成员，甚至等同于大家族的男孩子。这是古代的攀高枝。古代最稳固的邦国关系就是联姻，因此诸侯之间多为甥舅国。

公亶父有三个儿子，其中他最喜欢小儿子——聪明英武的季历。公亶父自己以及他的其他儿子都是和周边小诸侯联姻的，经过努力运作，终于在季历这里搭上了殷商统治阶层，殷商贵族里的任氏家族相中了西岐这位小帅哥。在公亶父的运筹下，周邦顺利完成了三级跳的第一步。

⑪ 季历的盖世武功

季历娶了殷商贵族任氏的女儿太任为妻，虽然是政治婚姻，但是太任不仅给季历带来了地位和前途，还带给季历先进的殷商文化和理念。由于特殊的地位，公亶父破例选择季历作为自己的继承人。季历是个极端聪明能干的小伙子，也很快进入殷商王朝的视野。

季历政绩约略分为四个方面：效法公亶父，躬行仁义之政；带领部落兴修水利，发展农业；积极训练军队，主导着整个商王朝的战争；与商王朝贵族通婚，积极吸收殷商文化。

其中以军事成绩最著。据《竹书纪年》记载，武乙时代，季历曾"伐西落鬼戎，俘十二翟王"。[①] 文丁四年，他又领兵先后征伐燕京之戎、余无之戎。七年伐始呼之戎，十一年打败翳徒之戎。可谓战功赫赫。

战争不仅为季历赢得声誉，而且也为周邦带来了无限生机。武乙奖赏季

---

① 范祥雍.古本竹书纪年辑校订补［M］.上海：上海古籍出版社，2018：25.

历，曾赐予他土地 30 里、玉 10 车、马 10 匹。这些战争既有为商王朝效力的，也有为周邦自己的。总之，从此西岐周边再无纷争，完全归于季历麾下。并且季历向东发展，比如，歼灭了东邻程国。征伐过程中，季历也不断地将战利品贡献给殷商帝王。在武乙、文丁时代，季历逐渐成为天下最大的军事力量。

季历的壮大，渐渐引起商帝文丁的忌惮。商帝文丁下令季历进京封爵，封为西方诸侯之长，即西伯。这可是周邦空前的荣耀，但也是季历的灾难。他做梦都没想到这正是文丁布下的陷阱。季历从此被文丁软禁，不久被处死。

之所以后来《尚书》中有"西伯戡黎"，那是文王世袭了季历的爵位。

⑫ 文治武功的姬昌

不得不再提公亶父。继季历婚姻上成功之后，他在事业上也有了大的发展，西岐神速壮大。更可喜的是，季历和太任很快有了自己的小宝宝，这就是被公亶父奉为"祥瑞"的姬昌。

公亶父心里有了新的战略考量，百尺竿头更进一步，让拥有贵族身份的孙子跟王室结缘。果然如公亶父所愿，后来真实现了强强联合，姬昌如愿迎娶了商帝帝乙的女儿太姒。帝乙即纣王的父亲，作为驸马的姬昌是不是也有商朝的继承权了，此处大有文章。尧舜不就是如此传承的嘛。

季历死后，姬昌世袭。他对内治理上很像他的爷爷，对外军事上又很像他的父亲，文武全才。而且他的文化课，都是来自殷商贵族的妈妈太任悉心传授；他的谋臣里有姜子牙等一众贤能，更有心怀韬略的妻子太姒。

早在季历时期，周邦政治、军事实力迅速提升，因此商王朝既忌惮又不得不拉拢。而今姬昌上位，即使有心谋取商天下，时机尚未成熟，也只能继续韬光养晦，延续公亶父的谋略。

西岐在姬昌治理下，更加声势浩大，美名远扬。据载，邻近的葛国不祭祀祖先，他派人去询问缘由。对方说没有粮食，没有祭品。姬昌就派人送去粮食，还派人过去给他们种地。

《史记·周本纪》记载，虞国、芮国发生纠纷，各不相让，然后相约找姬昌去评理。等他们进入周邦，发现周邦文明谦让，长幼有序，因此非常惭愧，说："吾所争，周人所耻，何往为，只取辱耳。"① 说罢礼让而去。

军事上，姬昌并不逊色于季历，能征惯战。唯一不幸的是，他生不逢时，遇到了同样善于作战的帝辛，即纣王。之所以纣王没把西伯侯姬昌放在眼里，也是缘于纣王在军事上超越了他之前的许多帝王，甚至包括中兴之主——武丁。

⑪ 论戡黎年代

《史记·周本纪》记载，西伯侯姬昌"笃仁，敬老，慈少。礼下贤者，日中不暇食以待士，士以此多归之。"② 如伯夷、叔齐、太颠、闳夭、散宜生等人。

周邦的兴起，早有一个人看在眼里。尽管历史将此人定位邪恶，但是你不得不佩服他的眼光独到和对殷商的忠诚。他发现问题比祖伊早十余年。此人就是崇侯虎。

周邦兴起，人心向背，见微知著。一天，崇侯虎悄悄地面见纣王，说："西伯积善累德，诸侯皆向之，将不利于帝。"

天下是纣王的，没有事他摆不平。经崇侯虎这么一说，纣王也觉得这是个问题。论军事，纣王绝对是那个时代的天才，正史没有记载他如何抓住西伯侯姬昌，但是可以肯定，他一定是在战场上亲自捆住姬昌的双手，他永远这么高傲，这么自信、自负。从此纣王把西伯侯姬昌囚禁在羑里（今河南省汤阴）。

面临新败和国君被擒，周邦闳夭、散宜生一班大臣急得像热锅蚂蚁。不知哪位大臣说了一句："对高傲的人，可以用高傲的办法。"一句话点醒梦中人，是呀，硬打不行，只能来软的，捧他，给他送礼，把他捧晕了。说办就办周邦四处找寻奇珍异宝，不惜出国采购，很快凑齐了大批进献礼品，珠光宝气，自然也少不了天下美女。

果然，纣王大悦，万般欢喜地抱着绝色美人，对周邦使者说："太好了，太好了。有这一件礼品就足够了。"

随即释放了姬昌。高兴之余，竟然还赐给姬昌弓矢斧钺，从此西伯侯姬

① 司马迁.史记·周本纪［M］.北京：中华书局，2009：18.
② 司马迁.史记·周本纪［M］.北京：中华书局，2009：18.

昌拥有了征伐之权。

拥有了征伐之权的姬昌，可谓因祸得福。又缘于姬昌多年来的功德，一些诸侯私下议论说："西伯盖受命之君。"

其后姬昌如同季历当年一样逐年征战。"明年，伐犬戎；明年，伐密须；明年，败耆国……明年，伐邘；明年，伐崇侯虎……明年，西伯崩。"① 耆国，即黎国。

以上是司马迁的记载和看法。而《尚书大传》认为，戡黎之后，文王被囚。时间上有些争议，后者往往不被采信。

单纯说西伯戡黎这一点。从军事能力对比来看，纣王强于西伯侯姬昌；从战争时机来看，姬昌尚不具备对殷商开战的实力。之所以称为"戡"，似乎有替纣王管理、惩戒黎国的含义，攻伐但不占有。西伯侯的战争依据恰恰是拥有了纣王赋予的征伐之权。

西伯侯明了纣王对西岐的戒备之心，而黎国，在山西上党、长治一带，正当殷商西向的大门口。西伯戡黎，等于关好了东方门户，对于西岐是有战略意义的。

而祖伊所担心的西岐继续向东直指朝歌。祖伊的担心虽不在西伯侯计划之内，但西伯侯的雄心也昭然若揭。

西伯戡黎之时，应为纣王暴虐初始。其一，祖伊敢于如此直言犯谏；其二，祖伊虽然语言尖刻，却未提及诸多恶行；其三，纣王并未发怒，祖伊尚能全身而退；其四，祖伊为殷商贤臣，武王伐纣之后遍访贤人，并未提及祖伊。以上四点均说明西伯戡黎距武王伐纣有相当一段时间，待到伐纣，祖伊大概已逝。同时，也反映出一个王朝的衰落是很迅速的。

ⓗ 大战序曲

按照司马迁的时间表，西伯侯姬昌戡黎之后，第二年又征伐崇侯虎，转过年去世，享年九十七岁。

---

① 司马迁.史记·周本纪［M］.北京：中华书局，2009：18.

对于商王朝来说，虽然强悍的西伯侯死了，但是西岐依然存在。商王朝只不过得到一个小的休息机会而已。果然，西伯侯的儿子姬发继承父亲的爵位，一边守孝，一边厉兵秣马，未待守孝期满就发动了一次直接针对商王朝的军事演习。

姬发（周武王）要实现周邦真正崛起的第三级跳——消灭殷商，建立周朝。

姬发兴兵，众多亲近诸侯相随。齐聚孟津，姬发整齐军马，召开军事会议，其他诸侯均义愤填膺，皆曰可伐。然而姬发并未冒进，他的小邦西岐实力仍不如大邦殷商，虽有众多诸侯追随，也只有二三成把握。最后他们还是力排众议，毅然收兵。

胆敢聚集兵力指向商王朝，等于发表了伐纣檄文。两种势力已经不能调和，战场上较量是迟早的事。

早在西伯侯姬昌拉拢诸侯期间，就有崇侯虎向纣王进言；在西伯戡黎时，祖伊又进言；姬发第一次兴师，至孟津而还，更是有多人进谏。

早在崇侯虎谏言的时代，各方诸侯就已经分崩离析，纷纷投靠西岐。戡黎之后，连商王朝最亲近的诸侯都开始动摇，既害怕商纣王一怒血流成河；又畏惧西岐，西岐是一股上升的力量，纣王的附庸国都有可能被西岐灭杀。一批像祖伊这样的老臣悄悄地离开商纣王，隐居静观其变。又一批诸侯或中立或投靠了西岐，况且两相比较，西岐文化、政治的确更开明。

在纣王身边的大臣，每天进谏不断，而纣王始终不以为然。他依然傲慢地相信自己的军事手段，多少诸侯不都是他的手下败将嘛，连现在那个西伯侯不也是被揪住囚过好几年嘛？更何况如果不是我赦免了他，他怎么能有今天呢？纣王唯独不知道自己政治的混乱，老实说，他也无暇顾及那么多事。纣王手里有珍玩宝贝，身边有娇妻美妾，酒池肉林，靡靡之音，躲在王城里呼风唤雨。殊不知这一切都是亡国之象。

微子、箕子、比干，既是纣王近臣，又是皇室重要成员，连他们的谏言，纣王都置若罔闻，说多了甚至性命堪忧。面对这个曾经不可一世的商王朝，所有人都绝望了。

⑪ 殷末三仁的身世

对于纣王劣迹和殷商前途最为关心的重要人物，有三个：微子、箕子、比干。孔子感慨于三人德行，称之为"殷末三仁"。《尚书·微子》记载了三人在殷末之际互相阐发心迹的事情。纣失其政，祸败方兴。微子痛殷商之将亡，谋于箕子、比干，国家还有救吗？我该怎么做？

微子，名启，采地在微，子爵。他是纣王的同父同母的哥哥。微子的母亲早年是小妾，因此他和二弟仲衍属于庶出。后来母亲晋为帝乙妻子，生下受德。受德排行老三，即帝辛，后世称"商纣王"，纣王属于嫡出。这也是纣王以非长子身份而继承帝位的原因之一。

箕子是纣王的伯父。纣王的父亲是帝乙，箕子是帝乙的哥哥。箕子，采地在箕，和微子一样，也是畿内子爵。《礼记·王制》疏引："微子、箕子，畿内采地之爵，非畿外治民之君，故云子。"汉代郑康成云："微与箕，俱在圻内。"至于箕、微现在何地，历来众说纷纭。箕子，即《微子》文中的太师。

比干是帝乙的弟弟，纣王的叔叔。他就是那位忠肝义胆，最后被纣王开膛破腹的王子比干。时任少师，少师为太师之佐。太师位居三公，少师为孤卿，稍逊。

微子启称呼箕子为父师。

《尚书·微子》篇共提及三人。历史上对于太师、少师还有另外的说法。司马迁曾跟随孔安国学习《古文尚书》，他认为《微子》文中的父师、少师，不是箕子、比干，应该是两位殷商的乐师。因为乐师队伍里也有相应称谓。其论据是《论语·微子篇》有云："大师挚适齐，少师阳入于海。"二人为纣时乐师。孔子不是在齐国听到了尽善尽美的《韶》乐嘛，就是这二人所传。挚即疵，阳即强。《淮南子·氾论训》云："殷之将败也，太史令向艺（繁体为藝）先归文王，期年而纣乃亡。"两者记述时间上虽不一致，但似乎是同一件事情。"向"声近"阳"，"藝"字字形近"挚"。此外，司马迁言之凿凿，认为其时箕子已经被囚，比干已死去。①

司马迁的"乐师"说仅为一家之言，多不被后人采信。以微子的才智，断不会将这般心事向乐师言说，他所请教的必是德高望重的族内老人。箕子、比干当之。孔子将微子与箕子、比干并列为"殷末三仁"，孔子是知道"三仁"真实水平的。

⑯ 微子哭述

周武王伐纣，已经誓师孟津了。虽然思来想去没敢冒进，但是西周的锋芒已指向殷商。微子数次进谏纣王，希望亡羊补牢，可纣王根本听不进去。于是微子找到箕子、比干，无比忧愤地说：

> 太师、少师，殷其弗或乱正四方！

父师啊，少师啊，我殷失道，商祚将亡，将再也不能治理四方了。君王应表正四方，天下惟赖其德，我们的祖先有厚德昭于天下，而我们只会沉湎于酒色，败坏其德，有辱祖先呀。微子为尊亲讳，不忍直斥纣王，只能委屈地自称"我"或者"我们"。创业难，守业亦难，即使有纣王之智勇，稍有懈怠，仍不免身败名裂。

> 殷罔不小大好草窃奸宄。

微子接着痛陈殷商之民之臣。小大，泛指从草民到大臣。他们所作所为都是草寇和盗匪行为，在外为奸，在内做宄。《鲁语》云："窃宝者为宄，用宄之财为奸。"

> 卿士师师非度。凡有辜罪，乃罔恒获。

① 孙星衍. 尚书今古文注疏［M］. 北京：中华书局，2004：254.

官员们也都学着做非法的事，有罪也没有人惩戒，已经没有法度了。

君王昏庸，草民作乱，官员无法无天。社会自然就乱了。小民们率先闹事，恃强凌弱，杀人越货，相互攻杀。

此外，为上者不爱惜子民，欺压百姓，草民自然视官员为仇敌，什么事情都会出现的。寥寥数语，情真意切，忧国忠君，我当何为？

太师、少师，我其发出狂，吾家耄逊于荒，今尔无指告予？颠跻若之何其？

殷商没救了，我快逼疯了！国家强盛，首先是圣贤、人才凝聚。如今我殷无道，许多老成厚重的大臣都纷纷隐遁了。连最忠厚的祖伊都走了。殷商灭亡，我将奈何？太师、少师，给我指条明路吧。

其实微子已有隐遁之心。于己虽身不足惜，然而，于公还有良策吗？而且作为殷邦长子，他有保全族群的义务，更重要的是，危难之时必须保住祖先所在的宗社，这是古代每一位仁人所非常看重的。

⑪ 哀婉的应答

面对微子哭述的一切，箕子、比干早已明了，甚至比他都清楚。比干抱定了必死的信心。文死谏，武死战。比干是中国史料记载的犯颜直谏第一人。

比干闭口不语。仁厚的箕子说："可怜的王子呀！我殷邦天数已尽。"三人谈话当中始终不直接提及纣王，既是避讳，也是防隔墙有耳吧。箕子接着说，如果仅仅是酗酒，倒也不至于丧国。言下之意，还有纣王淫乱、昏庸等等。任意而为，不懂得敬畏怎么行呢？如今心智都乱了，人心尽失。圣贤、大臣是国家所倚重的力量，他们不能安其位，不能行其政，不能展其才，所以纷纷离去，如此国家都被肢解了。箕子语气当中也夹杂了许多抱怨，并非这些大臣、诸侯先知先觉，或见微知著，不是他们提前知道我殷邦将要灭亡，很多人都是被你纣王给赶走的呀。这不是自寻死路吗？

比干依旧紧闭双唇，箕子不得不接着说。作为年迈老臣，德高望重，这种场面他见得最多，也劝得最多，他力争凭他绵软的手和仁厚的心，多为朋友和亲人营造一块天地，哪怕只多一寸也好。

箕子告诉微子："你说的这些行为，我怎么会不知道呢？他们连祭祀用的牺牲食物都敢掠夺、藏匿，胆敢得罪于天，得罪于天神，灾祸还会远吗？再看我们的大臣，只知道横征暴敛，民怨沸腾，灾难将来又跟谁说呢？殷商啊殷商，谁会为你出力呢？在劫难逃，我甘愿受此败亡。商亡之后，我也不愿意做其他人的臣仆了。"

商其沦丧，我罔为臣仆。诏王子出，迪我旧云刻子。

箕子从袖子里掏出一块手帕，递给微子，是愤怒的汗水还是悲伤的泪水，谁也不清楚，抑或根本就没泪与汗，对于微子这个温良的晚辈，他只想让他平复一下心境。箕子说："我老了。然而你就不同了。你的去留关乎宗祀，只有出逃远去才合乎正道。当年我认为你是长子，又有贤德，我曾力主你继承帝位。不曾想到却使你受此连累，被纣王数度猜忌。你如不走，必为其所害，宗祀将无所依托。你不能与我同日而语，快点远走高飞吧。"箕子的分析完全符合此时此刻的形势，自己于义决不可去，而微子则决不可不去，以求商祀不坠。

三人皆沉默片刻，箕子示意微子速速出逃。

自靖，人自献于先王。我不顾行遁。

这句话是箕子默默说给自己的，各安其分，箕子自己是不能离开的。比干以死许国，箕子则自此佯狂。

孔子云："殷有三仁焉。"三者行迹不同，而皆由于义之至正，各得其所。此所以为仁。

十三、周家革了纣王的命

　　本章节重点讲述《尚书》三篇，即《泰誓》《牧誓》《武成》。

　　《泰誓》记载文王死后，周武王准备伐商，与众诸侯会师孟津，在孟津两岸发表誓词的场景。《牧誓》记载两年之后，周武王二度伐商，在牧野发表誓词，之后大军席卷殷商的故事。《武成》即武功大成，记载周武王发兵、攻伐乃至战后退归西岐、马放南山的全过程。

　　其中《泰誓》是《尚书》中争议最多的篇章。《古文尚书》与《今文尚书》篇名相同而内容各异，而且部分今文本舍弃了《泰誓》篇。本书惟恐遗珠仍将罗列过来并分别讲述。《武成》篇未见于《今文尚书》。

⑱ 特殊的葬礼

　　岁月催人老。西伯侯姬昌九十七岁高龄，终于走完了勤奋、兴国的一生。临终他把周武王和众大臣叫到床前，交代后事："我死之后，不必急于发丧。但是一定要坚持走翦灭殷商的道路，光大我周邦。切记切记。"言毕，姬昌一命归西，周朝建立之后姬昌被尊之为文王。这一年正是伐崇侯虎之后的第二年。

　　有人认为这是文王九年，有人认为是文王七年。古代的名分一定有所出处，源头上无可挑剔，不可能像梁山泊一样随便就竖一杆大旗，自立为王。周文王的名号和地位主要是源自纣王。当初周文王被囚，西岐开始活动和

"进贡"，纣王一时收获了四方珍宝和美女。纣王指着美女对周文王说："太多了，太好了。其实有这一个美女，我就足可以释放你的。"而后，纣王又为周文王进一步加官赐爵，赏赐弓矢，使文王有征伐之权。对于这种来自殷商王朝的最高荣誉，谁人不积极标榜呢？因此，文王的年号实际是从这次受封开始的。之所以有文王七年、九年之争，在于此次受封是在断虞芮之讼之前还是之后。所谓九年，认为受封在断讼之前，从断讼之前算起第九年，文王去世。另一种说法认为受封在断讼之后，因此文王去世在文王七年。第三种说法，因为周文王被囚是冤枉的，也许为了恢复名誉，王室可以规定赐爵从断虞芮之讼算起。

在古代，一套严格的、完整的丧葬仪式为三个年头。而太子在先王死后马上登基，此所谓"国不可一日无主"。虽然新王登基，按照夏商周的惯例，新王暂时并不主持政务，他要守丧三年，以示伤悲，以示无心理政。此时的政务交顾命大臣代办。先王死的这一年仍沿用旧年号，第二年开始启用新王的年号。

周文王临终还跟儿子交代了什么呢？关键点就在于筹划自己身后这场葬礼，严格地说，是筹划开创纪元的一场战争。其一，葬礼不同，可以埋葬，但先不入宗庙；其二，不改年号，继续沿用文王某某年；其三，剑指商王朝。

其实，这三个问题是一个目的。不入宗庙，相当于葬礼没有完成。为什么不往下进行呢？因为他跟纣王有世仇，要报仇之后，用殷商的鲜血作为周文王入主宗庙的祭品。不启用新年号，如同周文王还在，似乎仍在听从文王指令。周武王虽然行使国君权力，但是仍维持太子身份，以此明志，以此激励东进伐纣。文王就是这样熬干了最后一滴血。

⑪⑨ 载尸而行

治丧期间，周武王不忘厉兵秣马，大小诸侯前来吊唁者络绎不绝，正是进行秘密沟通的好机会，大家以周文王为宗主，自然同仇敌忾，自愿听从周邦调遣。

两年以后，周武王兴兵伐纣，自称"太子发"，"载尸而行"，以示遵"文王号令"，遇事不敢自专。武王遵父业，不改元，仍然沿用文王年号，一切如同文王临终安排。

"载尸而行"，并非载着周文王的尸体上阵。阅读古代经典，不能停留于字面意思。中国人历来尊重死者，即使普通关系也会认为"死者为大"。而体现尊重的重要一环，就是保护死者遗体。

早期人类不懂得把死者埋葬。后来发现，不埋葬的话，死者尸体会遭到各种各样的破坏，也会给家属带来许多新的伤痛。人们开始将死者尸体埋葬。"葬"字，最初的埋葬也许没有土，而是用草在上下左右全方位掩盖。到殷商时期，视死如生的观点已经深入人心，况且古人对故去的先人除了尊敬，更有畏惧。他们断不敢做任何惊动死者尸体的事。英明之主周武王怎么忍心让父亲的尸首受此虐待呢？还记得伍子胥鞭尸吗？敌人越是对尸体发泄仇恨，越说明生者对于死者尸体的重视。

从技术手段上讲，古代不具备长期存放尸体的条件。冬天尚可，夏天陕西也是炎热的，尸体会不会腐败变质？秦始皇巡游期间死去，李斯秘而不宣，谎称车里拉着鱼蟹之类鲜食。可见仅一次行程，尸体都是受不了的，何况文王已经去世两年多呢。

其实在古代这种礼仪是经常出现的。所谓"载尸而行"是载木主而行，相当于死者的牌位。武王没有把周文王牌位送入宗庙，未入宗庙就相当于依然在位，众人依旧奉命于文王。周武王直接拉着木主就上了战场，他载的是周文王的名义和周文王的精神。

⑫ 古文《泰誓》上

在《古文尚书》里，《泰誓》分为上、中、下三篇。

首先，篇名意义深远。《汤誓》源于商汤，《泰誓》是周武王的誓词，为什么不叫《周武誓》？泰，通"太"，有大的意思。天下三分，周居其二，八百诸侯齐聚，声势浩大。

《甘誓》发生在甘地，《泰誓》发生在孟津，为什么不叫《孟誓》？《泰誓》分为三篇：上篇，发表于会师渡河之前；中篇，渡河工程浩大，渡河之后再次集结队伍同誓词；下篇，是第二天向商郊出发前的誓词。并非一次誓言，地点在津渡两端，孟是否兼有河两岸之地，未可知；况且孟津，文中又有盟津之称。

其次，思想上的空前进步。《泰誓上》云：

> 惟天地，万物父母。惟人，万物之灵。亶聪明，作元后，元后作民父母。

周武王首先确立"立君为民"的思想。天地是万物的父母，也是人类的父母。它生育万物，以厚待万民，人为万物之灵。天地生万民，使万民以尊君王圣主。而天子的责任在于养育万民，以体现天地父母之心。

《汤誓》仅仅说："天命殛之。"商汤没有讲清为什么上天会这样做，其后仲虺、伊尹等人也或多或少地涉及这个命题，但均不如周武王推本天地立君之意讲得透彻。

周武王的誓词，相当于逻辑推理的"三段论"。它的大前提是：君王要恩泽万民，不能不体天地父母之心。

> 今商王受弗敬上天，降灾下民，沉湎冒色，敢行暴虐。罪人以族，官人以世。惟宫室、台榭、陂池、侈服，以残害于尔万姓。焚炙忠良，刳剔孕妇。

纣王的行径如此不堪。这是小前提。

> 皇天震怒，命我文考肃将天威。

这是《泰誓》得出的结论。天地震怒，于是命令我的先君周文王消灭纣王。

⓬ 继承文王之命

天地立君养民，商君纣王慢天虐民，于是天命周文王伐纣。此次兴兵，顺天意，顺民心，救民于水火，绝非好大喜功，更不敢轻言兴师动众。

"大勋未集"，可惜周文王事业未成，中道崩殂。

太子姬发，即周武王，继承文王的事业。他观政于商，发现纣王毫无悔改之心，仍然"夷居"，骄奢淫逸，废弃神祇、宗庙之事，国家混乱。而他居然还自诩："吾有民有命。罔惩其侮。"因此，武王说："今日发兵实在是不得已之事。"

> 天佑下民，作之君，作之师，惟其克相上帝，宠绥四方。

天地生育万民，又指定由君、师来管理养育万民。上天一定选择能够体现天地大德之人来安定四方，行天地父母之心。上天要惩戒纣王，我岂敢违背天的旨意呢？

伐纣，就要战争；战争，就要运筹。《隆中对》刘备求见诸葛亮，曾说："孤不度德量力，欲信大义于天下。"《泰誓》中，周武王也是从这些角度考虑。

> 同力度德，同德度义。受有臣亿万，惟亿万心。予有臣三千，惟一心。

受，即纣王，本名受、受德。周武王居天下之德，得天下之义。从人事而言，纣王团队貌似强大，实际已分崩离析；而我们虽人数不占优势，但万众一心，民心所向，伐商必胜。

> 商罪贯盈，天命诛之。予弗顺天，厥罪惟钧。

天命诛之，我不敢不从。商汤伐桀，"予畏上帝，不敢不正。"武王伐纣说："予弗顺天，厥罪惟钧。"我如不诛杀纣王，我将是与之同罪。

周武王自称：受此重任，我夙夜祇惧，敬文考（文王），祭天神，祀大社，求多方保佑。然后率领大家行天之伐。天地有父母之心，怜爱下民，万民之心必然得到上天的保佑。

周武王沉住气，微笑着，似乎一切艰难险阻都如过眼云烟，一阵风就可以吹散。嘴角的微笑感染着每一个人，正义的力量就是如此强大。周武王继续说道：你们这些诸侯、大臣、士兵，一定要帮助我，"永清四海"，兵贵乘时，时不我待。

⑫ 话仇恨

通观《泰誓》上、中、下，无非就是其一讲道理，其二话仇恨，其三去战斗。

河南誓师，第二天开始依次渡河，在北岸暂住集结。全部渡河后，武王巡视全军，再次誓师，此为《泰誓中》。誓师动员，一定要动之以情，晓之以理，再加一把火。尤其是自己人。前者誓师，出于礼节和尊卑，武王先提及友邦，所以说"友邦冢君，御事庶士"；如今重在责任和义务，战场杀敌，自己人必须走在前边。武王说："呜呼，西土有众，咸听朕言。"立法自身边近人开始，以警众人，武王遣将用兵不违常礼常法。

接下来周武王将重点揭露商纣王的种种罪行。好人总是有做不完的善事，坏人总是有做不尽的坏事。不要指望纣王仁慈、收手。

> 今商王受力行无度，播弃犁老，昵比罪人。淫酗肆虐，臣下化之。朋家作仇，胁权相灭，无辜吁天，秽德彰闻。

武王将纣王劣迹逐一列数。不遵法度；放弃贤臣；亲近小人；酒色淫逸；残害百姓；朋党林立；相互攻伐；流毒天下，有冤无处诉，腥秽之德，显闻于天。

天道福善祸淫，岂容纣王嚣张？天有父母之心，立君以长之，立师以教之，君王应该法天而行。君不见夏桀为虐，于是上天佑命成汤，结束了夏王朝。今天的纣王，较夏桀有过之无不及。

> 惟受罪浮于桀。剥丧元良，贼虐谏辅。谓己有天命，谓敬不足
> 行，谓祭无益，谓暴无伤。

元良，指微子；谏辅，指比干。慢天则天讨之；不敬则事事乖张，处处碰壁；无祭则祖先不佑；暴虐则民心涣散。前车之鉴就在面前，他必将如同夏桀走向灭亡。

誓词铿锵有力。以夏商更迭，喻商纣必亡之理，以明伐商之必克。纣王逆天而行，天理难容！

纣王虽然有亿兆夷人，但是离心离德。我有贤臣十人，却是同心同德。纣王有同宗同祖而不能用；我有众人辅助，虽不是我的亲属，却都是贤能之人，有除暴安民之法。

天未尝有目有耳，以我民为视听，民心即天心。奋扬你的武功，杀到商都去，取了纣王性命。

⑫ 恩威并用

《泰誓上》武王先呼唤各路诸侯；《泰誓中》武王巡视全军；《泰誓下》早晨埋锅造饭，犒赏军士。此皆武王用恩。然而所谓"誓"，必关乎战事，须以威治军。

即将奔赴商郊，周武王第三次发表誓词，此为《泰誓下》。

> 天有显道，厥类惟彰。今商王受，狎侮五常，荒怠弗敬。自绝
> 于天，结怨于民。

天理昭昭，曰仁、曰义、曰礼、曰智、曰信。纣王上则自绝于天，天弃

之；下则结怨于民，民叛之。商纣气数已尽。众人须勉力向前，服从我一人的命令，以儆行天罚。

古人有言曰："抚我则后，虐我则仇。"

爱护、养育百姓，百姓拥戴你才是君王；对百姓施以残暴，百姓就把你当作仇敌。周武王称纣王为"独夫"，孤立无助之人，纣王就是我们的仇敌。他获罪于民，我们共同伐之，并且除恶务尽。

肆予小子诞以尔众士殄歼乃仇。而众士其尚迪果毅，以登乃辟。功多有厚赏，不迪有显戮。

将士们要奋勇当先，歼灭仇敌。杀敌谓之"果"，致果谓之"毅"，努力帮助你们的君王吧。有功的厚赏，违令者斩杀。

本次战争授意于天，有两面旗帜。其一，商朝开国之君成汤。在《泰誓中》云："我伐用张，于汤有光。"周文王是殷商前任帝王家的乘龙快婿，如今纣王胡作非为，他要光复成汤祖业。其二，周文王姬昌。周武王说："呜呼，惟我文考，若日月之照临，光于四方，显于西土……惟我有周，诞受多方。"文王之德，天下归心。周武王尊文王旨意，完成先王未竟事业。

予克受，非予武，惟朕文考无罪；受克予，非朕文考有罪，惟予小子无良。

武王难掩心中的仇恨，要为文王正名，而且有善则称亲，有过则归己。《泰誓中》云："百姓有过，在予一人。"圣人临事而惧，其一，论万古大义，武王则于成汤，任再起之责；其二，论一家世德，武王则于文王，承未竟之业。远则欲无愧于汤，近则欲无忝于文考。

⑫ 三公与符节

前边是《古文尚书》的《泰誓》三篇，自本文起连续五篇文章我们将着重介绍《今文尚书·泰誓》。相对于《古文尚书》，我更热爱《今文尚书》，唯独《泰誓》是个例外，因为它来自民间，之后被加到《今文尚书》当中的。

> 太子发上祭于毕，下至于盟津之上。

太子发，是周武王伐纣时的自称。有《诗经·文王》疏引："文王之戒武王曰：'我终之后，单称太子发，河洛复告，遵朕称王。'"《太平御览》引《尚书中侯》云："予称太子发，明慎父以名卒考。"父死曰考。周武王领兵祭祀于毕地。《后汉书·苏竟传》曰："毕为天网，主网罗无道之君。故武王伐纣，上祭于毕，求助天也。"清代孙星衍案："毕曰罕车，亦可谓之天网，但主弋猎。"① 西为上，东为下，故向东发兵为"下至于盟津之上"。

盟津，即孟津。号称八百诸侯云集于此，周武王登高发表誓词。此为《泰誓》。首先呼叫他的重要官吏，这是上传下达的第一关节。

> 乃告司马、司徒、司空、诸节。

司马、司徒、司空位列三公，为周邦级别最高的大臣。诸节，是各级接受君王符节的官吏和部门。《白虎通义·封公侯》云："司马主兵，司徒主人，司空主地。王者受命为天地人之职，故分职以置三公，各主其一，以效其功。一公置三卿，故九卿也。"又云："司马主兵，不言兵言马者，马阳物，乾之所为，行兵用焉。不以伤害为度，故言马也。司徒主人，不言人言徒者，徒，众也，重民众。司空主土，不言土言空者，空尚主之，何况于实？以微见著。"②

位列三公是作为人臣的最高荣耀，《三国演义》中袁绍、袁术门第最高，

---

① 孙星衍.尚书今古文注疏［M］.北京：中华书局，2014：266-267.
② 班固.白虎通义·封公侯［M］.北京：中华书局，2024：110，112.

号称"四世三公",因此十八路诸侯伐董卓时,袁氏被尊为总盟主。又董卓独揽大权时,能破此局面的是王允王司徒。可见三公权势之大。

古代用兵,多用兵符,以防有诈。既是印信,又是命令,只有符节才能调动军队。《信陵君窃符救赵》只有窃取了兵符,才能去骗晋鄙,才能引晋鄙大军参战。

古代符节是什么样子呢?韦昭注《周礼·秋官·小行》云:"六节,山国用虎节,土国用人节,泽国用龙节,皆以金为之;道路用旌节,门关用符节,都鄙用管节,皆以竹为之。"[①]

《释名》云:符,付也。书所敕命于上,付使传行之也。亦言赴也,执以赴君命也。节者,号令赏罚之节也,皆有司所受也。

因此,周武王宣誓之初,首先明确政令,自三公开始,得令则行。

> 遂兴师,师尚父左杖黄钺,右把白旄以誓,号曰:"苍兕苍兕……"

师尚父即姜子牙,任周邦司马,即总司令。他统领伐纣大军,到孟津之上,杖钺把旄,号其众曰:苍兕苍兕。所谓"苍兕",是传说中水里的怪兽、灵兽,这种怪兽不高兴的时候经常会把过河的船只掀翻。姜子牙具有神力,能与灵兽沟通,他希望大军速速渡河。如不急渡,苍兕会吃掉你们。

⑫ 白鱼异象

渡河开始,各国将士依次登船。在众多船只的护卫下,武王所乘坐的大船最为显眼。武王站在船头,仿佛大军中的一面旗帜。船只行到河中央,忽然一阵清风吹来,武王稍一走神,船侧陡地升起一个大水花,"吧嗒"一声,竟然是一条鱼意外跳到船板上,恰恰落在武王的脚下。出现这种异象,是上天昭示什么呢?周武王跪地将鱼小心翼翼地捧起,登岸燎祭上天,问询旨意。在场

---

① 孙星衍. 尚书今古文注疏 [M]. 北京:中华书局,2014:268.

所有人皆认为属于吉兆，随之一片雀跃。

对于这种异象，后有汉代学者马融认为：鱼者，介鳞之物，兵象也。白色，是殷商之正色。这是殷商兵众归于周邦之象。

汉儒郑康成则认为："白鱼入舟，天之瑞也。鱼无手足，象纣无助。白者，殷正也。"[1] 天意似乎是殷商社稷必将归于武王，但是要等到纣王无助的时候才行。如今仁人尚且在位，只是暂不可伐而已。郑康成还认为，太子姬发得白鱼之瑞，即应天命定号，从此称王。

为什么说鱼为兵象呢？《洪范五行传》云："听之不聪，时则有鱼孽。"介为甲，故以为兵象。

很多学者着意于"鱼无手足"。[2]《仪礼·有司彻》疏引《尚书中侯》云："鱼者，水精，随流出入，得申朕意。"《春秋璇玑枢》曰："鱼无足翼，纣如鱼，乃讨之是也。纣虽有臣，无益于股肱；鱼虽有翼，不能飞。"《论衡·初禀篇》云："文王得赤雀，武王得白鱼、赤乌，儒者论之，以为雀则文王受命，鱼、乌则武王受命。"诸学者以为预示姬发得瑞称王。

此外，还有一种五行说法。《终军传》转注张晏云："周，木德。舟，木也。殷，水德。鱼水物也。鱼跃登舟，象诸侯顺舟以讨。畀武王也。"这是水德的商王朝就要归属以木为德的周朝。

平时祭祀应该用牺牲，此刻到哪里去找全牛呢？周人比殷商脑袋灵活得多，心诚则灵，祭祀活动也相应变化。周武王此次的祭品便是跳入船的那条鱼，不是烧烤吃掉，而是祭给上天。

　　群公咸曰："休哉！"周公曰："虽休勿休。"

休者，美也。大家都认为是吉兆，武王姬发的弟弟周公完全支持哥哥的做法，说："虽然是吉兆，也要恭敬地请示上天。"

---

① 孙星衍.尚书今古文注疏［M］.北京：中华书局，2014：272.
② 孙星衍.尚书今古文注疏［M］.北京：中华书局，2014：273.

⑫⑥ 火中赤鸟

　　周文王临终部署武王伐纣，一切进行得悄无声息。直到武王发兵，伐商大计才展现出来，八百诸侯齐聚孟津，一下子轰动天下。据说当时周邦的势力或影响力占据天下三分之二，可以想见其声势之大。

　　然而，毕竟周武王讨伐的是当朝帝王，纣王拥兵甚众，且勇武无比，大概终纣王一生，此前也从没有打过一次败仗。为此，武王心里也是惴惴不安。

　　怕什么来什么，前者过河时，有鱼跳入船内，此为第一件怪事。登岸第五天，又发生了第二件怪事。

　　君王出征，帐篷要搭成方正的宫殿样子，这便是"帷幄"，君王在里边运筹。幄，王屋也，"屋"与"幄"相通。

　　　　既渡，至于五日，有火自上复下，至于王屋，流为乌，其色赤，其声魄，五至以谷俱来。

　　汉代马融解释：王屋，王所居屋。流，行也。魄然，安定意也。说明武王足以伐纣。《礼记》也说，武王赤乌谷芒，应周尚赤用兵。[①]

　　　　武王喜，诸大夫皆喜，周公曰："茂哉茂哉！天之见此以劝之也，恐恃之。"

　　周公是个非常细致的人，经过认真解读，他认为：所谓"五至以谷俱来"，天意若曰："须假纣五年，乃可诛之。"武王接管政权，此时已有三年，还要再等两年。

　　上次得到白鱼，周武王还有点犹豫，这次又发现赤乌，连周武王也坐不住了，高兴，似乎胜利就在眼前，诸侯、大臣个个欣喜若狂。只有周公半晌默

①孙星衍.尚书今古文注疏［M］.北京：中华书局，2014：288.

不作声，最后自言自语地说："周有盛德，故有此祥瑞，然而天之所劝勉，我辈照此而行，则更需谨慎。"

臣下把周公的谏言承给武王，武王心头为之一惊，方才太情绪化了，险些误了大事。他急忙其身，正正衣冠，毕恭毕敬，甚至瑟瑟发抖地向着赤乌的方向深深一拜。是呀，不能有丝毫的自满和懈怠。尽管八百诸侯陆续汇集孟津，尽管群情激奋，实际上对于能否取胜毫无把握，切不可草率。经过深思熟虑之后，武王还是理智地、果断地做出决策：撤兵。

这次出兵，并没有相接，只是试探了一下天下形势，并借此分析未来走向，史称"观兵孟津"。至于此次退兵，是否与两次异象有关，有什么关联，仁者见仁，智者见智。

⑫ 二度发兵

这一段是《今文尚书》的最后部分，武王大军再次集结孟津。

周武王第一次发兵，"惟九年四月"。时隔两年。第二次发兵，"惟丙午"日出发，到达孟津的时间为"十一年十二月"，仍沿用文王年号。

古人没有其他交通工具，大部队行军，行动迟缓，每天行程为三十里，从镐京至孟津九百里，其间耗时恰一个月。古人出行有一套实用的智慧。比如轻装出行，以官员上任为例，陆路一般按每天四十里计算，水路舟行按照每天二十里。路边驿站也是参照这些行程设立的。所以，陈胜吴广起义，也是无奈。他们的行程也是早就设定好的。遇到大雨，必然延期，延期是砍头之罪。

因为有科学的计算方法，所以第一次出兵看似悄无声息，却能够同一时间齐聚孟津。两年之后的誓师同样准时。

前师乃鼓拊噪，师乃慆，前歌后舞，格于上天下地。

这一次的场面和阵势有所不同，鼓乐齐鸣，歌舞随行。《白虎通义·礼乐》云："乐所以必歌者何？夫歌者，口言之也。中心喜乐，口欲歌之，手欲舞之，足欲蹈之。故《尚书》曰：'前歌后舞，假于上下。'"① 可见周邦在这两年里又积蓄了很多力量。

> 天将有立父母，民之有政有居。

第一次出兵时，周武王的主题尚且是"替父报仇"，这一次出兵明显提高了觉悟。上天将为天下设立新的天子，做万民父母，让万民享受善政，人人安居。

> 武王乃作太誓，告于众庶："今殷王纣乃用其妇人之言，自绝于天，毁坏其三正，离逷其王父母弟。"

在孟津河畔，武王发布太誓，痛陈纣王罪恶，条条都是罪不可赦。"毁坏其三正"，逆天、逆地、逆人。"王父母弟"，都是纣王至亲，尤指微子、箕子、比干之辈，或凋零，或远去，或不用。

> 四方之多罪逋逃，是宗是长，是信是使。

纣王家族里一片混乱，理政更是毫无底线，你看那些作奸犯科的坏人，通过旁门左道爬上高位，竟然纷纷得到纣王的喜爱和重用。

> 乃断弃其先祖之乐，乃为淫声，用变乱正声，怡悦妇人。

音乐是教化民众，引导民风的。而纣王遗弃先祖之乐，专作靡靡之音与妇人淫乐。《史记·殷本纪》云："纣好酒淫乐，嬖于妇人……于是使师涓作新淫之声，北里之舞，靡靡之乐。"②

---

① 班固.白虎通义·礼乐［M］.北京：中华书局，2024：83.
② 司马迁.史记·殷本纪［M］.北京：中华书局，2009：15.

故今予发惟共行天罚，勉哉夫子！

夫子，对大丈夫的尊称。共，恭也。综合以上三条，即远贤臣，近小人，淫乱社会。所以姬发要奉天伐罪，你们要个个奋勇，不要让我三令五申。

⓲ 纣王自毁长城

这是两个顶尖高手的对决。且看周武王，从第一次兴兵开始，他就委托姜子牙做联军的总指挥。《泰誓》云："遂兴师，师尚父左杖黄钺，右把白旄以誓，号曰：苍兕苍兕。"看周武王如何称呼姜子牙——师尚父。可见周武王对姜子牙礼遇有加，师之，尚之，父之。以姜子牙为代表的一帮贤达也是尽心竭力地辅佐武王。还有周公等一帮自家弟兄鼎力支持，不见周公目光独到，见白鱼、赤乌以劝谏退兵吗？周公的睿智与武王的纳谏也是成功的关键之一。此外，八百诸侯齐聚孟津，一片黑压压的人群，矛头指向朝歌，更是说明影响力巨大。

以姜子牙等大臣为例，早在周文王被囚时，那是周邦最落魄的时候，他们众志成城，积极思考对策，成功救出文王。之后又与文王、武王一道，逐步实施灭纣的复仇计划。因此，周武王可以信心满满地说："我有乱臣十人。"乱臣，即治乱之臣。有这十人辅佐，他才有信心打败纣王。

纣王本人非常有才能，但是恃才傲物。想当年，崇侯虎进谏，防患于西伯。而纣王释放文王的时候却说："这一切都是崇侯虎那小子撺掇的。"一句话就把忠臣卖了，后来崇侯虎被西伯攻杀。祖伊进谏，纣王不听，祖伊随之遁去。《微子》篇也记载"殷末三仁"的事迹。纣王终不纳谏，微子离去，箕子佯狂，比干因谏而死。

帝王一旦听信小人之言，或者后宫乱政，就离灭亡不远了。小人或后宫会直接干扰帝王，阻断进贤、用贤之路。据说纣王非常喜欢妲己。妲己想知道孕妇怀的是男孩女孩，那时候没有超声波，纣王就把孕妇抓过来，破腹以示。两条人命就像草芥一样被丢弃。

比干苦谏，惹得纣王蹿火，早已对比干恨之入骨的妲己又趁机挑唆："他不是忠臣吗？我到底要看一看他的心是红的还是黑的。"可怜的比干，竟然被纣王挖了心。

贤能之人，是国家的柱梁。"治国经邦，人才为急。"尊重人才，合理任用贤才，永远是国家治理的重要话题。纣王柄天下之权，而贤能、忠良纷纷远去或被杀，岂不是自毁长城？为什么周武王第一次会草草收兵呢？恰恰是在于纣王身边尚有"三仁"存在。

留住人，用好人。商与周的对比，诚前车之鉴。

⑫⑨ 正义之师

武王伐纣，虽有八百诸侯支持与声援，但是从经济实力和军事力量对比上看，武王之师并不占优势。唯独处于优势的是道义，是民心。

这些人载歌载舞而行，并不完全是严肃的打仗的样子。文明先行，像播种机，像宣传队。部队在商郊牧野做最后誓师陈词，即《牧誓》。其时间为"甲子昧爽"，甲子日天还没有亮的时候。《释地》云："邑外谓之郊，郊外谓之牧，牧外谓之野。"纣都朝歌，牧在朝歌南七十里。古代行军每天三十里，从孟津北岸到牧野大概一百八十里，大概六天行程。如此推算，渡河任务是一天完成的，亦可见人数并不多。

> 王左杖黄钺，右秉白旄以麾曰："逖矣，西土之人！"

古人有讲究，左手持兵器，象征无意于诛杀，而右手持旄却有教育的深意。毕竟是战争，武王要激发士气，并且突出强调军容与纪律。这是一场正义战胜邪恶的战争。

> 称尔戈，比尔干，立尔矛，予其誓。

拿起你的武器，我们一起誓词。武王伐纣，行仁义之师，军械严整，士气高涨而有所约束，不怒而威，不战而屈人之兵。

今予发惟共行天之罚。今日之事，不愆于六步、七步，乃止，齐焉。夫子勖哉！不愆于四伐、五伐、六伐、七伐，乃止，齐焉。

这是《尚书》乃至中国战争史上第一次强调作战阵型。许多学者认为这既是战争需要，也是武王强调仁义的安排，对于纣王队伍，不必穷追猛打。每前进六步，攻伐六七次就要整顿一下阵型，然后再进攻。最大的勇敢不是纯粹的武力，而是威仪和正义。何其威武！战争也有礼仪，从周武王开始延续很多年，比如春秋的宋襄公，这是战争中的文明。郑康成说："好整好暇，用兵之术。"《司马法》云："军以舒为主，虽交兵致刃，徒不趋，车不驰，不踰列，是以不乱。"①

于商郊弗御克奔，以役西土。

这是武王的另一个先进的战争理念。殷商军队中有放下兵器投降的，切不可杀之，而是鼓励他们加入我们的行列。

临战鼓之以勇，更需御众以仁。不能乘胜轻进，也不能盛怒滥杀。尤其是对于投降、俘虏问题，周武王的思想比1949年《日内瓦公约》"不虐待战俘"条款，早了近三千年。

⑬⓪ 血流漂杵

周武王攻伐以礼，执政从善，《尚书·武成》系统记载了武王从兴兵伐纣到退归西岐的几件大事。战争前后两次祭告神灵，申请与汇报；牧野战场，宽大政策；胜利后优抚贤达；退归西岐，马放南山，最后建立大一统的周朝。综述武功之成，因此以"武成"名篇。

惟一月壬辰旁死魄，越翼日癸巳。王朝步自周，于征伐商……

---

① 孙星衍.尚书今古文注疏［M］.北京：中华书局，2014：288.

> 底商之罪，告于皇天、后土、所过名山、大川。

出发之前，将兴兵之事告之于神。文中"一月"是建寅之月，史官仍然沿用殷商正朔。"旁死魄"，即初二。周武王虔诚地提交伐商"申请"，极数商纣之罪恶，告于皇天后土及所过名山大川之神。尽管天下诸侯都追随我们一起伐商，然而兵凶战危，武王还是要报告于皇天后土。敬求诸神保佑。武王率群臣恭恭敬敬地拜手稽首，不敢有丝毫差池。

天下大军从四面八方向孟津集结。戊午孟津会师，癸亥陈兵商郊，甲子日战于牧野。

> 会于牧野。周有敌于我师，前徒倒戈，攻于后，以北，血流漂杵。

牧誓之后，周邦联军军容整齐，器械精良，将士奋勇。而商军虽然人数上占优势，却因为都是从各国抓来的俘虏、奴隶，平时受尽纣王的奴役和盘剥，没有人愿意前进战斗，相反前边的士兵纷纷倒戈，反过来帮助周邦的联军向北攻杀。此一役，商军大败，但毕竟是强大无比的商王朝，毕竟是一向神勇的纣王队伍，战争也是相当惨烈的。

战争就要流血，然而什么才是真实的"血流漂杵"呢？这不可能是夸张修辞。其一，古人记述事件很谨慎，在讲求"仁义"的《尚书》中，史官不会刻意渲染凶残。其二，周武王兴仁义之师，反对过度杀戮。其三，表现武王之神勇的方式很多，如"一戎衣，天下大定"。其四，最重要，"漂"很可能读三声，流血溅到兵器上而掩盖了兵器原本的颜色。因此，并不是夸张到血流成河，能漂走木杵。

一戎衣而天下定，首先得益于周文王为灭商扫平了障碍，积累了丰厚的家底和道义；其次，周武王和众将士，指挥得当，奋勇拼杀，一战克敌。纣王也是个血性汉子，既不逃跑，也不投降，跳入火中自焚而亡。

这就是历史上的牧野之战，周邦"武功已成"。

⑬ 武王善政

武王伐纣，只是推翻了纣王，并不想侵吞商邦，况且当时商邦仍然拥有天下最大的势力，经济、军事乃至文化，周邦均无法完全与商抗衡。这也正是第一次观兵半途退回的原因。

> 及反商政，政由旧。

纣王死了，周武王便让纣王的儿子武庚即位。纣王本来称作帝辛的，如今由帝降格为王。本名叫受、受德，因为他"残义损善"，周武王给他一个最难听的谥号"纣"。武庚继承王位，也许符合纣王的思维。

对于华夏民族来说，武王出世就是及时雨。接下来的两件大事，一件是用人，一件是用财。

> 释箕子囚，封比干墓，式商容闾。

当年纣王残虐，他囚禁的、废弃的贤士，周武王要彻底拨乱反正。老臣箕子首先被放出来了，给予最高的尊重。比干虽然死了，但是要给比干平反，修建墓葬。商容是殷商贤臣，曾经被纣王丢弃在民间渐渐老去。此类贤德不在少数，周武王乘上马车，来到商容居住的乡里，凭轼俯身向贤者乡族致敬。使贤德复位，以保政治清明，以得上层之心。

> 散鹿台之财，发钜桥之粟。大赉于四海，而万姓悦服。

这也是周武王的高明之处。得之于民，用之于民。大赉，普施恩泽。加官晋爵的自然高兴，分到东西的也会欣喜若狂。赈济灾民，救民于水火，万民无不心悦诚服，拥戴武王。再试想一下，鹿台之财和钜桥之粟，是商王朝最重要的国库，几百年的财政收入都在其中。武王彻底剥夺了商王朝的财政。一部分分给商邦的灾民和百姓，一部分犒赏联军，肯定也有相当一部分划归周邦使用和管辖。

贤人微子在哪里呢？他自两年前武王观兵就隐居了，闭门不出。也正是因为他的隐居，才使得武庚承袭了王位。这就是微子所谓"存商祀"。

商邦仍是商邦，区域不变，依旧自治。周武王处理完一切，命令联军各自散去，周邦的军队也退回西岐，只留管叔、蔡叔、霍叔在武庚身边，做武庚的顾问，指导武庚工作。商是绝对的大邦，武王尚无能力将其肢解。留下三个亲近弟兄，起监视、监管作用，毕竟曾经敌对多年。撤军是周武王的姿态，以显示武王没有侵夺殷商的意思，以彰显伐纣只是兴正义之师，替天行道罢了。

⓬ 马放南山

周武王不敢占天下为己有，四月初班师回到周邦。前者伐纣实属不得已而为，以应天下之望；再者周邦并不好兵，惟盼此后天下再无干戈。于是返归牛马，将士解甲归田。太平盛世才是百姓期待，也是武王的宗旨。

> 乃偃武修文，归马于华山之阳，放牛于桃林之野，示天下弗服。

四月中旬，各路诸侯纷纷朝觐武王。如同当年商汤伐夏桀，人心所向，八方来朝，朝觐随之而至。一方面推戴周武王为天子，做天下之主；一方面虔诚地希望受命于周，前朝的任命书已经终止，要重新接受周朝的册封。此等大事自然也要告祭上天以及列祖列宗。

> 丁未，祀于周庙，邦、甸、侯、卫骏奔走，执豆笾。越三日，
> 庚戌，柴望，大告武成。

周邦主祭，远近诸侯"骏奔走"助祭，次第郊、庙之祀，告以武功大成，谢答各路天神护佑。至是，天地、君臣皆归于正统。

有文有质，遍祭祖先，还要歌颂列祖列宗之功德。列祖德业，武王群臣

皆铭记于心，视为楷模。先王后稷有"建邦启土"之功，祖先公刘有"克笃前烈"之功。周武王要重点祭祀。

> 至于大王，肇基王迹；王季其勤王家。我文考文王克成厥勋，诞膺天命，以抚方夏。

大王即太王，古公亶父。周武王自己做了"王"，荣耀要与祖先共享，往上数三代全部追封为王，即古公亶父、季历、姬昌，这是给西岐小邦作出巨大贡献的三位君主。贪天之功不敢据为己有，全赖祖先阴德，才能受命于天，一切顺承先人之志而已。

> 恭天成命。肆予东征，绥厥士女。惟其士女匪厥玄黄，昭我周王。

伐商之际，亦赖众诸侯相助，功不可没，武王一并告于天知。士女，即男女；玄黄，指各种颜色的礼物。上承天命，下顺民心。周之有天下，实由历代祖宗缔造，由来已久，而天命攸归，岂我姬发之功哉？

周武王很欣慰，他完成了几代人的心愿，"天休震动"，革命成功；"用附我大邑周"，远近来朝。这是周邦有史以来第一次勇敢地自称"大邑"，从此以上邦、大邦自居。

> 列爵惟五，分土惟三。建官惟贤，位事惟能。重民五教，惟食、丧、祭。惇信明义，崇德报功，垂拱而天下治。

有功者不仅告知上天，论功行赏才是最实际的。封爵、分土，建官、位事，让圣德贤能各尽其用。同时又在民间大力推行"君臣、父子、夫妇、兄弟、朋友"五伦之教，以及力田足食、死丧、祭祀之礼。从此，周朝建立起高效的管理机制，政治清明，民风也为之一新。

十四、来自前朝的指点

本章节重点讲述《尚书·洪范》，亦名《鸿范》。

《洪范》记载周武王拜会、求教于箕子，箕子给武王讲天地大法，共九大条款，即"洪范九畴"。

⓲ 治天下之大法

武王先告武成，再问天道。箕子是前朝老臣，就是《微子》篇中那位仁厚的老者、太师，他立志在殷商之后永不为官，于是武王只好专程登门拜访。夏商周，中国文化是一脉相承的。前事不忘后事之师，无论经验和教训，都是无上至宝。况且，周武王登基无异于进京赶考，自己尚不知水深水浅。

《尚书·洪范》记载了武王拜见箕子，箕子论政的全部内容。洪，大也；范，法也。即治理天下的大法。

> 惟十有三祀，王访于箕子。

文王十三年，伐纣胜利之后，武王马上拜访贤人，第一位就是箕子。周武王克商而有天下，屈天子之尊，亲就箕子而访之。武王以师礼尊之，重道而忘势，极尽谦卑。称"祀"也是为了尊重箕子的习惯，刻意在特定环境内沿用殷商纪年。

惟天阴骘下民，相协厥居。我不知其彝伦攸叙？

周武王按照商朝礼仪拜见箕子，说："上天德厚，欲万民安居乐业。天佑民而作之君，于是降大任于我。然而我对于治国理政不甚了了，请箕子老师教我，以助我不负君师之任。"

箕子还礼，说："我听说是这样的。在古代，鲧陻洪水，五行错乱，上天震怒，所以不赐予人间'洪范九畴'，您所说的彝伦就败坏了。"五行，即水、火、木、金、土。五行不相协，自然混乱。

箕子接着说："后来鲧被流放，大禹承嗣而兴。大禹治水，上天赐给大禹'洪范九畴'，天下大道才恢复正常。今王欲求彝伦之叙，承天治民，均在九畴之内。"

初一，曰五行；次二，曰敬用五事；次三，曰农用八政；次四，曰协用五纪；次五，曰建用皇极；次六，曰乂用三德；次七，曰明用稽疑；次八，曰念用庶征；次九，曰向用五福，威用六极。

箕子开列九畴提纲，并逐一讲解。

⓭ 天下事皆归五行

古代圣贤凡事总是从哲学高度讲起。古人将天地万物以及万物运行状态等分为五类，即天下事莫不归于五行，五行学说是朴素唯物主义范畴。箕子首先讲"五行"，这是九畴之第一。所谓"行"，即天地万物运行之义。

一，五行：一曰水，二曰火，三曰木，四曰金，五曰土。

五行是很深的学问，是中华哲学与传统文化的基础之一。在古代，五行应用于政治、历法、生活、军事、科技以及迷信等多个方面。依据《白虎通义·五行》的思想，五行约略如下：

水位在北方。北方者，阴气在黄泉之下，任养万物。水之为言准也，养物平均，有准则也。重在"准"字。

火在南方。南方者，阳在上，万物垂枝。火之为言委随也，言万物布施。火之为言化也，阳气用事，万物变化也。重在"委随"，重在"化"字。

木在东方。东方者，阴阳气始动，万物始生。木之为言触也，阳气动跃，触地而出也。重在"触"字。

金在西方。西方者，阴始起，万物禁止，金之为言禁也。其重在"禁"字。

土在中央。中央者土，土主吐含万物，土之为言吐也。重在"吐"字。

水曰润下，火曰炎上，木曰曲直，金曰从革，土爰稼穑。润下作咸，炎上作苦，曲直作酸，从革作辛，稼穑作甘。

从五行的特性上，箕子的讲述最具高度，也最为精练。如"金曰从革"，既包括从的成分，又包括革的含义。五行之间生克制化，变化无穷。

箕子讲五行而未及阴阳，也许当年还没有完整的二元对立统一学说，也许另有原因。

在古代哲学中，与五行学说相提并论的还有阴阳学说。在《洪范》篇中没有提及，而且在之前的篇章中也无明显痕迹。据有关资料，五行学说始自《洪范》，而阴阳学说始自《周易》。二者至战国时期才熔为一炉，由此诞生了以邹衍为代表的阴阳家学派。《周易》这部书由周文王始创，后有周公补充，因此武王拜见箕子时，《周易》尚未完善。

⑬⑤ 敬用五事

字少事大。箕子将万事万物归结为"五行"，又将个人素质要求归结为"五事"。

"次二，曰敬用五事。"突出一个"敬"字。不敬则心失，心失则五事乱，而五行之序亦乱。

二，五事：一曰貌，二曰言，三曰视，四曰听，五曰思。

郑康成疏："此数本诸阴阳，昭明人相见之次也。"江声说："人相见，则先见其貌。既见，则必有言。因其言，则可以知其所视、所听，且可以知其所思。是人相见之次也。"[1] 恰恰人与人相见，逐渐熟识的顺序。

看人不是选美，重点在于知其德。五事当中，先讲要举止端庄，然后再讲举止与品德的关系。

貌曰恭，言曰从，视曰明，听曰聪，思曰睿。

古人聊天深邃，不单说你我该如何，而是讲天下至理，既通用于你我，又可以随意延伸、延展，所有理论都有双向性，这便是古代圣哲的玄妙。《春秋繁露·五行五事篇》云："王者貌曰恭，恭者敬也。言曰从，从者，可从。视曰明，明者，知贤不肖，分明黑白也。听曰聪，聪者，能闻事而审其意也。思曰容，容者，言无不容。"又云："五曰思，思曰容，容者言无不容。容作圣，圣者设也。王者心宽大无不容则圣，能施设，事各得其宜。"[2] 孔子也偏爱于"思"，他的孙子就叫"子思"。孔子说："居上不宽，吾何以观之哉。"

箕子讲五事不仅传授君王的仪容，更是讲治国安邦，之所以箕子冠以"敬用"，尤其是要求周武王摒弃纣王陋习，修身以治人。五事之中，思最为重要。惟有诚敬于思，在貌、言、视、听四方面，才能够时时省察、校正。

君王为万民师表，箕子接下来讲道：

恭作肃，从作义，明作哲，聪作谋，睿作圣。

汉儒衍生其义，颇具道理。郑康成说："君貌恭，则臣礼肃；君言从，则臣职治；君视明，则臣照晢；君听聪，则臣进谋；君思睿，则臣贤智。"看来古代帝王的言行举止都是有大学问的，只可惜后来一些皇帝徒留其形，而失之

---

① 孙星衍.尚书今古文注疏［M］.北京：中华书局，2014：298.
② 孙星衍.尚书今古文注疏［M］.北京：中华书局，2014：299.

于神。聪明的领导一定是形神兼备的。

⓲ 怎样建国的问题

打烂一个旧王朝容易，建立一个新王朝却不简单。手下没有明白人，甚至你都不知道该如何建国。该做哪些事，该设立哪些部门，箕子老师逐一详解。

民以食为天，填饱肚子排在第一位。民安与国泰，永远是相互关联的。所以箕子称之为"农用八政"。

既然是国家大政，就包含多重含义。所谓"农用八政"也叫"厚用八政"和"醲用八政"，"醲"不仅指食物，也包含君主对于臣民的赏赐。国家机器的一切章程和运转无不包括在内。

谈话渐入佳境，箕子开始有点喜欢这位新科天子了，他掰着手指谈八政，这八件事关乎民生、政治，又缘于这八件事而设立相应的部门、安置相应的官员。

三，八政：一曰食，二曰货，三曰祀，四曰司空，五曰司徒，六曰司寇，七曰宾，八曰师。

食，自然是农业机构；货是商务机构；祀是执掌祭祀的官员，周朝的宗伯；司空，掌居民之官；司徒，掌教民之官；司寇，掌诘盗贼之官；宾，掌诸侯朝觐之官；师，掌军旅之官，相当于司马。

商人尤重祭祀。古人认为，首先生养之恩，当思报本，要修祈报、荐祖考，同时祖先神具有超能力，后人心存畏惧，要时时祈求祖先神保佑。

司徒，民之逸居，不可无教，于是有惇典庸礼之政，敷教以化民。只管吃喝，不管教化是不行的。

师，即军事。文德诞敷，武德益振。除暴安民，保家卫国，师旅之责。中国人不好战，但从来不惧怕战争。建设一支现代化、高素质的军队在当今社会依然重要。

箕子八政依据缓急先后的次序。前六政属于内政，以司寇结尾，教化为先，刑罚是不得已而为之。后两政是外交，朋友来了有美酒，敌人来了有猎枪。"近人安，远人格，而后征不庭。"立政之序昭然。尽管如此，君王还要辨别轻重缓急，适时、适势举而措之，以厚民生、强家国。

⓻ 修订历法

每逢改朝换代，都要重新修订历法。这在皇权建立上具有象征意义，即君权是神授，连日月星辰都要为之一新。重新修订历法，确立属于新朝代的正月，这才叫"改正"。

象征意义是一方面，历法的科学意义是另外一个重要方面。准确的农业历法才是民族和国家繁衍、发展、壮大的可靠依据。

基于这两点，箕子提出的第四条就是"协用五纪"。《五行志》云："协为叶。"并转注应劭曰："叶，合也。合成五行，为之条纪也。"天体是协和的，历法展现天体的协和，用来指导人类的协和。

> 四，五纪：一曰岁，二曰月，三曰日，四曰星辰，五曰历数。

岁者，《白虎通义·四时》云："遂也。三百六十六日一周天，万物毕成，故为一岁也。"简单地说，岁者，遂也。《说文》认为："岁，木星也。越历二十八宿。宣遍阴阳，十二月一次。"

武王与箕子会面，武王总是说"祀"；箕子看得真切，他也要尊重武王，特意改称周人所惯用"岁"而不称"祀"。君尊臣为师，而臣不以师自居。君有君道，臣也有臣道。

什么是星辰？马融解释为：星，二十八宿。辰，日月之所会也。

此一节，是理科生的功劳。五纪，《广雅释诂》解释：纪者，识也。纪，如纲之有纪，是天时的统纪、总绳。治历以授人时，因此行为法度有所统纪。天道运行，有寒暑之序，因之以定四时而成一岁，所以纪天运也。岁无不统，故居于五纪之首。

其四曰星辰。据说，星以二十八宿为经，以五星为纬。辰为日月交会之次，周天有十二辰。因其经纬次舍而定之，而星辰于是乎可纪。星辰乃日月所经行，故居其四。

敬天乃勤民之本，君王明于协用之道，则所用之术不违于天，而所施之政不失于时。

历法在古代的重要性是今人所难以想象的。靠天吃饭的农业国度，必然顺天而行，讲科学，依时而动，才能做到刚刚好。翻阅古代典籍，事例比比皆是，应用范围之广，连狩猎、城建、军事等等都需要历法支持。故此治历被箕子列为叙彝伦之先务。

⓲ 做一个好君王

《洪范》共设九畴，箕子特意将"皇极"一节放在至中至正的位置，而且，箕子用了最大的篇幅讲皇极。

中华文化不同于西方文化，西方讲"极"，往往是最高、最大、最强，是超凡脱俗的离心力；而在中华传统文化里，极者，中也，这是极度地内敛，是向心力，是达到至中至正，中庸才是最好，才是"极"。

箕子无心做武王的臣民，但他知道眼前这个人具有雄才伟略，可以不合作，但不可不敬重。他接着武王的话开始讲最重要的环节。

> 五，皇极：皇建其有极。敛时五福，用敷锡厥庶民；惟时厥庶民于汝极，锡汝保极。

正如您方才所说的，君王之责在于养民。德泽天下，赐之五福。比如"五事"，您的"貌、言、视、听、思"皆得其准，莫不得其中，则万民尽皆效法您，取道中正，天下归心，君臣、万民共行守中之道。

皇极之"极"，即《大学》至善之理，所谓"建极"，即明德、新民之止于至善。赐福、保极，都是以修身为本，为民立极。

凡厥庶民，无有淫朋，人无有比德，惟皇作极。

君王德业，皇建有极，政治清明，百姓自然就能消除私心杂念，国家就会增加凝聚力，万众一心，惟君王马首是瞻。

⓭ 建立皇极

如何建皇极并推广于百官、推广于民间呢？箕子开列如下：

凡厥庶民，有猷有为有守，汝则念之。……无虐茕独，而畏高明。

这是选拔人才的手段。有些人潜质好，有谋有为，有所执守，当思念其行有所取舍，此所谓"善者因之"。中等资质的人既不能自觉守中道，也不至于获罪于你，对于这些人您要能够包容他们，他们是可以教导的。进之可以为善，弃之或流于不善。天下本没有智与愚、贤与不肖，耐心化裁，奖惩得宜，皆可引于至善之极。

"无虐茕独，而畏高明。"一善或弃，即为虐；不善偶容，既是畏。这是教育臣子的原则。不轻视寒门，不畏惧豪门，不生偏私之心。

人之有能有为，使羞其行，而邦其昌。凡厥正人，既富方谷。

有能有为之人，要及时奖赏、重用。必须优厚其禄，使无后顾之忧，资助其善行。贤能之人，如果他生活太过拮据，又怎么能和好于家，又何以行善守中于当世呢？而赐福，必须谨慎，滥施福禄，坏人进位则贻害邦国。此为养臣之道。

无偏无颇，遵王之义。无有作好，遵王之道。无有作恶，遵王之路。无偏无党，王道荡荡。无党无偏，王道平平。无反无侧，王道正直。会其有极！归其有极！

无论君王还是臣民，如何守中呢？鉴于纣王之恶，箕子忍不住多啰唆了两句，武王只是听，任箕子宣泄情感。总之，"会其有极，归其有极"，君王要任用守中的大臣；臣子要选择守中之君王。

君王体天而立极，一言一行合于天则。合于天，则感乎民。而臣民得见君王之极，或者臣民之行亦是君王道路之补充。近天子之光，则往往同福同光。譬如盛世，岂止君王一人之功？

⑭ 箕子的识人用人术

皇建有极，建立大中之道，其中势必涉及人的管理。接下来箕子专门介绍如何管理自己、管理臣民的学问。无论是自己还是他人，天资、性情不同，如果想做到守中就要弥补自身短板。教育是守中，护养心性之正；管理是用人的学问，使其自自然然地施展才干。

箕子称之为"乂用三德"。对于人的管理、使用，应掌握如下三种手段。

六，三德：一曰正直，二曰刚克，三曰柔克。

首先要认清一个人的性格。有的人平康正直，属于中平之人。更多的人性格或偏于刚，或偏于柔。性格有所偏者，须自觉校正。郑康成注解："刚而能柔，柔而能刚，宽猛相济，以成治立功。"《汉书·匡衡传》亦云："治性之道，必审己之所有余，而强其所不足。""气之以义，然后中和之化应。"

德者，外得于人，内得于己。据德行言之，三德者，谓天地人之道。中平之人，不刚不柔，中正和平，人道也。刚克，属于天道。柔克，属于地道。

平康，正直；强弗友，刚克；燮友，柔克。沉潜，刚克；高明，柔克。

有极，守中，应该以"平康正直"为目标。手下臣子各有不同，天子如何选择使用他们呢？有的人禀性强硬不可亲近，要用强硬来大力治理；性情柔和的人，治理起来就要适当地平和一些。这是刚克、柔克。

箕子在从政方面有很多经验，也有前朝的教训。他特意提醒：有些例外尤需注意。沉潜者，有的天生磨叽，也要施以"刚克"，鞭子不打不走；还有的人是假磨叽，真小人，这是要防微杜渐的，也必须"刚克"。相反，有的贤能之人，高明怀德，即使他脾气不好，君王也应该施以"柔克"，要有雅量，礼遇有加，妥善处理为上。

《日讲·〈书经〉解义》注云："刚以法天之健，亦君德所尚也……柔以法地之顺，亦君德所兼资也……盖刚柔之用虽异，而纳天下民俗于皇极者，固与正直有同归矣。人君欲彝伦之叙，尚兼体此三德哉！夫惟正直，则无所事克。至于克之为用，阳舒阴敛，其几甚神。然宜刚而刚，即正直中自然之明作；宜柔而柔，亦正直中自然之惇大。则是德之用有三，而人主所以维持皇极，总一德之执中也。"①

性有所偏，行必有所移。于人于己皆然，为君者须知上行下效之理。

何以尽三德之用呢？天子有扬善惩恶的专权。爵、禄、庆、赏谓之福，奉天命以扬善；刑、罚、征、诛之威，奉天讨以遏恶。权非德不立，德非权不行。

⑩ 遇到大事怎么办

古人每遇大事、有所疑问，必问询天意、尊奉天意。如何才能知道上天的旨意？箕子开始讲洪范第七条：稽疑，即卜筮的应用。

《白虎通义·蓍龟》云："龟曰卜，蓍曰筮何？卜，赴也，爆见兆也。筮也者，信也，见其卦也。"②

古代，在卜筮方面有一套完整的理论和程序。据记载，古代先后有三易：

---

① 库勒纳，叶方蔼等.日讲·《书经》解义［M］.爱新觉罗·玄烨钦定版.北京：中国书店，2018：222-223.
② 班固.白虎通义·蓍龟.北京：中华书局，2024：273.

《连山》，似山中出纳气息；《归藏》，万物莫不归而藏于其中；《周易》，是周朝的占卜大法。

> 七，稽疑：择建立卜筮人，乃命卜筮。

首重择人。龟蓍本于五行、阴阳，象数之所在，常人岂能心通其故。占卜的功用在于审知天意，改过迁善。君王不可专信一人，需同时用三人占卜，取大多数，"从二人之言"。

> 汝则有大疑，谋及乃心，谋及卿士，谋及庶人，谋及卜筮。

"稽疑"之法，虽有卜筮，但不可全赖卜筮。箕子是懂得辩证法的人，他嘱咐周武王尽人事，听天命。这是一套完整的抉择疑难的程序，吉凶皆在其内。

《白虎通义·蓍龟》对此解释为："所以先谋及卿士者何？先尽人事。念而不能得，思而不能知，然后问于蓍龟。圣人独见先睹，必问蓍龟何？示不自专也。或曰：清微无端绪，非圣人所及，圣人亦疑之。"[1]

在古代，国家大事，有疑而未决者，必先审理度势，谋于君心。又咨询朝堂卿士，再广询在野之庶民，已经是相当的民主了。至于最后"谋及卜筮"，以卜筮绍天明命，也是那个时代的能力所限。故"稽疑"，必先谋及乃心，行穷理格物之学。可见，古人的迷信也是有限度的迷信。

⑫ 庶征与迷信

> 八，庶征：曰雨，曰旸，曰燠，曰寒，曰风。

---

[1] 班固.白虎通义·蓍龟.北京：中华书局，2024：272.

庶征所提及的都是自然现象。古人靠天吃饭，期待庶征各依时令，期待风调雨顺，期待五谷丰登。殷商甲骨文多有关于种植谷物的卜筮，什么气候适合种什么粮食，有耐寒的，有抗热的，有耐旱的，有抗涝的。显然古人很早就认识到了气候对农耕的作用和影响。

五种气候各有作用，雨以润物，旸以干物，暖以长物，寒以成物，风以动物。如果五种庶征不按时而行止，对于年景的破坏也是相当严重的。

毕竟古人手段有限，对于自然现象只有依从和敬畏。每年都要定期的祭祀上苍，祈求风雨得时而行，祈求丰收，以保国泰民安。然而，上天未必尽如人愿。遇到不顺心的征兆，要懂得预示着什么，要知道该如何应机而动。每到干旱的时候，皇家亲自祈天求雨，等等。

> 曰时五者来备，各以其叙，庶草蕃庑。一极备，凶；一极
> 无，凶。

古人将庶征与五行一一相对，解说异常繁复。郑康成注："雨，木气也；春始施生，故木气为雨。旸，金气也；秋物成而坚，故金气为旸。燠，火气也。寒，水气也。风，土气也；凡气非风不行，犹金木水火，非土不处，故土气为风。"五行有生克制化，庶征也有一定规律，最好是"各以其叙"。过强或过弱，都是不好的，诚如箕子所言："一极备，凶；一极无，凶。"

古人尚不能科学解读"庶征"，迷信地将"庶征"与天意联系在一起。之所以称之为"庶征"，古人认为：天人一理，常相感通。五行之气，运行于天而应于人事，由于是天的威力，所以征验者甚众，故谓之"庶征"。[1]

依时行止的庶征称为"休征"，背离时叙的庶征称为"咎征"。庶征与人事是相关联的。

> 曰休征：曰肃，时雨若；曰乂，时旸若；曰哲，时燠若；曰谋，
> 时寒若；曰圣，时风若。曰咎征：曰狂，恒雨若；曰僭，恒旸若；

① 孙星衍. 尚书今古文注疏［M］. 北京：中华书局，2014：319.

日舒，恒燠若；日急，恒寒若；日雾，恒风若。

庶征各以其叙，说明政治清明，把"肃、乂、哲、谋、圣"做到位了。否则就会出现异常，此时君王就要依庶征来审视自己，是否存在"狂、僭、舒、急、雾"的毛病。因此，古代帝王遇到天灾，往往会下《罪己诏》。

如果君王进德修业，五事皆修，上天是不会用异常天气来惩罚你的。对应庶征，更应该建皇极，一德修，则凡德必修；一气和，则凡气必和。一年四季，上至君王，下至百姓万民，均要时时警醒。

箕子谈庶征，不是单一论气候节令，实在是另一种强调修身养德的说法。箕子认为：休征必历岁而成，故言大以及小，则知省身之倡率自上；咎征即由日而积，故言小以及大，则知省身之无微可忽。

⓭ 最好的事和最坏的事

箕子将人生最好的事情称为"五福"，将最坏的事情称为"六极"。

九，五福：一曰寿，二曰富，三曰康宁，四曰攸好德，五曰考终命。

洪范是箕子讲给周武王的政治大纲，福祸也是政治清明与否的外在表现。福祸的根源都是自己的修为，然后上天给你打分。因此，君王尤其要重视德行。作为洪范之九，君王的福祸直接关乎国家乃至庶民的命运。此外，趋吉避凶也是社会价值观的体现。

关于五福的排列顺序，"身体是革命的本钱"，生存是第一要素，自然排在首位。郑康成说："此数本诸其尤者。福是人之所欲，以尤欲者为先；极是人之所恶，以尤所不欲者为先。以下缘人意轻重为次耳。"

长寿、富足，分列一二。三曰康宁，平安也。四曰攸好德，人皆好有德。五曰考终命，考，成也；终性命，谓此生平安一直到老。个人行好事，君王行仁政，上天赐予的、奖励的，故谓之福。

古人解释：福者，备也。《礼记·郊特牲》云："富也者，福也。"郑注《曲礼》云："富之言备也。"富无所不备，故也有版本以"富"为"五福"之始。

五福皆是好事，与之对应的是六极。六极是人们最不愿意看到的六种最凶的事。

　　六极：一曰凶短折，二曰疾，三曰忧，四曰贫，五曰恶，六曰弱。

凶、短、折是三种最坏的死亡。小孩还没有换牙就死掉了，曰凶；还没有成年曰短；尚未婚配曰折。

古代认为：五事不修，则有六极之事。凶短折，思不睿之罚；疾，视不明之罚。忧，言不从之罚；贫，听不聪之罚；恶，貌不恭之罚；弱，皇不极之罚。

箕子苛责于周武王为人民谋福祉，为西周百姓，为殷商百姓，也为天下苍生进言。但愿周武王永享五福，百姓、万民永享五福。

人们尊崇《尚书》，后人因应五福对君王及臣民又提出了新的理论，以校正其思想行为。王者思睿则致寿，听聪则致富，视明则致康宁，言从则致攸好德，貌恭则致考终命。民皆仁寿，也是君王之福。

这堂课，既是箕子讲给武王的，也是箕子对于未来朝政的期许，也不乏对于武王的祝福。武王一一铭记在心，而箕子似乎多年没有这样痛快淋漓地讲话了，英雄暮年，他也急于将所学所思留在偌大的王国。

十五、周朝初年走钢丝

本章节重点讲述《尚书》三篇文章，即《旅獒》《金縢》《大诰》。

《旅獒》记载周武王面对西戎献獒的事迹，召公依据贡赋原则认为不可接受此类贡品，并谏言周武王慎德。《金縢》记载周武王大病，周公作策书以告祖先神，求代武王死的事情。周公将策书封于金縢之匮。其后周公为流言所谤，周成王启金縢方悟周公之忠诚。《大诰》记载武王死后，武庚和三监联合叛乱，因此周公大诰天下，讨伐逆贼。

《旅獒》未见于《今文尚书》。

⑭ 贡赋的来源

武王夺取政权，民心所向，四方来服，包括边远的蛮夷都翻山越岭前来纳拜，归于周武王的教化。其中西旅之长，千里迢迢，向周武王进贡了一只獒。是不是现在的藏獒呢？也许是。就是这样一只藏獒，在武王朝堂引发了一件影响至深的讨论。

不用说，周武王很喜欢这件贡品，而周武王的弟弟召公姬奭颇不以为然，直面以纳贡之理训诫武王，朝堂上甚至引发了一点骚动。事件完整地被史官记录下来，即《尚书·旅獒》。

明王慎德，四夷咸宾。无有远迩，毕献方物，惟服、食、器用。

关于贡品、贡赋，早在《禹贡》篇就有征收与使用的原则性记载。《禹贡》所涉及的贡品均为当地出品，即"方物"。当地出产什么，就进贡什么好了，除此没有从远方购来再进贡的。本来你不出产这件东西，如果逼着你进贡，那不是强人所难吗？

进贡的数量呢？对于大宗的衣食物品，大约为产量十分之一，以确保纳贡百姓的正常生活不受影响。对于稀缺物品，根据皇家具体用量来决定，用的时候你来进贡，不用的时候就不用进贡了。

过去的规定也很细致。比如谷物，最近的地方所纳贡赋要连秸秆带穗头，完整的一株庄稼，既有人吃的，也有可以喂马、烧柴的。而到距离五百里的地方则只需要缴纳成品米。

自大禹之后，纳贡交赋是天经地义的事。当年商汤要造夏桀的反，拒绝纳贡，夏桀起兵讨伐，没等夏桀大军到来，商汤赶紧收集贡赋送往夏王朝。过了两年，商汤再次拒绝纳贡，夏桀又集结兵马，但是兵马没有集结起来，说明夏桀的凝聚力彻底没有了，气数已尽，商汤一举攻灭了夏桀。此事从反面说明了贡赋的严肃性。

天子要贡品有没有胡来的呢？有。远的不说，纣王囚住周文王的时候，姜子牙一班大臣尽其所能地从各国购买奇珍异宝送给纣王，以求释放文王。纣王见到贡品大喜，指着其中一件贡品——绝色美女，呵呵笑着说："有这一件，就足够了。"西周所献贡品，就已经不完全来自本地了。

在《尚书》记载中，纣王是破坏"贡赋源自当地"原则的第一人，行贿者是周文王手下大臣。事实上，朝贡的混乱绝非一朝一夕之事，随着交通的发展，随着贸易的进步，兼有帝王家天下思想的根深蒂固，早在纣王之前，大禹所设定的贡赋理念已经受到很大的破坏了。周武王新登基，百废待兴，召公明察秋毫，所以仗义执言，入情入理。这也是《旅獒》篇为世代所认可的原因。

召公深知贡赋的正用和反用，不得不防。

⑭⑤ 贡品的选择和用途

关于贡品的用途，从大禹的《禹贡》可以看出，是用来维持皇家及政府体系运转的，天子及其周围的大臣小卒都不许浪费。尽管贡品的管辖权和所有权属于天子本人，但天子也应该是节俭的。没有具体用途的东西是不能向诸侯国索取的，也是不能随意接受的。

中华，礼仪之邦。诸侯朝觐天子，手里也要拿东西的。拜会对方，手里拿着小礼品，这样才叫宾。而不拿小礼品的，称为客。至于远道而来，不曾接受过正统教化的，叫作旅，或认为是不懂礼仪的野蛮民族。本文献獒的西戎就是"旅"。

朝觐天子时，所拿物品有一定的讲究，一定与身份相当。诸侯手捧玉圭，除体现责任重大之外，还有玉的"湿不重，燥不轻"性格。士子阶层，以山鸡为贽，取其不可诱之以食，不可摄之以威，虽死不变其节，表明自己的独立人格。

显然，西旅所进贡的獒不符合以上两种标准，既非日常必需品，又不能表达西旅酋长的品质，是不可以作为贡和贽的。

犬知人心而可使者，古人称之为獒。能不能接受这件特殊的礼物呢？接受一只獒按说也不是大事，西旅客人从远方运来，以体现西旅的归附，也体现周朝对于远方的关怀和仁爱，又似乎不便推却。况且，周武王是很喜欢留下来的。

召公偏要较真，坚决反对，对于兄长，他尽可以任性，直言不讳："如果收下这只藏獒，就会玷污武王的圣德，或者说就有愧于圣君的作为。"

尚俭，是历代圣君所倡导的。大禹训："内作色荒，外作禽荒。甘酒嗜音，峻宇雕墙。有一于此，未或不亡。"今日之獒，是否类于禽荒呢？

君主怀远人，不依靠礼物，而是依靠德性。虽是小事，但不能开此之端，以防微杜渐。西旅之獒是断断不可要的。是非曲直，一目了然。

⑯ 召公论慎德

召公的话已经打动周武王和在场众人，召公还要把事说得更透，以免日后再发生类似的事情。

召公劝武王，首以"慎德"。"明王慎德"，服远人之本在于慎德也。贡献之物，"惟服食器用"，并不敢于此之外另有奇玩异物。让天下人知道君王您所重，在德不在物，虽然是进献来的，也不能接受。言外之意，獒不可以供服食器用，按理该怎么处理呢？您周武王真的不知道这个道理吗？慎德之论可谓拔本塞源。见微知著，防患于未然，近臣格君心正误，谏言不可稍息。而为君者又焉能自我放纵呢？言辞当中既上纲又隐晦，还不过分刺激武王。

王乃昭德之致于异姓之邦，无替厥服。分宝玉于伯叔之国，时庸展亲。人不易物，惟德其物。

贡品不是用来自私的。以慎德昭示天下，所得贡品可以分赐给异姓诸侯，使他们懂得责任与义务。而贡品中宝玉，则只赐给同姓诸侯，让同姓诸侯知道守护重器，思念宗室之责，益厚亲亲之情。君王赏赐物品，亦不在于多，亦不在于贵，"惟德其物"，也是以德为重，彰显精神。显然，旅獒不可颁赐以公天下。

接受旅獒事小，引来四方诸侯效仿事大。务必弃之，也使天下诸侯慎德，引以为戒。

德盛不狎侮。狎侮君子，罔以尽人心；狎侮小人，罔以尽其力。不役耳目，百度惟贞。玩人丧德，玩物丧志。

平日里，君子为您尽心，草民为您出力，皆由您盛德所致。耳目不为珍奇之物役使，事事中节。德者，首重恭、俭二端。恭则不敢慢侮于人，俭则不敢奢取于物。召公提出"玩人丧德，玩物丧志"的观点。所谓"玩人"，狎侮也。《洪范》曾提及五事，貌曰恭，恭作肃。面貌端庄、恭敬，不为外物所引诱，一身正气，这样面对臣子，接受诸侯朝觐，臣子与诸侯才会严肃认真地对待您交代的事情。反之，纲纪废弛。今天，您见了旅獒，面有喜色，西旅会作如何想法？众诸侯接下来该怎么办呢？

⑭ 志以道宁

召公说:"志以道宁,言以道接。"慎德之要又在于内外交修。

君王日理万机,其心为万事之原,更应该坚定意志,慎独而行。如稍有妄动,逐物迁移,必害于大德。故行为举止不可稍有懈怠。合于道,或违于道,是非正误未必立现,所以要慎之又慎。只有清心涵养其德,时时警醒,事事检点,方能不出错、少出错。

召公接着说,不因为无益之事而影响有益之事,"功乃成";不因为贪图奇异之物而浪费实用之物,"民乃足"。

召公还专门提到饲养问题。"犬马非其土性不畜,珍禽奇兽不育于国。"动物都是土生土长的,离开原有的生存环境,动物未必存活,古人不似今人会建个"动物园"的。

> 不宝远物,则远人格;所宝惟贤,则迩人安。

君王之道,应该重视什么?——修德勤政。至于贡品,不以财物为宝,才能以远方诸侯和民众为宝。珠玉珍宝费资甚众,如果君王乐此不疲,会导致诸侯财力枯竭,万民受此所苦。上无征求之扰,则下无采办之劳。如果我王"所宝惟贤",则远方的人了解我王的志向与品行,而附近的臣民感念于您给他们的安宁。得士者昌,谁又见到过用奇珍异宝能辅佐江山的呢?

入情入理,上纲上线,召公之言也是愈进愈切。

纵观历史,玩物丧志的帝王比比皆是。前有夏桀、商纣,后有秦始皇、隋炀帝,均是反面教材。又有《捕蛇者说》《促织》等事例,也在其列。

> 不矜细行,终累大德。为山九仞,功亏一篑。

召公勉武王以慎德之实功。大德乃小德之积。如果小事上不检点,一事偶乖,德则受之损。事无大小,敬无大小,旅獒不可留呀!周道方隆,武王应该夙夜忧勤，以合天心，顺民意，"惟乃世王"。

⑭ 周公用心深妙

攻克纣王的第二年，周武王忽然病了，"弗豫"。天子病重称为"不豫"或"弗豫"，即不复豫政。此时周武王年事已高，日夜操劳，自然吃不消。传说，周文王有百岁之命，周武王命里只有九十岁的寿。后来周文王活了九十七岁，他对周武王说："我给你三岁。"后来周武王真的活了九十三岁。因此，患病这一年刚好九十岁。

对于武王的病，姜子牙、召公等大臣心急如焚，周公也万分不安，他们都在谋划如何让周武王好起来，如何让周朝江山永固。

二公曰："我其为王穆卜？"周公曰："未可以戚我先王。"

周武王病情不见好转，大臣们非常着急。召公和姜子牙私下商议，计划到周文王的灵位前占卜吉凶。穆，敬也。周家列祖世次，左右排列，左昭右穆，王季为昭，文王为穆。穆卜，即卜于周文王庙前。

二人将此事与周公商议，周公说："入庙当行吉礼，怎么可以用疾病祷告来麻烦文王呢？"周公将二公的意见给否了。

原来周公有自己的打算。周朝初立，周王朝还不够安宁，江山还有待巩固。凡事必须考虑大背景。周公何尝不疼爱他的兄长，何尝不忧虑于王朝，他打算恳求祖先，请祖先赐给周武王生命，由他周公自己代替周武王去祖先跟前尽孝。古人迷信，认为地下还有另外一个类似于人间的世界，那个世界具有奇异的、人类不可违抗的力量，武王之所以病一定是那个世界的先人们叫他了，所以周公要代替武王去那个世界行孝。

入庙当行吉礼，只是周公的托词。周公真正的考虑是，当时大背景下，周武王的病情不宜大肆声张。会导致人心动摇，甚至天下大乱。君不见后来的三监之乱吗？几乎颠覆了稚嫩的周王朝。此外二公仅仅占卜安否，并没有别的手段，于事无甚补益。

⑲ 周公至诚

周公主意已定，马上着手工作。

> 公乃自以为功：为三坛，同埋；为坛于南方，北面，周公立焉，植璧秉珪，乃告太王、王季、文王。

周公不同意召公和姜子牙的办法，而自己的办法也不跟别人说，连召公、姜子牙也不告诉，生怕说多了不灵，完全单独行动。他筑土为坛，除地为埋，向太王、王季、文王祷告。太王，即古公亶父、公亶父；王季，即季历。

太王、王季、文王是奠定周朝基础的三位君王，也是离周公最近的三位先人。周公向他们倾诉衷肠，理应得到更好的答复。

周公不允许二公之请，自己做事，一者，自尽忠诚；二者，不至于惊动国人。由此推断，周公礼神，并不注重形式，坛不会太高，埋不会太大，惟心至诚而已。

> 史乃册祝曰："惟尔元孙某遘厉虐疾；若尔三王是有丕子之责于天，以旦代某之身。"

周公如何祷告呢？"你们的元孙周武王得病了，他若有不测，将宗社倾危，天下大乱。我请求代替周武王接受所有灾难。"

以下是周公身代的理由："我能听从你们的话，我多才多艺，能事鬼神。这一点上武王不如我，你们带我走吧。"

"武王受命于天，敷布德教，能安抚我宗社先人和后世子孙，天下臣民也无不敬畏。武王能保我周朝百世，保佑宗社绵远无穷。"

"我以身请代元孙，你们如果答应我，就让元龟来告诉我你们的命令。你们如果不同意我的请求，我乃屏璧与珪。即使三位先王不念及子孙，也应该顾及先王宗祀呀。"

古人认为周公之请，忠心可鉴。不独为君王祷告，不独为兄长祷告，也是为先王祷告，为天下祷告，为百世生灵祷告。不仅祷告，而且并行占卜。

今我即命于元龟，尔之许我……乃卜三龟，一习吉。启籥见书，乃并是吉。

占卜完毕，得遂所请。周公欣慰地说："太好了。我王将没有灾难了。我得到了三王的新命，做保佑江山社稷的大事，保佑武王平安。"

礼仪完毕，周公将简册收入金縢之匮中。第二天，周武工的病果然就好了。

⑩ 避居不只避祸

古代没有"下野"这个词，周朝叫"避居"。

周武王九十三岁，寿终正寝。由成王即位。当时成王年少，周公受命托孤，居辅相之位，代行天子之事。武王的弟弟管叔、蔡叔、霍叔等人就散布流言："周公要篡位了，不利于我们的幼主呀。"

一时流言四起，周公心不自安，又百口莫辩。于是找到召公、姜子牙，说："主少国疑，流言遍布。我如果留在朝堂，会使君臣猜忌，诸侯狐疑，久而久之，担心生变。身为托孤大臣，如果不测将无言面对先王。"周公欲避居东都，即离开朝堂暂行退避。

周公受托孤重任，面对父兄基业，自然不会放任自流。避居前，约见二公，他清楚二公忠心耿耿，可以托付重任。周公思想与二公思想一脉相承，可以确保周王朝不致倾覆。而自己恰恰可以避嫌，去查清流言出处及缘由。避居，则流言自破。

奸人所为，必欲除去周公而行不轨之事。周公避居，由二公保周朝无虞。而奸人很可能暴露下一步计划。待到其计划破败，罪孽昭然，再行征伐也不迟，而且师出有名。

周公把握权柄，本来也可以面见成王，表明心迹，对散布流言蜚语者正罪诛伐,何必先自退去呢?实在是两个方面原因,成王也确实猜忌周公了;周公已经没有什么解释的空间,只有让事实来说话了。

汉代王莽,曾被时人赞为"周公再世",也曾遭流言,王莽也是避居退出。事实证明,虽然退出朝堂,去位不忘其君,权柄仍是牢牢掌握的。周公有这个自信。

避居二年,周公查清流言出处,乃管叔、蔡叔、霍叔以及武庚所为。此时奸人行动已初露端倪。周公作诗《鸱鸮》[1],稍微隐晦地述说此事,揭示三监将贼害社稷,宜早作打算。

虽然成王对于周公的疑忌渐释,但仍未置可否。周公也不急于表白,他心中自有雄兵百万。至于成王,只是先传递一个信号而已,清者自清,浊者自浊。

人与人之间,一旦产生隔阂,很难消除,即或圣主与贤臣,照样有一叶障目可能。无论国家还是企业,万众一心是多么的重要呀。

⓿ 成王迎周公

周公避居第二年秋,庄稼熟了尚未收割的时候,忽然风雨大作,庄稼尽折,大木拔起。满朝皆恐,何以有此异象?

> 秋,大熟,未获,天大雷电以风,禾尽偃,大木斯拔,邦人大恐。王与大夫尽弁,以启金縢之书,乃得周公所自以为功代武王之说。

成王与众大夫皆郑重其事地穿戴朝服,鱼贯而出,任风雨吹打也要探个究竟。此时谣言最盛,都说周公谋反。天意如何?众人将信将疑。人群中有声音说:"这鬼天气会不会是周公作孽呢?"不得不防呀。在成王的带领下,他们撬开周公的办公室,仔细勘验,最后发现了一个包装精美并仔细封好的盒子。

---

① 郝敬.毛诗原解·毛诗序说 [M].北京:中华书局,2021:292.

古人称之为"金縢"。里边一定有秘密。速速打开，以审知天机。展开册书之后，方知周公当年"自以为功、身代武王"之事。怎么会是这样？众皆惊愕。

成王、召公和姜子牙急忙传唤相关官吏，官吏只得如是禀告："确实有这么件事，册书属实，只是周公不许对外言说。"

周公册祝，本来就非常小心低调，唯恐人心动摇。此外，天机不敢泄露。古人认为天理昭昭，保佑忠良。周公之忠诚，能上格天心，而未孚于其君。

在场君臣面面相觑，今天的大风雨难道是为周公鸣冤吗？这是上天在昭示成王呀。

> 其勿穆卜！昔公勤劳王家，惟予冲人弗及知。今天动威以彰周公之德，惟朕小子其新逆，我国家礼亦宜之。

成王执书以泣，深自惭愧。成王连夜东行，亲自登门请罪，迎接周公归国。

君王代天牧民，不可有一丝昏庸，现在周成王猜疑尽释，国家转危为安。天子明白了，天气也为之一变。

> 王出郊，天乃雨，反风，禾则尽起。

成王郊祭，罪己并为周公昭雪。天降喜雨，风反向吹来，之前遭灾的庄稼重新复活、生长。二公命万民重新扶正刮倒的树木，树木重现生机。这一年，年景竟然异常好。

清儒云："为臣之道莫大于忠，为君之道莫大于明。然非成王之明，始虽迷而终能悟，既有周公之忠，亦无由而自白，则君明尤为致治之急与。"[1] 成王与周公这一起乌龙事件，被史家完整记录，给后世治国行政以及经营企业等等诸多启示，为主者须明，为仆者尽忠，上下不疑方能成就事业。

---

[1] 库勒纳，叶方蔼等.日讲·《书经》解义［M］.爱新觉罗·玄烨钦定版.北京：中国书店，2018：246.

⓬ 金滕有疑点

《金滕》虽存于《今文尚书》,亦存于《古文尚书》,然而所记事件历来为世人质疑。明末清初大儒王夫之更是专门著文三篇《穆卜》《居东》《天乃雨反风》,其中《穆卜》列举群疑共计十三处。以下简要陈述。

二公请"为王穆卜",周公何以推辞而"自以为功"?此其一。

若祷于庙廷,周公恐声势太大,人心动摇。周公筑坛除墠,难道就不动摇人心吗?况且君王患病,必延请四方大医,必不能瞒过天下人。此其二。

以二公之贤,与周公同心同德,周公何不与二公言明心事?此其三。

按照古代祭法,本有庙廷,而至野祭,亲疏错乱,王夫之认为"于礼为忒,于情为逆"。此其四。

事先之礼,以西向为尊。人鬼以幽为尚,其异于天神者也。"周公北面,乱阴阳,渎人神。"此其五。

太王、王季、文王,是祖孙三代,按古代规矩应按昭穆设位,不可并列一处。此其六。

古代祈祷与占卜,两种行为不会并行。且祈且卜,岂非亵渎神灵?此其七。

王夫之考据,人鬼之间,天子用珪瓒,公侯用璋瓒。公侯桓珪是诸侯朝觐用的。周公所用何珪?历来说法不一。玉璧是祭祀日月星辰的,并不宜祭祖考。此其八。

册祝之辞本归太祝掌管,不是史官的管辖范围。"命于元龟",卜人也。不用太祝,不用卜人,何也?武王时,太史与太公、召公同心,周公何以与太史密谋,而欺瞒天卜?此其九也。

"金滕之书,当掌之占人,而公乃以属之史而乱其官守?"此其十。

诸史百执事对曰:"公命,我勿敢言。"供职于朝堂,为何不敢言?或恐动摇民心?既得吉卜,何不昌言于众,以释群疑。唯恐二公闻知,所为何事?此其十一。

周公往昔功劳甚著,成王何以见区区册祝之辞而泣?成王之明若此?此其十二。

周公与二公肝胆相照，恐早知周公身代之请。即或不知，见册祝之辞，再次询问有司，此等君臣，不忠也？不智也？此其十三也。

王夫之引孟子语："尽信《书》不如无《书》。"诸多质疑，未必句句事实，也是见仁见智。研读古书，思辨尤为重要。

⓻ 两个太阳

殷商始终为大邦，而西岐发展到太王这一代也只是极为普通的诸侯国。但是，这位太王很聪明，他对内施行仁政，对邻邦或拉拢或打击，赚得一方平安、富足。太王最为厉害的手段，是结交天下权贵，最直接的办法就是攀亲，给儿子、孙子找名门望族的女儿做老婆。

按照殷商的习俗，如果女孩子地位高，男孩子地位低，结婚之后男孩子的地位跟随女孩子的地位。太王的儿子季历就娶了殷商贵族的女儿，因此季历也随之有了等同贵族的身份，得以进入商王朝的权力核心。

季历又有了儿子，太王惊喜地称之为"祥瑞"，这个孩子就是姬昌，后来的周文王。太王积极运作，周文王顺利娶到商天子帝乙的女儿大姒，即纣王的姐姐。因此从某个角度讲，作为乘龙快婿的姬昌，具有与纣王及其一帮兄弟同样的家庭地位和社会地位，甚或有同样的继承权。

然而地位是地位，实力归实力。殷商始终是第一大邦国。周邦只能凭借姻亲关系，通过带兵征伐或者天子赏赐来充实自己的经济和地盘。

在季历与周文王时代，尽管周邦的势力逐渐增强，话语权增大，也仅仅是形成一支最耀眼且最危险的新生力量而已。季历凭借商王朝授予的权力，征伐天下，后来被商王朝猜忌处以极刑。此刻的周邦并不敢发兵，甚至不敢讨要个说法，说到底还是实力不行。后来文王姬昌逐渐有点实力了，稍有不慎也是被纣王轻松打败，被囚禁羑里。此时周邦仍旧没有体面的解救办法，只得施以贿赂、麻痹，丝毫不敢有兵戈之争。

直到武王掌权，周邦不还是要打着周文王的旗号来平添几分"家族内部纷争"的氛围？第一次发兵，气势汹汹而来，会师后又草草收场。胆怯呀。即使第二次出兵，据某些资料显示，正值纣王身边的兵力空虚，而武王仍然惴惴不安，还是被属下劝说着才下定决心的。

纣王自焚，意味着商王朝灭亡吗？事实上，周武王只是逼死了纣王，分了商朝的国库，换了一些较为"友好正直"的官吏而已。商邦的势力范围几乎没有太大改观。同时，商邦的权力移交从纣王移到其儿子武庚手里，武庚也叫禄父。虽然天下之主换了，而殷邦的政权、生活一切照旧。

很明显，在周武王生前，他并没有能力吞下商邦。从季历时代算起，天下就进入"两个太阳"的时代，一个周邦，一个殷商。在武王去世的前后，双方力量达到最为相当。

周武王新亡，武庚趁机复辟。此时武庚仍有东山再起的政治生态和军事实力。不幸的是，他遇到了比周武王更加神勇无敌而且善于治国安邦的周公。武庚就擒，殷商支离，迁徙。

周人也很清楚，至此才真正结束了"两个太阳"的时代，他们才真正成为天下唯一的老大。于是幼主被称为"成王"，周朝大业成于此时之意。

⓹ 各怀心腹事

周公避流言而居东，成王迎归，开始征伐管、蔡、武庚叛乱。有《诗经·东山》笺云："成王既得金滕之书，亲迎周公。周公归，摄政。三监及淮夷畔，周公乃东伐之，三年后归耳。"[1] 周公东征之前，发布诰命，即《大诰》。

这场叛乱被称为"三监之乱"或者"武庚叛乱"，主谋是管叔、蔡叔、武庚。三监为管叔、蔡叔、霍叔。周武王原来是让他们暗中监视武庚的。至于"三监"，史上另有其他说法，此处仅以通行说法为准，其他不做赘述。

以当时的世俗观点来看，周朝取代商朝似乎理由并不充分，周邦的实力也不如殷商。君不见周武王伐纣必须打着文王的旗号吗？只有文王才有继承殷商天下的法理依据。君不见打败纣王之后，周武王并不敢称帝吗？按理说他应该被称为"周武帝"，可惜力量不足，只能拿死去的前朝天子出气，既然我不

---

① 孙星衍. 尚书今古文注疏 [M]. 北京：中华书局，2014：342.

能称帝，你也就不要再称为帝了，原本叫帝辛，硬是被降一格改成恶劣的"纣王"。换言之，殷商之后谁也没有资格称帝。如此操作，虽说是周邦一家之言，但也逐渐成为天下人共识。革命成功之后，管叔、蔡叔、霍叔留在武庚身边。作为三监，与武庚之间和平共处，时间长了，是敌是友，或者亦敌亦友，似乎又不那么清晰。甚至于君臣关系，也都是有可能性的。

周公是周武王时代军事行动的重要组织者和参与者。同时，周公也是三监的兄弟。周公摄位，大命天下，三监长期远离政治核心，难免对周公举止产生猜疑。更何况按照殷商继位程序，是兄终弟及的。且不论周公是否真的有篡位之想，单说这三监，此时是否在窥视大位呢？

三监手里还有一张好牌，就是被他们秘密监视的武庚。武庚是前朝册立的继承人。如果从成汤立朝论起，再没有人比武庚更理直气壮了。商邦与周邦的仇恨长期积压在武庚心头，国仇家恨，焉能不报？目前商邦仍然有相当大的疆土，相当多的人口，相当充足的军需，殷商的政治势力还在，友邦及支持者仍可以凝聚在一起。作为武庚，能没有想法吗？三监给他一个眼神，他就兴奋了。

管叔、蔡叔、霍叔、武庚，四人谁与谁相同呢？也许各不相同，各怀心腹事。只是他们找到了一个共同的敌人——周公。

先是谣言，将周公赶出朝堂。到周公再度摄政之后，他们不得不果断采取行动。箭在弦上，不得不发。

周公摄政，既得成王信任，也是霸气十足，志在必得，来不得半点手软。《尚书》文中"王若曰"即是周公之命，命大事，权代王。《礼记·明堂位》云："周公践天子之位以治天下。"

之所以称之为《大诰》，而不是《誓》，是要诰命天下，讲明白征讨三监和武庚的道理，首先是政治攻势，取得多数人的支持和共识。

⑮ 武庚唯一的机会

如果站在殷商的立场上，他最强劲的对手是武王。如今武王死了，少主即位，少主尚不能通晓政务，不算可怕。辅佐大臣是周公、召公、太公姜子牙等人，以周公为首。周公是三监与武庚的共同敌人。而这个共同敌人，已经被谣言弄得灰头土脸，连召公、太公对此也未必不怀疑。

周公摄政。您可以翻一翻历史，中国历史上有几个摄政大臣不被君王猜忌，有几个摄政大臣有好结果？摄政是最危险的工作。

无论如何，不得不说武庚一伙人选择了最佳时机，也是他们唯一的机会。这是一场你死我活的较量。

首先殷商势力虽然衰减，但主力尚存。如果等下去，只会越来越弱。时机不容错过。

殷商的政治势力还在。毕竟离殷商朝才短短几年时间。周朝势力尚未完全渗透到各个角落。甚至从某些角度讲，殷商还有强于周邦的地方，起码势均力敌。否则周武王也不会对武庚这么"客气"。

三监，作为周邦的一股代表势力，对于周邦执政的下一步举措提出质疑和反对。周邦内部不和，无论出发点如何，这是一支很重要的同盟军。

域内支持殷商、同情殷商的声音不绝于耳。周邦的兴起和王朝的建立，其基础之一就是继承殷商的道统，相当于继承殷商，而非完整意义上的周邦。

即使退一步，承认周王朝的统治地位，周武王处理武庚的问题，也是参照成汤放夏桀的方法。不是杀死夏桀，而是留夏桀承继宗社。在诸侯和大臣当中，如同三监一样，反对彻底革命的声音比比皆是。

献大诰尔多邦越尔御事，弗吊天降割于我家，不少延。

因此，周公形势严峻，他剑眉倒立，正言："无论你是在外执政一方的诸侯，还是在内为官的卿大夫。你们务必看清形势，务必统一认识。武庚造反了！我周王朝命在旦夕！"

⑯ 板荡见忠臣

周公悲愤陈词："天降不祥，武王逝世，今又有武庚叛乱，诚多灾多难之际。路遥知马力，板荡见忠臣。我们现在想的应该是：如何能辅佐我们的幼主，保住周王朝千秋大业。"

> 洪惟我幼冲人嗣无疆大历服，弗造哲，迪民康，矧曰其有能格
> 知天命！

周公缓缓巡视各位重臣、诸侯，又看向远方的百姓，语气深沉而坚定地说："没有明哲之人的辅佐，何以引导万民安康？又怎么能说格知天命呢？大难临头，正是用人之际。"

周公东征，以天命正告天下。古代帝王举事，无外乎上承天命，下顺人心。叛逆之罪，天必讨之，然而周公也是苦于求贤，苦于用人，唯恐过去有所失，唯恐日后有所失。以成王这样的贤主，周公这样的圣相，尤兢兢危惧，周公言语中也有"罪己"之意。恐天命之难保，所以承天而顺人。

> 予惟小子若涉渊水，予惟往求朕攸济。敷贲，敷前人受命，兹
> 不忘大功。予不敢于闭。

周公一方面求贤若渴，一方面激发众人的斗志："我思虑幼主，如涉深水，谁是帮我渡河的人，谁是能够任事、奔走之人！"

"我祖考躬行仁义，大家供职于我先王，受此天命，承继前人之绪，辅佐周邦，天命不可违，岂能忘记周王朝功业，岂能违背于我先王旨意？"

如涉深渊之水，莫测津涯。周朝基业，受之于天，受之于祖宗，千钧重担，不得不承担。我义不容辞，无所逃避，惟有振作，惟有在群臣辅佐之下谨慎前行。至于周公所言承前人之绪，并未讲清楚是殷邦之帝乙，还是周邦之文王、武王，也许兼而有之。在周朝法理地位上，周公含混一点也未必是坏事。

周公说："文王、武王施行仁政，天下太平。不想如今武庚不靖，蔑我王章。犯上作乱者，天地所不容。我们共力讨伐之。"

以上只是周公的开篇词，已经群情激奋。一篇好的檄文，胜过百万雄兵。

⑮ 周公的胜算

从实力上来说，周王朝未必占优势。周公如何分析、预判这场战争？他有多少胜算？周公先谋于同姓，再谋于天下。

> 天降威，用文王遗我大宝龟绍天明，即命曰："有大艰于西土，西土人亦不静，越兹蠢。"

郑康成注云："受命曰宁王，承平曰平王。"我大周朝本是受命于天，先王留给我们大宝龟，它能承绍天命，预知未来。灵龟已经告知我们："大命在我，胜利属于我们。"除此还提醒我们："我西土有大难，有人不安分，有一些蠢动。"这里指周邦内部的三监之流。

古代每逢大事必然占卜，天命不可违啊。占卜程序和断卦，不是平民所能懂的。只有圣贤之人，思维缜密，格知天命，平时思患预防，能防患于未然。所以，一旦有变，圣人有成竹在胸，保江山于无虞。武王之远虑，留下大宝龟，预示未来，大周永固。

> 殷小腆，诞敢纪其叙！天降威，知我国有疵，民不康，曰："予复！"反鄙我周邦。

此是神算，是天意。而武庚一方呢？周公轻蔑地称之为"殷小腆"。那个不值一提的殷商小人，居然恬不知耻地逆天而行，妄称承继殷商既亡之绪。真是连天道顺逆都不懂！天意灭殷！

之前，周朝遭遇不测，武庚乘机藐视我周邦，又有三叔流言，这就能迷惑万民吗？正气存内，邪不可干。外患兴，必乘内衅而起。周公控诉三叔，也是在提醒成王，提醒众大臣、诸侯，同心同德，方能保守基业，方能无坚不摧。

> 今蠢今翼，日民献有十夫予翼，以于敉文、武图功。我有大事！

休？朕卜并吉！

周公手里还有一张王牌，那就是周邦及其友邦的万千臣民。献者，圣也。翼为敬，武为继，图为谋。我周邦有众多贤人辅佐，敬以之往，抚宁民心，以继所谋功绩。你今天叛乱，明天我就会胜利。战事将起，坏事将变成好事，我们也为战事占卜，大吉。人心所向，上天也会成就我们。

周公真的没有吹牛，虽然被动选择了战争，但是他在战争中获胜，而且大大削弱了敌对势力，加强了周朝的中央集权，而且对于建立和推行周文化功不可没。

⒂⒏ 不能姑息养奸

思想必须统一。周公再次呼唤臣民，并痛斥武庚是早该受罚且难逃罪责的"殷逋播臣"。

> 肆予告我有邦君越尹氏、庶士、御事曰："予得吉卜，以惟以尔庶邦，于伐殷逋播臣。"

决不能姑息养奸。你们不同我一起战斗就是我的敌人。你们不要怕战斗多么艰难，不要担心民众的一时疑惑，更不要为三监所蛊惑，这不是兄弟之争，不是邦内争斗。战争的性质是武庚与三监作乱，逆天意，使百姓民不聊生，妄图颠覆天下。

> 艰大，民亦不静，亦惟在王宫、邦君室。越予小子考翼，不可征。王害不违卜？

似乎仍有大臣试图劝止周公出兵。毕竟是周公是代替周成王出征，征伐的对象恰恰是周成王的亲叔叔，武庚按辈分也应该是成王的舅爷家表叔。小辈怎么能与长辈兵戎相见呢？能不能不开战呢？所有劝周公、成王的都是妇人之仁，毫无远见卓识。这些似是而非的言论，岂能迷惑圣明之主？明君不可无倚任以责成功名，又不可无独断以立决几事。关键时刻，要意志坚定，果敢出击。

肆予冲人永思艰，曰："呜呼！允蠢，矜寡哀哉！"

周公解释说："我心系幼主，日夜怜其行路艰难。而三监，于国身为重臣，于家身为长辈，却在做着欺凌鳏寡之事。"

"蒙先王所命，顾命摄政，万千艰难由我承担，为我幼主平定叛乱，我不惜生命。"周公拍着胸脯发誓，人群里也低沉着"杀武庚"的吼声。

义尔邦君越尔多士、尹氏、御事绥予曰："无毖于恤！不可不成乃文考图功。"

他也深切责难避事之臣："顺行臣道，各位邦君，以及各位多士、尹氏、御事，你们应该用行动来安慰我：不必忧虑，成就先王功业！"

《日讲·〈书经〉解义》赞曰："申明人臣之大谊，而词严义正，凛然胜于斧钺。东征之成大功也宜哉。"①

周公顿了一下，接着说："我不敢僭越天命。上天指挥我们讨逆，我们不能不尽力。你们都是先王旧臣，你们也知道先王创业的旧事，你们懂得该怎么做。我也不敢不终祖宗之业，我们必须保周朝太平。"

真的不要存有任何幻想，形势紧迫，立即行动。成就先王功业，拯救四方黎民于水火，我们责无旁贷。

⑯ 尊我先王　爱我幼主

创业难，守业更难。周公说："我哪里不知道东征的艰辛呢？然而我们必须保住先王基业，不得不行此艰难。"

①库勒纳，叶方蔼等.日讲·《书经》解义［M］.爱新觉罗·玄烨钦定版.北京：中国书店，2018：251.

> 若考作室，既厎法，厥子乃弗肯堂，矧肯构……厥父菑，厥子
> 弗肯播，矧肯获。

周公以建房子做比喻，如果父亲画好了图纸，儿子不积极拉土搬砖，房子是起不来的。又如耕田，父亲留下良田百顷，子孙却既不播种，又不收割，照样缺衣少食。没有哪位父亲希望子孙废弃了他的基业的。

武王之基业也是如此，我辈没有推辞的道理。为国家者，非振纪纲，肃法度，上有道揆，下有法守，务以拨乱反正，以成千秋大业。

> 若兄考，乃有伐厥子，民养其观弗救？

周公又说："比如有人来打你的儿子，而你却不但不关心，反而协助恶人，不救自己的儿子，有这个道理吗？如果有，除非这个儿子作恶多端，十恶不赦。"幼主成王理应得到支持和相应；相反，武庚是不会得到殷商先人的庇护。国事如同家事，大义面前，有身不肯恤，有难而不肯避。戡乱之际，周公责令臣民忘私殉国。

武王当年法度严明，今日周公代成王东征，亦将恪守先王成法。我大周臣民能够不晓天命吗？能够不奋力向前吗？惟有三监，祸乱朝政，同室操戈，应依法惩处。群臣当引以为戒。

> 天惟丧殷，若穑夫，予曷敢不终朕亩！

周公拉长声音，如天神之歌："上天的旨意在于灭亡殷商。我就像那农夫一样，前去收割殷商，以顺天意。"

伐灭殷族，周公旗帜鲜明。多难兴邦，这是要成就我们的事业，集休美于祖宗。天意昭然，尔等可违卜而勿征乎？

十六、给殷商做手术

本章节重点讲述《尚书》两篇文章，即《微子之命》《康诰》。

《微子之命》是平息武庚叛乱之后，周公代成王向微子发布的策命，任命微子为宋国国君，接管殷商宗祀。《康诰》是周公代成王向康叔发布的诰命，任命康叔为卫国国君，管理殷商旧民。

《微子之命》未见于《今文尚书》。

⑯ 微子之谜

微子，纣王的庶出哥哥。在《尚书·微子》曾经讲过，那是纣王末期，微子与箕子、比干打过招呼，就离开京城远遁荒野了。当然，远遁荒野并非连爵位都不要了，而是逃离都城，回到自己的封地去生活。有关资料说，武王伐纣之时，微子抱着祭器在路边迎接武王军队。这怎么可能呢？微子的封地在山东东平，东平在朝歌东边三百公里，以当年的行军速度，单程也要二十天之久。况且武王伐纣的路线不会经过此地的。微子又何以迎接武王的军队呢？更有兵不厌诈，武王行动断不能惊动微子。

此外，微子又何尝窃得祭器？假如盗窃这种行为都使得，又如何保宗社不坠？显然，微子只是躲进封地而已。不存在那些不堪的事情，否则微子难以称"仁"。

试想，如果兴冲冲主动迎接敌对势力，那不是叛徒吗？哪个朝代会歌颂叛徒呢？都是平庸文人的信口附会。

在此，还要说一下微子逃离纣王的原因。他作为帝乙的长子，纣王作为帝乙的嫡子，都有继承王位的可能。箕子、比干等大臣曾是微子的支持者，而帝乙更喜欢自己小儿子辛，即纣王，纣王嫡出。二人虽然同父同母，母亲生微子的时候，还没有确立正室，微子是庶出。重视嫡生，也是古代根深蒂固的传统。《三国演义》中，袁绍虽然比袁术有才干，但是袁术为嫡出，所以傲慢，骨子里瞧不起袁绍这位哥哥。

微子和纣王的关系就更复杂了。毕竟有过帝位之争，在纣王眼里，微子永远是他的竞争对手和潜在威胁。微子对于纣王当年的言行，既看不惯又不能说。纣王能容下他，不杀他，就已经不错了。中国历史上类似事情很多，比如汉武帝，他的兄弟十多人无不偷生，中山王刘胜为什么天天喝酒买醉？献王刘德何以埋头整理先秦典籍以度时光？还不是避祸。

武王进入朝歌后，释放箕子，封比干墓，视察问候容间，而后诸侯鱼贯而入接受武王的指派和封赏。武庚接管殷邦事务。此间，独不见微子。微子作为一方诸侯，来没来呢？大概没有来。双方只是形成一种默契，微子继续在前朝的封地上过自己的日子。如果他前来，之前又何必逃走呢？不是忧心于宗社吗？他知道纣王必败，特意把位置预留给武庚，因为武庚是纣王的指定接班人。

至于武庚后来的叛乱，微子起码没有积极合作。大概是继续保持隐居状态，他对于纣王父子始终保持不合作、不背叛的状态。因此，平叛之后，微子受到周公礼遇，并委以重任，从子爵升到公爵，掌管殷邦事务。这便是《尚书·微子之命》的内容。然而史书始终称其为微子，而非宋公，大概是微子的情感依然在于殷商，不在于周。

⑯ 盛赞成汤

周公平息了武庚叛乱，武庚死掉了，谁来继承殷邦的王位呢？古代行攻伐之事，一般不灭人宗社，成汤如此，周武王如此，周公也是如此。在殷商族中还有一位德高望重之人，当年曾经有机会跟纣王竞争帝位，后来一直隐居，此人就是微子。

往昔的殷邦已经不复存在，只留下一拨贵族和一片由周公圈定的封地，周公称之为"宋国"。周公命人把微子从微地请出来。代成王封微子为宋国国君，以奉汤祀。全部过程见《尚书·微子之命》。

> 猷殷王元子。惟稽古，崇德象贤。统承先王，修其礼、物，作宾于王家，与国咸休，永世无穷。

周公有意突出微子显赫的、正统的地位，元子，即长子。"惟稽古"是古时候最高的做事原则和评价。《尚书》中提及"稽古"两字的人并不多，有尧、舜、大禹，都是圣君才配得上"稽古"二字的。你是顺应先人道路的，是懂得大道的人，是崇德象贤的典范。

周公夸赞微子"崇德象贤"，崇谁的德？像谁之贤？是成汤。成汤是殷商的开国之君，是微子的祖先。当然，周朝也极力推崇成汤，其一，成汤确实是一代圣明之君；其二，作为成汤后人的殷邦势力最大，周邦只能与之达成妥协与合作；其三，周朝得天下的法理地位，也离不开殷商皇家一脉，周文王娶了纣王的姐姐才得以地位提高。

周公大意是说，你的祖先成汤，是千古圣君，克备盛德，礼当崇祀。惟汝最具尔祖之贤，故特命汝以主其祀。你要继续秉承你家先王成汤的思想和作为，修身治国，完备其礼法。如今国运既改，殷礼亦将衰落。正如您之前所言，举其废坠，补其残缺，以承宗祀者，微子之命。

> 呜呼！乃祖成汤，克齐圣广渊，皇天眷佑，诞受厥命。抚民以宽，除其邪虐。功加于时，德垂后裔。

周公详述成汤德业，极尽赞美，正言汤德之当崇。齐，无不敬；圣，无不通；广，极其大；渊，极其深。古人云：自其见于治而可大者曰"功"。功勋卓著，四海获益；自其具于身而可久者曰"德"。思想深邃，影响深远。

周公盛赞成汤，实是给微子脸上贴金。而且，丝毫不提及纣王、武庚等不快之事，不拉一点仇恨。周公的语言技巧也是炉火纯青的。

⑯ 任命微子

盛赞成汤之后，周公开始具体交代微子的使命。既然微子当年都接近于殷商的帝位，去做一个小小的宋国国君，还怕做不好吗？何况周朝对微子历来是比较认可的。之所以周公重复交代此事，缘于这是周朝的任命，而非你家殷商的任命。你微子的任务之一，也是最重要的，即守卫汤祀，这不正是你之前所说的嘛。不要因为你的行为举止不当，而牵涉到你的祖先，使得成汤蒙尘，成汤是应该被好好祭祀的。

除了祭祀，还有其他公务。周公接着说：

> 尔惟践修厥猷，旧有令闻。恪慎克孝，肃恭神、人。予嘉乃德，曰笃不忘。上帝时歆，下民祗协，庸建尔于上公，尹兹东夏。

这是称赞微子之贤，你很像你的祖先成汤。我今天赞扬你的德行，你要始终坚守，切不可懈怠。以此德来祭祀上帝，自然上天能明鉴其德，而随时歆享于上；以此德照临下民，自然民怀其德，而祗敬协和于下。所以我封你为上公，由你来治理东方之民。东夏，即宋国，宋国在东方。"建尔于上公"，殷商不是封你为子爵嘛，我今天特意封尔为公爵。爵位提高了，言语中却用了一个不是很庄重的"尔"字，体现上级对于下级的威严，体现天子对于诸侯的施舍。

"恪慎"与"肃恭"，是微子之行之敬。天子之敬足以保四海；诸侯之敬足以守一国。敬为德之舆，神享之，民依之，"敬"可以感通上下。周公劝慰微子养德。

> 往敷乃训，慎乃服命，率由典常，以蕃王室。弘乃烈祖，律乃有民，永绥厥位，毗予一人。世世享德，万邦作式，俾我有周无斁。

周公的话很有力度。微子，去到你的宋国吧，记住要尽职尽责。弘乃烈祖，重在正己，以尽光前之孝；律乃有民，重在正人，敷布周命，教化百姓，以裕后人。

在受命之初，周公还说过一句重要的话："作宾于王家，与国咸休，永世无穷。"如今你是我周朝的诸侯，我是主，你是宾。我周家天下千秋万代，你也"永世无穷"。周公最后又叮咛两句："往哉惟休。"你去就国，我相信你能做好。接着再次嘱咐道："无替朕命。"该做什么，不该做什么，你都清楚，不要废弃我的任命，不要忘了我的话。

⑯ 康叔受封

周公平定了武庚叛乱，实现了对于殷邦的空前的征服。他将殷邦世族进一步肢解分化，其中大陆、少帛、茷、旄旌、大吕划分给卫国。仍旧居住在殷墟，即朝歌。但是这些部族的管辖权已经不在殷邦手里，而是由周公指派的康叔管理。

《史记·卫世家》云：卫康叔名封，周武王同母少弟也。康叔即卫国的第一任国君，卫国是当时的大诸侯。同时，由于康叔地位显赫，康叔又被封为孟侯，即天下诸侯之长。有史料显示，"周公四年三月初三"，康叔接受正式册命。

此时周公开始营建东都洛。毕竟岐镐皆是边远小邑，地处五岳之外。中华民族历来注重中心位置，行为举止力求中庸，所以原有的都城从理论上讲着实欠缺了一些，而且在接受朝拜和巡守等方面也有诸多不便。因此居于五岳之中效率更高，也更具政治意义。

据说周公的"东都设想"得到了四方诸侯的积极响应，大家各显其能，出人出力。周公营洛，以观天下之心。不仅仅是前来服劳役而已，而是体现天下诸侯对于周朝的拥戴程度，以及是否可以安然地入主中原，是否可以彻底取代殷商体系等等。结果显示，时机到了，周公正好借此慰劳各地诸侯、民众，并将新的治国安邦理念公之于众。

四方民大和会。侯、甸、男邦、采卫、百工、播民，和见士于周。周公咸勤，乃洪大诰治。

周公慰问犒劳效命于周者，并代表成王发布"洪大诰治"，即《康诰》内容。

⑯ 继承文王作风

册封仪式，周公端坐朝堂，行天子威仪。群臣及众诸侯居台下，年轻王子面向周公，站在最前面。朝堂外，四方民众人山人海。

周公说："今天册封你为卫国国君。以天下言之，你是诸侯之长，身为至尊；于个人情感而言，你是我的亲弟弟。弟弟呀，你还年少，居此高位，你应该怎么做呢？让我来告诉你吧。"

惟乃丕显考文王克明德慎罚。

我们的父亲文王，是我们学习的榜样。概括文王治国经验，不过"德""刑"两端，你要牢记、遵守。有德之事，务必使之发扬光大；作奸犯科，务必辨明原委，科学地祛除。

德者，人所共慕，而感化人心之本；罚者，人所同畏，而防范人心之具。所谓"明德"，即文王的"缉熙敬止"；"谨罚"，即文王之"视民如伤"。文王的事迹，你应该都记得吧？

天乃大命文王殪戎殷，诞受厥命越厥邦厥民。

积善之家必有余庆。文王不侮鳏寡，既劳且敬，以见我民。更兼修和友邦，才有了我西土的幸福安康。他勤勉务实，声闻于天，上天才赐予我周邦美好。"天乃大命文王"，文王在位而天下大服，施政而物皆听，令则行，禁则止，这是恭行天道，与天合同。

周武王承文王之志，一战翦灭纣王，受天子之命，天下悦服。我受武王托孤，主持局面，责任重大。现将东土封给你，你能享受如此爵位，不可不思念文王、武王缔造周邦之艰辛。

嗚呼！封，汝念哉！今民将在！祗遹乃文考，绍闻衣德言。

周公刻意加重了语气，世事坎坷，让先王做我们的指路明灯。以后要敬述文王，继其旧闻，依其德言。

子孙承受祖先基业，时时念及祖宗创业之难，得其心法，不忘初心，励精图治。牢记历史，走向新的辉煌。

⑯ 学习殷先王

既要继承先王思想，又要切合卫国的实际。你身在卫国，卫国旧属殷邦，殷文化也是学习的对象。前事不忘，后事之师。

往敷求于殷先哲王，用保义民；汝丕远惟商耇成人，宅心知训。

周公告诫康叔，殷商王畿之地，贤哲如云，你与他们为邻。必求殷之贤人、君子、长者，访求其先殷所以兴所以亡，而务以爱民。成汤、伊尹、傅说，其品行德业，长盛不衰，可资借鉴。又可追溯尧舜禹，一脉相承。学习古人，是为了更好地修身养德，更加勤政爱民。

宏于天若德，裕乃身不废在王命。

像上天一样爱护子民，顺应天道，乃宽裕汝身。百姓们高兴了，你就没有什么不足了。

古人非常注重道德。而道德也是一个不断学习、借鉴、提升的过程，所以周公希望康叔遍访先贤，博学之以明德。"明德既积于中，德辉自彰于外。"临民出政，随所施而尽善，你所收获的功业就不会有愧于王命了。

自古圣贤没有不爱民的，你应体会到百姓的疾苦如同发生在你的身上一样。敬天要用至诚之心，是否顺天，考之于万民。题目摆在这里，你是答卷人，人民是阅卷人。此外，民众是需要管理的，尽心去做，勿苟安于逸豫。承天以化民，这才是治民之道。

周公又告诉康叔：管理小民，也难也不难。小民之心，抚我则后，虐我则仇，最为难保。重在如何引导、化解。顺势而为，积极梳理，其基本功还是"明德"二字。

今天封侯，可不是把富贵给了你，而是把百姓疾苦给了你呀，切记切记！

⑯ 仁政与刑罚

所谓明德与慎罚，是文王安邦治民的两个方面。卫国的民众受纣王影响至深，如何加以引导、教化，是施政关键问题，也是周朝面临的大问题。殷民安定，则天下安定；殷民骚乱，则天下动荡。你不见三监之乱嘛？历时三年，费尽艰辛才得平息。作为诸侯之长，既要辅佐我大周君王，又要治国安民。如何使万民祛除旧思维、旧习俗，如何用先进的、革新的西周思想武装头脑，是康叔理政的第一步，周公称之为"作新民"。草民易于因循守旧，但是也不难于鼓舞，把控局面的玄机就在你的手里，关键在于君，在于领导者。

中国古代的法律始自于礼，其法律并非单一技术层面的法律，因此，在执法过程中更强调官员的仁厚之心。周公知道康叔仁厚，仁厚之人是可以做司寇的。既不能姑息养奸，又不能草率行事。周公主张原情以定罪。

> 敬明乃罚。人有小罪，非眚，乃惟终，自作不典，式尔；有厥罪小，乃不可不杀。乃有大罪，非终，乃惟眚灾，适尔；既道极厥辜，时乃不可杀。

明者慎微，智者识机。治罪，要宽严适度，重在教化民众。关于定罪的原则，周公教给康叔以下几点。有的人虽然只是犯了小罪，但并非偶尔过错，而是明知故犯，一辈子都不想改恶习，此等不可不杀。为什么呢？本性恶，思维乖张，杀一儆百。相反，有的人犯了杀人大罪，却是有一定缘由的过失杀人，这样的人，就不要杀人偿命了，适当赦免为好。周公的办案原则影响中国几千年之久，翻看古代卷宗，类似案例屡见不鲜。

古代管理司法的最高官员为司寇，至于地方，则是地方长官代行司寇之事。康叔作为卫国国君，也要监理司法事宜，周公希望他"敬明乃罚"。

> 呜呼。封，有叙时，乃大明服，惟民其勑懋和。若有疾，惟民其毕弃咎。若保赤子，惟民其康乂。

顺势而用刑，君大明则民悦服。恰似明镜高悬呀。执法公允，法纪昭然，则臣民知法守法，远离罪恶与惩罚。

如皋陶当年所说，治民应以教化为先，刑法不得已而用之，刑法的目的在于告诫子民不犯同样的错误。这才是爱民如子，周公称之为"若保赤子"。王鸣盛注云："赤子匍匐将入井，非赤子之罪也。"又注云："以赤子无知，故救之。此言用刑则谓保民，如保赤子。毋令无知陷于罪，如入井也。"[1]

祛除民众身上的恶行，如疾病在自己身上一样，速速施治，除恶务尽。唯恐其不速改。当百姓知道了你的法律禁止，就会有所警醒，就会幡然悔悟。当百姓知道君王提倡什么、宣传什么，他们也会提高认识，鼓舞自新。于是社会为之改观。

仁政与刑罚相辅相成。君王用刑罚者，首倡仁厚之心。辨识轻重，慎刑也，而深知其使用刑罚正是让人民远于刑罚的道理。故而，周公将刑、赏皆归于忠厚。

⒃ 守章法　遵程序

人皆有好恶，有好恶难免有私心。周公告诫康叔，刑杀皆由天讨，不是你自己的权力，你只是代天行刑罢了。即使劓刵小刑，都务必谨慎，不可自专

---

① 孙星衍. 尚书今古文注疏 [M]. 北京：中华书局，2014：364.

任性。你没有任何特权，作为人臣，也要为天子守法呀。

外事，汝陈时臬司，师兹殷罚有伦。

殷商有自己完备的法律制度，而且民众对于本土法律了解较多。于是周公建议康叔以殷罚治殷民。听狱在外朝，"外事"即听狱之事。法律法规也有入乡随俗的问题。殷邦的法律是依据殷邦伦理而制定的，几经殷先哲王修订，符合殷民社会，民众易于遵守，也乐于信从，成必然之势。周公的以殷罚治殷民，恰是因势利导的好做法，也是对于诸侯国及其子民的最大尊重。

以上是法律典章的问题。下面是如何走程序的问题。

断狱者，依据囚徒讼词、辩词来定罪，最担心的是不够详慎而误入于刑。每每此时，须伏案思念五六日，或十日至三月，然后再决断。为避免冤假错案，允许其辩解，要翻来覆去地查实。毕竟死者不可复生，断者不可复续，罚之不可不慎。

用其义刑义杀，勿庸以次汝封。

义刑义杀，不可任其喜怒，不可迁就一己之私。用今天的话，要知道这是公权力，不是你的掌上玩物。至于断案，即使刑杀得当，也不应喜形于色。古人断案，常下车泣罪，得情勿喜。引以自责，看来我的教化还有不足之处呀。

康叔虽年少，却有忠厚之德。周公投以热切期望。你是文王少子，戒用私心。我心我德，你应该知道了吧？

⓰⓳ 周公眼里的大恶

对于普通民众应施行仁政；对于小奸小恶，施以惩戒、教育。世上还有个别大奸大恶之人，必须严惩不贷。什么是罪大恶极呢？

凡民自得罪，寇攘奸宄，杀越人于货，暋不畏死，罔弗憝。

获罪缘由不同，有因他人引诱而陷于罪戾者，其情有可原。如果明知故犯，触犯法律，毫无忌惮，或劫人为寇，或夺人为攘，或在外为奸，或在内为宄，甚至杀人越货，此必是强悍不悛、不畏死亡之人。对待这样的人没有什么客气的，人民无不深恶痛绝，也是圣王都不愿意再多教导的，予以直接诛杀。

元恶大憝，矧惟不孝不友。

周公尤其强调：首恶，为民之大怨，最数不孝不友之人。盖孝、友乃天伦之乐事，人性之本然，油然生于心中，而不能自已。大奸大恶之人，就是连这些人伦、本性都泯灭的人。

有的儿子不侍奉父母，大伤了父母之心；有的父母不爱惜自己儿子，并且痛恨自己儿子的。这两种情况都是父子之伦丧亡。

在一个家中，哥哥往往是替父亲管理家庭的人，做弟弟的应该恭敬哥哥，而弟弟傲慢无礼，丝毫不恭敬兄长；同样，哥哥应该关心弟弟，友爱弟弟，而这个哥哥从不怜惜弟弟年幼，不知友爱。这两种情况违背兄弟伦理。

需要注意的是，虽然父子兄弟不相和睦，也不可谓之同恶，情形各有不同，须区别对待。其中有善者，不当同罪连坐。

周礼重视伦常，重视社会安定，孝悌成为治理社会的重要内容。夫刑者，是教化的补充。刑与教相辅，违犯孝悌是罪不可赦的。

⓪ 周公论吏治

之前讲的是管理平民，以下是对于上流人士的治理。

周公指出，法制应该从吏治、从自身做起。有两种类型：贵胄家子弟、官吏之家臣，常有凭借权势凌驾于地方长官之上的，致使法外有法，法外开恩。有损于国家形象呀。另一种人，身份显赫，却在民间沽名钓誉，行事乖巧。这些人都是陷君王于不义不智，我尤其怨恨之。

不率大戛，矧惟外庶子、训人惟厥正人越小臣诸节。乃别播敷，造民大誉，弗念弗庸，瘝厥君，时乃引恶。惟朕憝。已！汝乃其速由兹义率杀。

人臣是教化民众的，风化所系，纲纪所关，岂容你知法犯法？官员职在上传下达，何以违道干誉？此等事情，应予重罚，"兹义率杀"。

欲流之清，必先洁其源；欲影之直，必预端其表。作为地方长官，不能约束好家人，不能约束下属，无疑是为虐于民，无疑是放弃王命，无德之人何谈治理？周公殷切地望了康叔一眼，说："你是遵守文王之常法的，你懂得如何与民和乐。"

严刑峻法并不能保全国家，惟有日进其德。君王、官吏、贵族作为表率。何况今天的殷民并不循于常道，一旦他们违于道，我周朝就危险了。

周公略带自责地说，如今殷民仍不安静，未能定止其心，未能导之以道，屡未合同。我常常想，难道这是老天在惩罚我吗？我不敢怨天怨民，只能三省吾身，更加尽心竭力。

用康乃心，顾乃德，远乃猷，裕乃以民宁。不汝瑕殄。

中庸之道，既明且哲。周公训诫："敬哉。无作怨。"敬其职守，时刻不要与人民为敌呀。行仁政，敏于德。

"惟命不于常。"有道者天佑之。道善则得之，不善则失之。肩此天命，应牢记我的训诫，明德、慎罚，行安民治民之道，"汝乃以殷民世享"。

十七、周公的禁酒令

本章节重点讲述《尚书·酒诰》。

《酒诰》是一篇关于全社会禁酒的诰命。其中涉及酒的正常功用、为什么禁酒以及如何禁酒，周公以禁酒为切入点，遏止殷商的奢靡之风，并大力推行先进的周文化。

⑰ 禁酒的背后

常常感慨于古代圣贤的智慧，虽然是一件简单的事情，经过他们合理操作，竟能做到事半功倍。比如《康诰》，周公训诫康叔，同时也是说给殷邦百姓的，更是展示给各诸侯国的，同期营洛，以测知天下之心。真正的巧运筹！

如同高手下棋，周公的第二步棋依然精彩，用心深邃。

康叔到卫国走马上任，周公又训诫康叔一件有特别意义的事——禁酒。

殷商地处中原，物产丰富，而且商人历来有经商营家的习俗，所以相对富足。殷商经济发展好，文化及社会风气也随之发生了演变。骄奢是殷商由来已久的问题，早在盘庚时代，盘庚曾为此忍痛迁都，以除痼疾。到了纣王时代，问题就更严重了，酒池肉林，美女珍玩，直至国破身亡。

康叔还是一个年少的孩子，如何管得了殷商旧地呢？周公不得不再想出"禁酒"妙计。第一，因为酒是大家司空见惯的饮品，以此为突破口，影响面最广。第二，周公先假设一个命题：纣王因酒亡国。禁酒是肃清纣王流毒，具有政治意义。第三，才是提倡节俭，爱惜粮食。第四，规范用酒，移风易俗。第五，这也是终极目的，将殷商旧人管理、教化成周朝顺民。

所以，酒只是小话题，做的却是大文章。以酒为切入点，推进相关事情，多方受益。先贤懂得周公之圣明，所以重视《酒诰》并且独立成篇。

⑰ 文王禁酒

在纣王时代，殷商百姓是可以饮酒的，自上而下，习以为常。如果政权一转到周人手里就要禁酒，你总要给个理由吧。

周公对康叔说："禁酒。把我的命令颁布到殷邦的每个角落。禁酒是有道理的。文王自西岐开疆拓土，奠定基业。他曾经不止一次地告诫所属诸侯及臣民不要喝酒，朝夕曰'祀兹酒'，只有祭祀才能用此酒呀。"

文王自己不饮酒，朝夕戒慎，民众随之而化。所谓"祀兹酒"，不但不饮、不随意糟蹋，反而敬慎于酒。祭祀祖先神灵，以体现君子有事不忘本。据说，古有祭祀饮酒之礼。

酒者，就也。这是天下教命，让百姓懂得酒是干什么的，只用于郊、社、宗庙之大祀。

《日讲·〈书经〉解义》云："内而修己，外而治人，莫大于勤、明、敬、慎。多饮，则怠而惰事，昏而丧智，肆而越礼，损德莫甚于此，故圣王切戒之。"①

乃穆考文王肇国西土，厥诰毖庶邦庶士越少正御事，朝夕曰："祀兹酒！惟天降命，肇我民，惟元祀。天降威，我民用大乱丧德，亦罔非酒惟行；越小大邦用丧，亦罔非酒惟辜。"

一旦饮酒，就会受到上天的惩罚。饮酒而失其常，必至越礼败德，而祸乱随之，是即"天降威"。百姓修德励行，方得平安长命。如果因为饮酒而乱

---

① 库勒纳，叶方蔼等.日讲·《书经》解义［M］.爱新觉罗·玄烨钦定版.北京：中国书店，2018：277.

了心志，亏了德行，祸及身家，你能说不是饮酒的罪过吗？奉法修职，诸侯所以保国。如果纵饮而至于肆欲败度，上天震怒，倾覆其邦国，你能说不是饮酒的罪过吗？远近的事例不少，古今的事例不少，不可不戒。文王曾归结为：经常饮酒者，天子失天下，匹夫失其身。禁酒势在必行。

⑫ 酒的功用

前文曾经说过，文王不是讨厌酒，而是视酒为神圣。

周公像教学生一样仔细给康叔讲解：饮酒是有规定的。依照文王的训诫，你我都不能随便饮酒。有政之大臣，有事之小臣，更不得常饮。

至于饮酒，一定是在祭祀活动中才行。天子有事，诸侯前来助祭，有尊卑之义。宗室有事，族人们都来帮忙，有家族之谊。等祭祀结束，宗主要款待前来帮忙的人。宗主将祭祀用的酒分给大家，这才是饮酒的时机。

祭祀是天大的事，古人饮酒用爵，有资格参加祭祀活动的，一定是非常亲近的人，只有他们才能捧到主人家的爵，喝到主人家的酒。这就是古代爵位的由来。

> 文王诰教小子："有正、有事，无彝酒；越庶国。饮惟祀，德将无醉。"

酒是不能多饮的，"德将无醉"。祀礼有让，主人招待你，必定劝你多喝一点，希望你尽兴。虽然你这个时候可以饮酒，但一定要守住自己的德，守住自己的度，存天理，遏人欲，适量则已。这才是正常的交往礼仪。人怎么能被欲望所左右呢？

> 惟曰我民迪。小子惟土物爱，厥心臧，聪听祖考之彝训，越小大德。

中国是农业大国，因此非常重视谷物。土爱稼穑，《礼器》云："天不生，地不养,君子不以为礼。"懂得"锄禾日当午"的艰辛,有仁厚之德,自然要爱惜谷物。酒为糜谷,不是天地间自然生成的,而是经过了诸多工序加工而成,那就更应该珍惜了,不准随意取用。

别把喝酒当小事。大德不逾闲,小德亦无出入,思其纯一。

可见,周文王的训诫既针对大小官员,也针对每一个平民,也尤其注重告诫自己的子孙后代。饮酒虽是小事,但是不注重细节,终将累及大德。禁酒,以爱惜粮食,进而以正人心,进而以化风俗。

如今你掌管殷邦旧土,殷商旧人将是你的股肱之人,你要教育他们专务稼穑,爱惜粮食,不辞辛苦侍奉你的父兄基业,辅佐我周邦。总之,禁酒是所有工作选项的第一步。

⑰ 网开一面

文王训诫禁酒,周公又将其提升为治理卫国的首要环节,那么是不是祭祀之外所有的饮酒都要受到杀伐呢?

不是。中国先有礼法,而法律是建立在礼法基础之上的,所以仍要以礼法伦常为标准。周公禁酒也不例外,仍有网开一面的情况。

殷商自古富庶,家有余物则有了商品生意。历史上商邦是最善于经商的。经商的"商",即商邦之商。《白虎通义·商贾》云:"商之为言商也。商其远近,度其有亡,通四方之物,故谓之商也。贾之为言固也,固有其用之物以待民来,以求其利者也。"[①] 这是行商坐贾的原始定义。

> 惟一妹土,嗣尔股肱,纯其艺黍稷,奔走事厥考厥长;肇牵车牛远服贾,用孝养厥父母。厥父母庆,自洗腆致用酒。

周公说:商人历来经商,常年牵牛车贩运,远为商贾之事,为的是更好地孝养父母。为了父母的节庆和欢喜,稍事铺张,召集家人,致用此酒。其

---

① 班固.白虎通义·商贾[M].北京:中华书局,2024:287.

目的是孝敬父母、和睦家人。这不是沉湎于酒，你不要管他，否则会让他的父母担心，倒是违背于伦理道德。这是周礼的孝道。此外，周公所宽恕的对象是"商贾"，而非殷人，这也是有深意的。

老人老办法，新人新办法。对于年迈老人也要特殊照顾，可以饮酒。《尚书大传》说："古者圣帝之治天下，五十以下，非烝社不敢游饮；六十以上，游饮也。"养老之礼不可废，以引进贤能老成之人。老年人经历丰富，观察事理，多契合中道。因此，礼待贤能，尊敬耆老，辅以宴乐，这是与股肱之臣交流的手段，也是上天施以善德，它能够使你时刻感觉到自己的重要职责，促使你更好地辅佐朝廷。

儿子孝敬老子，国君善待耆老，国家祭祀大典，这是周公列举的三种饮酒的情形，其共通处在于皆以"诚敬"为之，皆中于礼。虽说是网开一面，稍稍宽之，实则严之，更加缜密地划定了饮酒范畴。

⑰ 成汤之所兴邦

禁酒真的这么重要、这么有效吗？周公认为，历史上不仅周文王倡导禁酒以兴邦，而且历代圣君无不如此。

> 封。我闻惟曰：在昔殷先哲王，迪畏天显小民，经德秉哲。自成汤咸至帝乙，成王畏相。

周公叫着康叔的名字讲前朝的故事："我听说往昔殷商先王，个个遵循天道，恪尽职守，爱及小民。行其德，执其敬，从成汤到帝乙，均能成就王道，敬畏辅相。"

周公还认为，在纣王之前，治事之臣皆有恭敬之心，勤于政务，都不敢宽暇逸豫，哪里敢饮酒作乐呢？

早年殷商的兴盛，也是由于历代圣君贤臣努力的结果，他们都勤勉于政，不稍懈怠，更不饮酒。

平心而论，虽然周邦夺取了殷商的天下，但是从法理上周邦还是凭借与殷商的联姻才取得第一桶金的。因此，周朝的兴起，在标榜自己祖先的同时，不得不赞颂殷商历代先王。这也是维持国泰民安，维系周邦与殷邦关系的唯一手段。赞扬祖先的功德，是人人都乐意的。

唯独对于纣王不一样，纣王有错，天怒人怨，我们代天杀伐。在禁酒问题上，也是如此操作。周公告诫康叔，殷商兴亡，实前车之鉴。你就照我说的这样做吧。

朱熹讲"存天理，灭人欲"。天理与人欲此生彼长。敬则不肆欲，肆欲则不敬。修身养性如此，治国更是如此。治国之道，尤须君臣一心，令行禁止。方可风气改观。经德秉哲，推行德政，充满智慧。

> 罔敢湎于酒。不惟不敢，亦不暇。惟助成王德显，越尹人、
> 祇辟。

周公又细数殷商纣王之前的中下层官吏以及平民，皆凛然有所惧，从来不敢沉湎于酒。其实也不是不敢，实在是勤于事务，无暇欢饮。他们所思所想是成就君王的德业，有职者勤于官，无职者勤于德。上下同心，全国一体，所以兴盛。

⑰ 纣王湎酒而丧邦

歌颂过殷商先王，周公话锋一转："可惜殷商数百年基业呀，终究不能永固。皆因为他们的后嗣王——纣王，沉湎于酒。"

殷商历代，君臣皆敬畏，而他们的后代却不能恪守，以至于亡。纣王饮酒作乐，心智迷乱，号令不能昭示于天下。相反，其暴行暴政等结怨于百姓之事，却不胜枚举。虽然忠臣数次谏言，他也丝毫不知道悔改。朝夕之间，因为饮酒而致礼崩乐坏，因为宴乐而致威仪不存，朝堂之上离心离德，万民无不痛心疾首。

从饮酒走上不归路。纣王修建酒池肉林，日夜狂欢畅饮，民怨沸腾犹不知自省，不做稍微改变，一味追求享乐。心为酒所困，日益疯狂，而不知丧亡

将至。殷商的灭亡，罪在哪里？罪在商邑，罪在纣王。

　　　弗惟德馨香、祀登闻于天，诞惟民怨，庶群自酒，腥闻在上，故天降丧于殷，罔爱于殷，惟逸。天非虐，惟民自速辜！

君王受命于天，上天有好生之德，所以君王代天牧民，要将人世间的好景致和馨香汇报给上天。上天会依据你的政绩来行赏定罚。纣王呈给上天的是什么？他拿什么祭祀上苍呢？《周语》云："国之将兴……其德足以召其馨香。""国之将亡……其政腥臊，馨香不登。"① 所谓馨香，非黍稷谷物之味，"惟德馨香"。纣王哪里会有馨香呢？他只有民怨沸腾，只有酒池边的追逐，"腥闻于上"。

这就很危险了。上天降丧亡予殷朝，从此不再爱惜殷朝殷民，"惟逸"，都是纣王追求逸豫惹的祸呀。天有大爱，不会无缘无故地施虐于百姓；殷邦被纣王腐化日久，湎酒之风流毒民间，这也是自取祸端呀。纣王啊纣王，都是因为你呀！

纣王不义。天心仁爱，惩戒殷商是理之必然。周公引用古语："人无于水监，当于民监。"告诫康叔，也告诫自己。在历史面前照照镜子，在人民面前照照镜子。政事有何不足？自己有何不足？需要时时反省呀。"殷鉴不远"，我之所以苦口婆心地说禁酒，唯恐有失，唯恐重蹈覆辙，康叔老弟你可要想清楚，牢记在心，认真贯彻执行呀。

⑯ 禁酒"打老虎"

殷商丧邦，罪在纣王，殃及万民。康叔你尚年少，担此重任尤须谨慎，检点自己是第一位的，坐好你国君的位置，行使好你的职责。下面周公开始部署禁酒的具体操作。重点在于"打老虎"。

---

① 左丘明.国语·内史过论神［M］.北京：中华书局，2013：32.

汝劼毖殷献臣，侯、甸、男、卫；矧太史友、内史友越献臣百宗工；矧惟尔事，服休、服采；矧惟若畴，圻父薄违，农父若保，宏父定辟，矧汝刚制于酒。

那些殷商旧臣，是你合作的力量。尤其要晓谕、治理好他们。献，贤人也。以上都是重臣、权臣以及近臣。其中，圻父，是执掌封圻之兵甲的司马；农父，是稼穑不违于时的司徒；宏父，是保定疆界的司空。虽然都是重臣，但往往不能严格管理自己。你要做官员的表率，官员是民众的表率。有法必严，有法必依。俱有定法，周公命令康叔"刚制于酒"。

自古以来，有坐而论道之臣，有起而治事之臣。上行下效，因此，身为上级官吏，为下级垂范。万众敬仰者犹当身先垂范，你和你的大臣是禁酒的关键。

惟有"刚"能胜欲，祛除嗜好。刚明为人君之大德，用人施政，你不能优柔寡断，不能行妇人之仁。禁酒一事，要郑重其事、大张旗鼓地去做，岂可掉以轻心。

厥或诰曰"群饮"，汝勿佚，尽执拘以归于周，予其杀。

总会有人敢于犯上，而你又不好处理他，比如群饮。你就把他们尽皆押到京师，由我来审定责罚。这个"坏人"我来做。

上自君王、大臣，下到平民，禁酒，不可宽容，以收"令行禁止"之效。然而对于聚众饮酒，属于群体事件，周公尤为慎重，主张于义不轻纵，于仁不滥杀。导民于迁善远恶，才是周公的最终目的。

又惟殷之迪诸臣惟工乃湎于酒，勿庸杀之，姑惟教之。有斯明享，乃不用我教，辞惟我一人弗恤、弗蠲乃事，时同于杀。

禁酒何止一个"杀"字所能解决，需要智慧和步骤。推行一部法令，一定有酝酿和缓冲的过程。殷商旧臣、百工，受纣王时代浸染，或沉湎于酒，首先要进行思想教育，使其悔悟自新。由此亦可见周朝对于科学的重视。如果能遵守我们的法律，我们表扬他，继续封给他爵位；如果不服教化，岂能宽恕？不服从我们的法令，我们怎么能怜惜他呢？怎么能因为一个人来玷污政事呢？杀戮是一定的，是他自找的。

封！汝典听朕毖，勿辩乃司民湎于酒！

马上着手禁酒，周公要求康叔遵守诰命，持之以恒，改变民风，勿使卫国臣民沉于酒。心系于事业，心系于朝廷，自然无暇；心存敬畏，自然不敢犯酒。酒是牵涉国家命运的大事。

十八、矛盾只是家事

本章节重点讲述《尚书》三篇文章，即《梓材》《召诰》《洛诰》。

《梓材》是周公给康叔讲为政之道，以木匠选材作比喻。《召诰》是召公在营洛期间给周成王的谏言，奉劝成王以夏商兴亡为鉴。《洛诰》记载召公、周公营建洛邑新都的大致过程。洛邑已成，周公归政于成王。

⑰ 一则小故事

周公命康叔为卫国国君。因为康叔年少，又对康叔寄予厚望，所以在康叔上任之时，反复对康叔做了很多指示。仅《尚书》中现存的就有三篇之多，《康诰》以周命、周礼布告天下，儆诫康叔敬德、慎刑；《酒诰》虽不是告诫康叔一个人的，却是告诉康叔在严格法律控酒的同时，另有一层政治意义，移风易俗，作新民。最后一篇是《梓材》。以上诰命兼有教诲成王的意图。

司马迁说："周公旦惧康叔齿少，为《梓材》，示康叔可法则。"梓人，即木匠。作为木匠如何选材、用材？是用是舍？然后才是施以规矩、刀斧。物尽其用，人尽其才，合理运筹是贤能国君所必备的。

《尚书大传》里有这样一段故事。伯禽与康叔见周公。伯禽是周公的大儿子，后来的鲁国国君。这叔侄二人大概年龄相近。二人一起拜见周公，见了三次，三次都被周公训斥责打。康叔就有些害怕了，很怕见这位哥哥。

一天，他对伯禽说："听说有个商子，是位贤人，咱们一起去请教他吧。"见了商子，二人说明缘由，商子说："南山之阳有木焉，名桥，二三子往观之。"

康叔和伯禽看过桥木之后，报告商子："我们见到了，高高然在上。"商子说："桥者，父道也。"又说："南山之阴有木焉，名梓，二三子复往观之。"

于是二人又去南山之阴。回来告诉商子："见梓实晋晋然而俯。"商子见二子可教，高兴地说："梓者，子道也。"二三子明日见周公，入门而趋，登堂而跪。

第二天，二人拜见周公。一切如商子之言，进门时小步趋行，登堂则行跪拜礼等等。周公大为惊讶和高兴，亲切地嘘寒问暖，问："你们一定遇到高人了。"二人以实禀告。周公赞许："君子哉，商子也！"[1]

做事要有章法，这就是周公所建立、倡导并一贯秉持的周礼，那是他理想中的民风。欲作新民，首先有身边大臣做起。康叔作为未来的卫国国君，洛邑又地处天下之中，管理殷邦旧民，建立周朝兴盛的重要保障。可谓重任在肩。此外，对于殷邦旧民，如何引导、管理甚至提拔或治罪，都是很棘手的问题，周公不得不提前规划指导。本文名为"梓材"，深知周公苦心呀。

⓻ 木匠似的眼睛

周公告诉康叔：管理的艺术是关于人的艺术。信息沟通是第一位的，首先要建立一个顺畅的信息通道，处处畅通，没有阻塞才行。

> 封，以厥庶民暨厥臣达大家，以厥臣达王，惟邦君。

民众的心声是否能向上传递给基层官吏和士大夫阶层？周公所说的"大家"，包括大夫和卿这个级别。如果民众心里有话都不告诉中下层官员、士绅，或者官员不关心民众声音，或者知道了却不上报君王，这说明基层出了问题。同理，对于国君来说，各级大臣的心声是否乐意传达给君王，这是其一；与此

---

[1] 皮锡瑞. 尚书大传疏证［M］. 北京：中华书局，2022：252.

同时，官员又是君王指令是否能够向下传达的关键。沟通是双向的，举国一体，时时灵动，处处灵动才行。

做到这些并不容易。诸侯王需要建立起高尚的德操，爱民如子，体恤下官，得到臣民的爱戴，得到各级官吏的拥护。如此上下之情方可通畅。康叔作为卫国国君，下有臣民，上有周天子，更是通达其情的关键。信息顺畅，则内外不蒙蔽。人情通达而后才政事通达，这是邦君的责任。感之以德而臣民自化，服之以公而臣民喜悦，你是不是更加感到责任重大了？

> 汝若恒越曰："我有师师……予罔厉杀人！亦厥君先敬劳，肆徂厥敬劳。肆往奸宄、杀人、历人宥，肆亦见厥君事戕人宥。"

治理国家靠德政、仁政。本来卫国就是殷邦聚居地，周公荡平武庚之后，又将大量殷商旧族迁徙至此，交由卫国一并管控、教化。周公嘱咐康叔："切莫搞严刑峻法。你要让民众知道，你不滥杀无辜，他们的君王爱惜人民，特别赏识他们的功劳和优点。"

每逢治乱之际，情况最为复杂。过去的犯人如何处理？古代似乎有天下大赦的习惯。康叔大概也是这样。此外，殷民当中有多少人具有殷商情怀？有多少人参加过对抗周朝战斗？能尽皆杀死了之吗？显然不能。不仅如此，以后很可能还会发生一些不虞之事，也是要宽严适度，原情宽宥之。革除纠法，拒绝残暴，这是周武革命的进步。宽宥之风，自国君兴起，身教重于言教，进而影响官吏，上行下效，相率而成宽大惇裕之政。

> 王启监，厥乱为民。曰："无胥戕！无胥虐！至于敬寡，至于属妇，合由以容。王其效邦君越御事：厥命曷以引养、引恬？自古王若兹监，罔攸辟。"

你是诸侯之长，监管殷民，重在教化引导。如何体现社会的责任呢？如鳏寡孤独，穷而无告者，尤当怜惜，安置好，保合一国之民。先王是怎样教育国君和大臣的？周公自问自答："引养、引恬。"教育子民，带领子民生养休息，进入恬豫之境。国泰民安，这是历代圣贤的终极理想。

⑰ 关于守业

周公说，治理国家跟木匠的工作有点相似。

比如木匠要做一件家具或机器，首先心里要有一个设计样子。由多少个部件形成一个互相匹配的整体，互相连贯、咬合，不得有丝毫松动迟缓。各个部件都要清晰，什么材料适合做什么件，什么形状、什么材质都有讲究。如果把天下比作一台大机器，卫国就是这台机器上的重要组成部分。

机器运转起来，还要时时检修保养。周朝，是奋发图强的朝代。从偏远的西岐，一路踏实肯干，务实操作，才换来别人眼里的高歌猛进。

> 若稽田，既勤敷菑，惟其陈修，为厥疆畎。若作室家，既勤垣墉，惟其涂塈茨。

周公教导康叔：比如种庄稼，要开荒造地，还要深耕、灌溉等等；又如持家，需要垒好院墙，过去多是土房上覆茅草，要定期泥墙面、修房顶。政事也是如此，勤于修复、营建，才能有成。周公的意图很明确，封康叔于卫，同期营建洛都，意义深刻。

> 若作梓材，既勤朴斫，惟其涂丹臒。

这是周公的第三个比喻，文章中唯一一次出现"梓材"二字。汉儒马融注：治木器曰梓，治土器曰陶，治金器曰冶。

> 先王既勤用明德怀，为夹庶邦享作。兄弟方来，亦既用明德。

周公希望康叔明白：先王所创基业，必赖后王善继善述，以光大之。创业难，守业更难。

康叔新得任命，场面严肃而祥和，热烈而质朴，百官致贺之余，也纷纷谏言这位得志少年。大臣们说，您应该以先王明德来驾驭诸侯。不以术驭，不以势禁。类似于统一思想，以君主为中心，天子、皇权至上，建立统一战线等等。此《中庸》之"怀诸侯"也。怀者，爱之而不扰，亲之而不疑。

> 肆王惟德用和怿先后迷民，用怿先王受命。

又有大臣谏言爱民，说：上天把殷商国民和土地赐予先王，今天您要用德政来教化引导这些"迷民"，修德宁民，广施仁爱，构建和谐社会，以完成先王所受之大命。因为有殷商旧民仍日夜思念他们的旧君，时而心怀复辟，所以称之为"迷民"，即糊涂虫，不明智的人。

最后，大臣们一起祈君永命。无尽者，周公之心，康叔之心，大臣之心。通篇《梓材》，虽然题目有些费解，但不外乎两点——怀诸侯，子庶民。以"至公"怀诸侯，可消反侧之端；以"至仁"子庶民，所以继万年基业。

周公曾用盖房子做比喻，此时周公正在营建洛都，这也是"怀诸侯"的大计，周公在此并未明确提出，但是意图也是相当明显的。

⓼ 周礼初演兵

中国是农业国，自古安土重迁。何况是国都迁移，这对于任何朝代都是非常重大的事情。周公、召公欲营建洛都，自然要进行许多祭祀、占卜活动，一套程序有条不紊。此时周礼已经初步形成，恰似周礼初演。《召诰》的第一部分介绍营建洛都的全部流程。

华夏民族是礼仪之邦，所有的礼仪乃至一言一行都是有严格意义的。开篇"惟二月既望"，这里的"二月"仍是殷商朝的历法，仍称殷礼，是不是对殷商还有一份客气呢？所谓"二月"是周朝的一月。为什么不说成周朝历法的一月呢？因为周礼还没有得到普及推广，周公摄政，非正为王，尊而不改。这也是周礼的一部分。只有周公还政之后，第二年才能称为成王元年，才敢称正月，故云："待治定制礼，乃正言正月。"礼数不能乱，要等到成王执政，由成王自己来颁布。

望的繁体字"朢",从臣从月从壬。壬,是朝廷。所谓既望,月满之名,农历的十五日或十六日。这一天,日在东,月在西,日月得以遥遥相望。月满与日相望以朝君,含义自不必言。

这一天,周成王上朝。武王庙在镐,文王庙在丰。成王先祭祀武王,将迁都一事告知武王,营洛也是周武王多年的夙愿。然后虔诚地步行到文庙,再告知文王。营洛是周朝发展、强大的重要步骤,承先志也。此时仍是周公摄政,营洛的主力是周公和召公。老实说,成王此时未必真的有心于此。

接下来,成王派召公先期去洛阳"相土",实地考察。三月初召公抵达洛地。《周官·太卜》云:"国大迁、大师,则贞龟。"召公占卜,得吉兆,于是经之营之,选址选基,城郭、郊庙、朝市一应俱全。占卜以验知天心也。

又过了三天,召公开始在城址上辨方正位,也叫"定官位"。有云:"乃位五宫、大庙、宗宫、考宫、路寝、明台。"南系于洛水,北因于郏山。五天后,"位成"。

次日乙卯,周公也来到洛,详细审定召公的营洛方案。工程开展非常顺利,再次验之于卜,天心顺也,事事顺遂;把劳役分给民众,民众也都乐意去做。尽管如此,周公逐一相其形胜,审其向背,敬慎之至。

地址、地基审核完毕。正式动工建造之前,丁巳日,周公、召公举行郊祭。立郊兆,用特牲祭天,配以后稷,日、月、星辰、先王皆与食。用特牛两头。郊祭不用猪和羊,礼以少为贵。

祭天之后的第二天,又立社祭后土,以句龙配。祭品牛羊猪各一。先祭天,后祭地,将营洛、宅洛一事告知天地神灵,祈求天地的保佑。依据古人习俗,事情越大,越要以简约显示其诚心;如果事情小一点的,则可以慢下来,丰盛一些以显示神灵的高贵。一般说来,郊尊而社卑。

甲子,良辰吉日,周公将所有事情记于竹策。殷民欢欣鼓舞,破土动工。

自成王告奉之日至甲子,历时一个月,还包括路途中十几天。其中上观天意,下察民心,又极尽制度之周详,此皆圣贤举事,为历代君王称道。无论是真的欢欣鼓舞,还是来自周朝的胁迫,殷民都积极参与、努力工作。总之,周、召二公办事果敢、勤勉,而且执行力极强,因此才有如此高效率。

此外，各种政治意义的礼仪，也昭示着天下归周，营洛名正而言顺。

⑱ 准备亲政

自平息武庚叛乱，天下趋于太平，而此时的周成王也渐渐长大，日渐成熟。周公想，是该周成王亲政的时候了。

周公的心思，召公看得一清二楚。周公指导完洛邑的营建工作，留召公守在洛邑主持施工，而自己准备回京复命。虽然居于摄政之位，周公和诸位大臣始终秉持做臣子之心，每逢大事必有回复和请命。

殷邦旧民感念周公的恩德，周公可谓德隆功成。此时周公准备返政，殷人和全国上下无不为周公高德所感动，也为周成王和周朝高兴。

> 太保乃以庶邦冢君出取币，乃复入锡周公。曰："拜手稽首，旅王若公。诰告庶殷越自乃御事。"

召公心领神会，精心组织了一个盛大的仪式，各诸侯为成王进献贡品，以示天下归心。然后召公把周公拉进屋里，将诸侯贡品和自己写给成王的陈谏之辞一并交给周公，说："我之所以拜手稽首这般操作，是遵从成王和您的旨意。今洛邑初营，正是殷民观法之始。"化去殷纣遗风，导之以周礼之风，风从哪里来？来自周朝御事之人。召公所谓"御事"实指周朝最高决策人，即周成王，只是此处未有说破而已。

召公向成王陈词的主要什么内容呢？第一项就是做好准备吧，周公已经计划归政于你，你就要亲政了。

> 呜呼！皇天上帝改厥元子，兹大国殷之命，惟王受命，无疆惟休，亦无疆惟恤。呜呼！曷其奈何弗敬！

召公向周成王陈词："成王呀，您是真正的天子，是万民之首。如今殷商的天命已经转到您的手里了，您拥有无限的美好，也拥有无限的辛劳呀。敬以保命，不敢不敬呀。"

敬，存之于心，不可懈怠。发号施令，时存详审之心；用人纳言，常思壅蔽之虑。君王没有过错，天命才得以凝承。

殷之天命已经完结，而殷之先哲王犹多在天。纣王不道，智者纷纷隐匿，奸佞小人占据朝堂，疾苦流于民间。殷之先王功德不谓不盛，后人岂可恃乎？不见万民哀号吗？悲戚动天。

上天怜悯下民，勉君以敬德做万民之主。周朝应运而生，不可不鉴于殷，"王其速敬德"，以答天意。言下之意，成王您已经成年，应该戒除安逸，奋发图强，成为一代圣君。

纵观夏、商两代的兴替，可以归纳为"天命无常，归于有德"。

⑱ 学会当家

由于是周公还政，召公陈词并未涉及亲政一事，而是直接说将来要做一名圣君。做天下的当家人，并非易事，有德还要有所作为，有一些工作技巧，不得不提醒您呀。

> 今冲子嗣则无遗寿耇，曰其稽我古人之德，矧曰其有能稽谋
> 自天。

召公大意是，虽然继位，您尚年轻。请记住，一定要重用年长老成之人。从他们那里，您能学到古人的智慧，能够了解上天的谋划。即"面稽天若"。古人经验很重要，老人们见多识广，他们能做到心与天通，借助老臣以为敬德之助，则君德日新。召公所谓"寿耇"，应该是贤能的代名词，尊贤敬老，不得自专。

> 呜呼！有王虽小，元子哉。其丕能诚于小民！

以贤能为臣，其目的不过牧民一事。您虽然年轻，但是为元为首，要敷

德于万民。如同《康诰》之"子庶民"。不是说"民心即天心"嘛，不是说"天聪明自我民聪明"嘛，敬德着重表现在"诚民"上，您不是想江山永固嘛，那就执政为民吧。这些小民可不得了，抚之则后，虐之则仇。后人也说"水可载舟亦可覆舟"。古人将平民总结为"至愚而实神"，所以要懂得平民，得民心者得天下，才能永天命。

召公陈词分为五部分：其一，成就大业需要天命；其二，敬德，为天下表率；其三，需要老臣良臣辅佐；其四，要体恤民情，爱民如子；其五，为眼下大事，如何经营洛邑，即未来的都城。

关于治洛，召公的思想与前文思想仍一脉相承。作为顾命大臣，作为成王的叔父，召公有与周公一样的圣明和勤勉，极尽嘱托。

⑱ 治理洛邑

经营洛邑，是现在的事，更是千秋大事。镐京偏于一隅，不是天子所居之地。华夏民族自古尚中，而自古以中原为中，武王、周公以洛为中。

> 王来绍上帝，自服于土中。旦曰："其作大邑，其自时配皇天。毖祀于上下，其自时中乂。"王厥有成命治民，今休。

召公赞成周公对于洛邑的定位，因此他复述给成王听。召公欲成王营建洛邑都城，行敬德诚民之事。如周公言，上荷皇天付托，无愧于天；中庸百神之凭依，无愧于神；下系万民景仰，无愧于人也。

> 王先服殷御事，比介于我有周御事，节性惟日其迈。王敬作所，不可不敬德！我不可不监于有夏，亦不可不监于有殷。

治理洛邑，优先服化殷邦旧臣。让殷人做周朝官员，朝夕共事，节制其骄奢，促其日进于善。如何教化殷邦旧臣呢？还是要依靠君王您，修己以治人。惟有一个"敬"字，贯穿大禹、成汤事业，您也应从这里开始吧。

呜呼！若生子，罔不在厥初生，自贻哲命……王其德之，用祈天永命。

如同管孩子一样，从他懂事就开始教育。勤于教育，习于为善，然后智虑日广，长大以后自然成为善人、完人。因此希望"王其德之，用祈天永命。"敬德不可缓，召公深切叮咛。

如前文所述"诫民"，人君上承天、下子民，政治教化，以德为本。以德化民，君王的德行高洁，小民自当纷纷效仿。

此后，召公说了许多祝福的话，与成王君臣共勉。同时，他还告诉成王，我今天所带领的是您旧日的仇民，如今皆能归顺于您，是您威命与明德感召的结果。我们恭恭敬敬地呈上贡品，以祈天永命。劝勉成王，受命在即，当思永命于子孙。

⑱ 周公还政

以洛为都城最早是周武王的主意，由于当时天下未定，殷邦强盛，武王不便草率行事。直到周公灭了武庚，肢解了殷邦势力，才由周公、召公开始营建洛邑，如武王之志。

启动洛邑，自然应该由天子来主持盛典，一般还要发表重要指示以及推行新政等等。此时，周公已摄政多年，总览全局，如今洛邑规划已定，因此周公开始劝成王亲政，同时申请退隐。这正是成王当政的最佳时机。《尚书》翔实记述了关于洛邑大典、归政于成王的全部过程，名篇《洛诰》。

鉴于古代的施工水平，古代没有什么宏伟建筑，城市人口不是太多，场地乃至都城规模都不会太大。当年盘庚迁都，都城建设一个月，洛邑建设也差不多一个月。所以，古代城建项目完成很快。缘于古代交通很慢，周公既有归政之心，也不得不早做安排。他在占卜、勘验完全套方案后，马上派使者将草图送交成王审阅，并致函成王，恳请成王复位亲政。

信函中，周公首先以臣子身份向成王行拜见礼。"朕复子明辟"，辟，即君王。一语双关，其一，您命我营洛，我来复命；其二，我要归政与您，让您恢复行使君王的权力。我周朝一路走来，文王基命，武王定命，而成王您始终谦卑。我辅佐您直到今日，现在相土洛邑，都邑既定，成王您可以朝诸侯、抚四海了。

周公向成王汇报全部占卜过程，卜洛得吉，今遣使献图。

> ……我二人共贞。公其以予万亿年敬天之休！拜手稽首诲言。

周公摄政，居太师位，成王历来对其尊敬有加。成王拜手稽首，称赞周公办得好，洛邑与镐京相辉映，于时为美。您给予我万亿年敬天之美，我要拜手稽首，恭听您的教诲。成王深谢周公教诲之言，当深思力行，不负周公期望。汉语的魅力就在这里，成王极尽谦卑，愿听从周公教诲，欣然同意亲政。其实，关于亲政的事，召公已经暗示过成王，成王心中有数。周公逐年老去，连年辛劳，又经历三年征战，于公于私归政之期都是越来越紧迫。

周公是个善始善终的人，此番营洛正如周公所言，"其作大邑，其自时配皇天，毖祀于上下，其自时中乂，王厥有成命，治民今休。"此时此刻恰是周公摄政的完美结局，又可作为成王辉煌的起点。

> 周公曰："王肇称殷礼，祀于新邑，咸秩无文。"

关于成王如何出场的事宜，周公已经做过谋划。他告诉成王：洛邑大典仍沿用殷礼。《白虎通义·礼乐》云："王者始起，何用正民？以为且用先王之礼乐。天下太平，乃更制作焉。《书》曰：肇称殷礼，祀新邑。此言太平去殷礼。"仪式完毕，才开始施行周礼。

周礼尚文，而殷礼尚质。洛邑本次典礼，应突出质朴虔诚，按照尊卑顺序依次进行。

敦厚、大气的洛邑大典昭示着商朝的彻底覆灭，昭示着周朝的完美绽放，彻底地改朝换代。从此，成王为天地神人之主，此番祭祀遍告天地山川，祭祀所有能想到的天地之神，晓谕神灵、百姓。因为这是惊天动地的大事。

周公还告诉成王："您带上所有大臣一起来鉴证'成周'吧。我已经——

记下营洛过程中的功臣，您届时论功行赏，让他们一起参加祭祀，感受施予他们的荣耀。"

⑱ 驭诸侯　裕庶民

亲政从这里开始。不仅仅是仪式，"记功宗，作元祀"，已经是实际工作了。初政惟新，天下臣民都在等着聆听成王您的教诲呢。

> 丕视功载，乃汝其悉自教工。孺子其朋，孺子其朋，其往！

周公继续指导成王："您可以诰谕群臣，他们受先王之命成为辅臣，应重视功劳簿，效命于朝廷。洛邑建设方兴未艾。他们来参加营洛建设很好，还可以带上他们的孩子，一起参加到营建劳动中来。"

> 无若火始焰焰，厥攸灼，叙弗其绝厥若。

让臣民忠于朝廷，不要让他们势凌驾于君，权隆于主，否则即使星火也会成燎原之势。慎其始，防其微。行政中该如何服众呢？必大公无私。光明洞达，去偏党之私，而纪纲有所系而立；省察克治，绝未萌之欲，而德业赖之以成。从正己开始，以己正人，以己正百官。

> 予惟以在周工往新邑，伻向即有僚，明作有功，惇大成裕，汝永有辞。

据周公的工作经验，他认为遵循常法和惯例很重要，他要求成王也沿袭他的工作方法，不改其政。可以派一些周朝官员来协助治理洛邑，鼓励他们有作为，"惇大成裕，汝永有辞"。周公重视旧法旧人，与召公的"无遗寿耇"相同。

已经申请退休的周公不知道年轻的成王能否马上接过重任，他不放心。

此一去公务繁多，您要学会辨识诸侯，驾驭诸侯。不要只看他们带来多少贡享，还要通过威仪来观察他们的心志。如果他们心志没有达到您的标准，或者不能与您合拍，贡品再多也是没有用的。在驾驭诸侯方面，周公已经将周礼内容纳于其中。

> 汝其敬识百辟享，亦识其有不享。享多仪，仪不及物，惟曰不享……

务必使百官、诸侯保持敬畏之心，勤勉于政。此外，政事纷杂，您要学会权力下放，您有诸多行政部门，让他们各司其职。

> 汝往敬哉！兹予其明农哉！

民以食为天，周公自然要强调农事。到新邑去吧，敬之哉。要认认真真地带领大家务农，您要善待我们的子民，无远而不止，让全天下黎民感受到妮妮的恩德。

敬以驭诸侯，可以建屏藩翼戴之心，疆域稳定；敬以抚万民，可以萃亿兆尊亲之志，天下爱戴。周公、召公所言多有相通之处。

⓵⑧⑥ 成王答周公

周公已经为成王亲政铺好了路。

> 王若曰："公，明保予冲子。公称丕显德，以予小子扬文武烈，奉答天命，和恒四方民居师。"

经历过几年的风风雨雨，成王深深地感受到周公对于这个朝代乃至他本人的忠心，就要接过政权了，他感念不尽。他高度评价周公，认为周公有文王、武王的功德和智慧。其功绩有三：第一，勉安于幼子，帮助成王稳定局面；第二，赞前人之显德，灭除殷商，天下统一；第三，把文武基业还于成王，使成王得配天命，遍和四方之民。

古人认为，天子仰承者惟祖，昭事者惟天，俯临者惟民。成王的回复透露了一位明君应有的智慧和德性。殊不知成王亦早有亲政之意，何尝不日日勤勉于修德呢？和而不乖，恒而可久。成王的气质自然赢得周公的赞许和欣慰。

> 惇宗将礼，称秩元祀，咸秩无文。

成王也认为洛邑可以作为京师，同意周公的建议，说："我将奔赴洛邑，厚尊殷礼，举行系列祭祀，遍祀无文。"君臣沟通顺畅，圣人之间心是相同的。

> 惟公德明光于上下，勤施于四方，旁作穆穆，御衡不迷，文武
> 勤教，予冲子凤夜毖祀！

成王称赞周公说："继武王之后，我大周朝幸有您来摄政，朝政稳健，天下得以太平。周公之德，光于天地，施于四方，有穆穆之美，权衡天下而不迷失。您以文武之光烈，教导我于冲幼之时，早晚辅导我修身养性以及日常礼仪，您的教诲我永生难忘。"

春秋时，孔子也是周公的忠实粉丝，他曾经盛赞周公达到了圣人的境界，"规之相周，矩之相范"。

成王将周公的功绩总结为"功棐迪笃"。棐，备也；迪，道也；笃，厚也。周公您的功劳如此完备，您所行大道如此厚重、宽广，您的德业，哪是我能说得清、讲得完的呢？

⑱ 留住周公

成王发自肺腑地赞许周公，还有另一层含义，那就是留住周公，为了周朝的万年社稷。

成王说："镐京乃祖先基业，我犹不敢忘，我仍要回到那里就君位。洛邑

当有老成宿望治理。如今四方安定，都是您悉心管理和教化的结果。谁来管理洛邑呢？我看只有您最合适呀。"

　　四方迪乱，未定于宗礼，亦未克敉公功。

　　之所以前边大肆赞扬您的功绩，还不是为了让您接着为周朝服务，是为了让您创造更大的功绩。如果您能留下来，我就可以放心地回镐京去了。这里的人民爱戴您，洛邑正需要您的镇抚与慰藉，"公无困哉？"您不要用推脱来困扰我呀。成王又说了一些自己的工作安排，总之，未来实在是离不开周公。

　　如果我们以小人之心猜度成王的话，由于周公功高震主，成王坚持将周公留在朝堂而不"放虎归山"也是情理中的事情。

　　王命予来，承保乃文祖受命民，越乃光烈考武王弘朕。

　　周公施礼，答道："治洛之事，臣自当尽力。治国图强，您尤须努力。大王您命我来洛邑，我仰承文祖受命之民，又承载着武王的重托，我也曾祀于明堂，我立志弘扬我对天地先王的恭敬。"周公答应留在朝堂，继续发挥余热。此外周公不忘身兼太师之责，仍要时不时教诲成王，启心沃心，指导工作。周公之所以强调奉成王之命来治洛邑，实是归美于成王，让成王执掌天下，实至名归。

　　周公说："你能来到洛邑，是天大的好事。你要厚祭殷商圣贤，治事四方，还要立我周邦威仪。要想做好这一切，需要你以恭敬为先。心中有德，出治得中，万邦有庆，这是君王您的成功呀。"

　　周公维护成王的威严。他说："洛邑也是成王的洛邑，不可独委于我，成王您还是要多加关心的。"周公将自己治理洛邑乃至治理天下的理念重复给成王听。

　　成王即将独立执政，周公再度提及君王的法则，那就是"法祖"与"任贤"，此乃为治之大要。鉴于祖，则法度可以传世；资于贤，则膏泽可以及民。

最后，周公表示：我与众君子为治事之臣，致力于先王之基业，以答万民，兴我周邦，以信义为先。推行我周朝法度，教化民众，改善民生，以扬我文祖之德。慰民心，立臣极，成君德，弘祖功，周公以此四者自任。

十九、团结才是主基调

　　本章节重点讲述《尚书》五篇文章，即《多士》《无逸》《君奭》《蔡仲之命》《多方》。

　　《多士》记载周公迁徙前朝旧民并任用前朝贤能的政治理念。《无逸》是成王即位之初，周公劝谏成王不要贪图逸豫。《君奭》记载召公拟告老归隐，周公以朝堂大业挽留召公，最后二人心灵沟通，共同辅政。《蔡仲之命》记载蔡叔之子蔡仲有贤德，成王策命蔡仲为蔡国国君。《多方》记载周成王灭奄归来，诰谕殷民及天下，作福祸兴亡之戒。

　　其中《蔡仲之命》未见于《今文尚书》。

⑱ 顽民与义士的转换

　　中国历史上有很多次人口大迁徙。迁徙有各种各样的原因：

　　其一，战争因素。由于战争，部族逃离家园，如古公亶父避犬戎就是这种迁徙；为了增加自己的势力，强令部族会集，如晋国赵氏曾命令邯郸赵氏迁徙会合；有的是被攻伐追杀，一路追赶到远方，如轩辕黄帝战蚩尤；还有就是战争造成地区人口骤减，移民填补人口空白，这就是山西大槐树的迁徙。

　　其二，政治原因。为了实现某种政治效果，这种移民有一定主动性，如盘庚迁都。殷商多次都城搬迁，都跟政治有关。

　　其三，因罪迁徙。对于违反法律的人，有一种惩处叫流放，如放三苗于三危。

还有第四种情况，介于因政治因素迁徙与因犯罪迁徙之间，类似于流放的迁徙。这些人未必有明确意义的违法行为，但是他们的思想和举止为当政者所忌惮，这些部族往往被迁徙，而且往往是豪族，或者豪族中的中坚力量，致使其旧部群龙无首。其惯用手法往往是对其首领委以官职，加以管束。

随着文明程度的提高，朝代更替，政事革新，第四种迁徙越来越多地被使用。周公将殷邦旧族豪族分成若干支系，其中七个支系迁移到洛邑。这就属于第四种大迁徙。

殷邦与周邦世代为敌，到纣王和武庚之际，仇恨更是到达了顶点。殷邦各大旧族具有强大的战斗力和凝聚力，直至武庚叛乱都是唯殷商马首是瞻，并且奋勇向前，殊死格斗。无论发自内心的还是外在的，他们都是殷商的忠义之士。

中国历来崇尚忠义。而对于周朝来说，这些造反的殷人是异己分子，是不安定因素。请看周朝如何称谓这些敌对分子，《召诰》《洛诰》以及《书序》分别称之为：一、迷民，被迷惑的人，糊涂人；二、仇民，跟我敌对的人；三、顽民，无知的人。

如何消除部族隔阂以实现天下一统呢？那就要合理改良殷邦部族的贤能之人，把握住他们的领袖人物，何愁不能转移风向。

周公在治理洛邑问题上，首先借成王之口颁布政令，名之为《多士》，尊重前朝旧臣的权威和能力，施以恩德，并晓谕他们迁徙的深意，只要服从我周朝的命令，将既往不咎，并允以禄位，保你光宗耀祖、世代荣华。《多士》记载了周公任用前朝贤能的政治理念。

⑱ 天命灭殷

牧野之战，纣王自焚，标志着殷商失去了天下。而殷商的官员、贵族怎么能忘记本邦本族的富贵与荣耀呢？他们无日不思念复辟，于是有了后来的武庚叛乱。经过旷日持久的战争，周公终于消灭了武庚。然后迁徙殷民、建立卫国、经营洛邑，等等，这些都是治理殷邦的有效措施。

其中最有效的措施，无外乎釜底抽薪，那就是用周朝的道德标准在商与周之间调和，尊重殷邦旧人，重用殷邦旧人。君不见周朝一直赞颂"殷末三仁"吗，君不见周公重用微子并给他加爵吗？恩德局限于几个人之间不行，一定要把影响扩大到某个特定阶层。于是周公代成王颁布诰命——《多士》，专门针对过去的达官贵族，消其不安、反侧之心，劝其从周而行，周朝会继续赐他们荣华富贵。

弗吊旻天大降丧于殷；我有周佑命，将天明威致王罚敕，殷命终于帝。

朝代兴替，那都是天命。你们殷邦旧臣，各怀反侧，岂不知纣王不道，他早已不为天所怜悯。惟有我周邦，受天眷命，我们不敢不奉天讨罪，以敕正殷命。

周邦的革命，不是我们贪恋于殷商的天下，乃是天命，是天道。天命不可违，尔多士无须质疑。天下为公。古代以天子受天命而称帝，所以朝代更替，君主改年号，都称之为"革命"。

肆尔多士，非我小国敢弋殷命，惟天不畀，允罔，固乱弼我；我其敢求位！

诰命所说的"士"有礼遇的含义，类似于先生。各位先生，我周邦本是偏居一隅的小国，我们怎么会图谋大邦呢？非是我周邦敢夺取殷商王命。昏庸之人，天所不予。相反我得到了上天的眷顾。民心即天心，纣王当道，君不见民怨沸腾吗？君不见百姓之向背吗？纵使诸君不知天意，难道不察于民心？天命亡殷呀，反侧何由！

⑲ 别违了天道

周公接下来开始讲解天道。上天指派帝王是来管理人间的，是要让万民幸福、社会太平的。这就是古人所说的"上帝引逸"。所谓"引逸"就是带领人民过上好日子，这是帝王的责任。

> 有夏不适逸则……惟时天罔念闻，厥惟废元命，降致罚。乃命尔先祖成汤革夏，俊民甸四方。

古今都是一个道理，观古可以知今。想当年，夏桀昏德，朝政混乱，违逆上天，上天降下灾异，以示儆诫。他不但不听从上天的安排，不能悔改，还公然大放厥词。于是天庭震怒，废其大命，夏祚终止。夏命即废，上天乃命成汤爰革夏正，旁求俊民，将天下交给成汤。往事岂可忘记？天命亡夏，夏不可存；成汤受命，天不可违。

殷商是一个伟大的朝代。自成汤之后，殷商贤王辈出，"罔不明德恤祀"。他们躬行天道，顺天而行，他们能永远得到上天的眷顾和护佑。

> 凡四方小大邦丧，罔非有辞于罚。

无论大邦小邦，丧邦都是有缘由的。商纣王当年干了什么？他追求淫逸安乐，不明天道，不爱子民，以至于灭亡。殷邦历代先王勤家勤政，而纣王倒行逆施，此则不畏祖宗；罔顾天显，则不畏天；罔顾民祇，则不畏民。商罪贯盈，武王奉辞伐罪，恭承天命而已，哪里是无缘无故地攻伐殷商呀？

周公转述成王的话。我家成王说过，殷商，天命也。殷商已经成为过去。可是你们这些殷邦贵族官员，这几年你们又是怎么想、怎么做的呢！我周邦历来善良，上承天命，剥夺了殷命，柴祭上苍之后即告返程，又马放南山。我们不愿再生战火，不愿与殷邦为敌，而你们、你们的武庚却与我们为敌。

天命至公，天命昭昭，商之所以亡，周之所以兴，尽在于此。如今，已正式改朝换代，改正朔，行周礼、周制，诸君有什么质疑吗？

⑲ 想说爱你

你们都是殷邦的旧臣和贵族，是殷邦的精英阶层，论贤论能，你们曾经毫不逊色。然而，想说爱你，却不是很容易的事。

瞧瞧你们自己做了什么？纣王无道，你们视而不见；天命亡殷，你们犹心存旧朝；世代兴替属于天道，你们却依然固执；武庚叛乱，你们群起相随。你们呀，我想与你们相安无事，你们自己却不安分。

惟尔洪无度，我不尔动，自乃邑。

周公说："我没有惩戒你们，你们却来闹事，对抗朝廷。我一直包容你们。事发于旧都，罪魁祸首是武庚，是我宽恕了你们。我把你们迁徙到成周，不是我爱生事，是我遵从天命。"

事发"自乃邑"，你们在那里浸染旧习颇深，通过迁徙可以使你们弃旧从新，学习周邦文化，服从周朝政令。

无违！朕不敢有后，无我怨！

周公严肃地告诉殷邦旧臣："迁徙的事，你们不要违抗，我也不想再用其他的手段了，你们也不要怨我。"

惟尔知，惟殷贤人有册有典，殷革夏命。今尔又曰："夏迪简在王庭，有服在百僚。"

个人利益永远具有诱惑力，周公善意引导他们。你们自己的命还要根据你们自己的行为来决定。当年成汤革命之后，确实沿用了许多前朝官员，你怪周朝没有重用你们吗？我选用人才，惟德是举。你们不顾天命，对抗朝廷，我怎么敢任用你们这些所谓的"天邑商"呢？

罪在殷之旧都，罪在纣王和武庚。所以我希望你们远离祸端，亲近周邦，其命维新。既往不咎，我不忍诛杀你们，再次将心思告诉你们。

镐京偏于一隅，洛邑居中而气派，这里将是天子接见四方诸侯的地方。居天下之中，这里才是宝地。你们在这里为什么不臣事我周邦呢？

> 今尔惟时宅尔邑，继尔居，尔厥有干有年于兹洛。尔小子乃兴，从尔迁。

福祸皆在你心中，想求得安享之利，就要养德惟新，即臣于当朝。"宅尔邑，继尔居"，这也是我的期望。延续你们的荣耀，远在你的后代，朴而为农者，固当世享其乐利；秀而为士者，又当克绍其箕裘。

推心置腹，又字字铿锵。常言："厚德载物。"化解殷邦敌对势力，周公感之以德，不但使民不敢为恶，而务使民乐于为善。周人的智慧为古今中外楷模。

⑲ 业精于勤

韩愈说："业精于勤荒于嬉"，所有有成就的人无不勤勉。成王年少当政，周公担心他定力不够，于是专门作书《无逸》，以稼穑之事提醒成王，不要追求逸豫。

唐朝诗人李绅曾写过一首脍炙人口的诗，"锄禾日当午，汗滴禾下土。谁知盘中餐，粒粒皆辛苦。"中国历史上以农为本，春种秋收自然是司空见惯的事情，当你了解了农民的艰辛，你还有什么理由去贪图安逸呢？

> 呜呼！君子所其无逸！

君子，即在位之人。周公开篇明义，处位为政，不要贪图安逸。天下还有比农民更辛苦的人吗？等你理解了农民的艰辛，才有资格谈安逸。之前《尚书·舜典》不是也嘲笑过丹朱吗？人们都忙碌的时候，他却带着奴仆"旱地行舟"，所以他遗臭万年。

种庄稼是有大学问的，治理天下也一样有大学问。《论衡·儒增篇》曾这样总结文王执政："张而不弛，文王不为；弛而不张，文王不行；一弛一张，文王以为常。"[1]身居人主，须时时关注大业。一念不谨，或贻四海之忧；一事不谨，或致百世之患。

民间不是有很多这样的例子吗？父母辛勤耕作，攒下偌大家业，而孩子们不知道劳作之艰辛，逸豫、荒诞，甚至侮辱他们的父母不懂得生活。如果他们懂得"无逸"之道该有多好呀。

古人迷信天命，周公也不例外。他们认为勤勉的帝王，上天会给他们很长的寿命和执政时间，反之亦然。接下来周公列举诸位殷商先王的作为和运气。

殷中宗"严恭寅畏，天命自度，治民祗惧，不敢荒宁"，在位七十五年。

殷高宗武丁"时旧劳于外，爰暨小人；作其即位，乃或亮阴，三年不言，其惟不言，言乃雍；不敢荒宁，嘉靖殷邦，至于小大，无时或怨"。高宗在位五十九年。

祖甲"不义惟王，旧为小人。作其即位，爰知小人之依，能保惠于庶民，不敢侮鳏寡"。享国三十三年。

此三者正是备受尊重的"殷三宗"。从周公的评述里，我们约略看到，中宗在于养德，有敬畏之心；高宗在于励精图治；祖甲在于体察民情。三者皆与民众生活息息相关，无不克己以行大公之政。

> 自时厥后立王，生则逸。生则逸，不知稼穑之艰难，不闻小人
> 之劳，惟耽乐之从。自时厥后亦罔或克寿……

还有反面的实例。周公说：后来的帝王未必勤勉。有的追求安逸，不知稼穑之艰难，不知道农民的辛苦，比如酒池肉林诸事。你可以看一下，他们没有一个能长寿。长的十年，短的不过三四年而已。逸豫过则元气伤，宴安久

① 孙星衍. 尚书今古文注疏［M］. 北京：中华书局，2004：434.

则天禄短。业精于勤而荒于嬉，无逸之道，尤须谨记。

⓲ 我周邦的传统

对于前朝，周公可以品头论足、谈天说地。而对于自己的祖先，周公却要百般敬畏。

> 呜呼。厥亦惟我周。太王、王季克自抑畏。

我周邦兆基，太王、王季，开"无逸"之原。这两位分别是文王的祖父和父亲。他们贵而能谦，高而能慎，其心皆出于自然。上配三宗心法，下开文王心源。至尊，居之以抑；至安，居之以畏。这也是伯益之"满招损，谦受益"。

> 文王卑服，即康功田功……文王受命惟中身，厥享国五十年。

文王能从事卑贱劳务，即忍辱被囚以讨好纣王；平时勤于稼穑，有安居乐业之功。他心怀小民，惠及老弱，而自己却节衣缩食、克勤克俭。文王能洞见无逸之本源，天生民而立之君，以万民之命托之文王。文王从不贪图狩猎游玩，因此正常的赋税就足够朝廷花销了，国库充足。故而文王功绩卓著，彪炳史册。

> 继自今嗣王，则其无淫于观，于逸，于游，于田，以万民惟正之供。

周公要求成王以文王为法则，在观、逸、游、田等方面不要放纵，不以一己之私影响民生。持德要持之以恒，不能懈怠。假使有一次放纵，既不顺天也不能教化民众，与纣王何异？偶然故无大害，心敬之德却已被破坏了，遗毒也是很深的。

若要做到无逸，还有什么诀窍呢？周公首先提出"纳忠言"。如果不听取百姓心声，并且不以好恶取舍，处事切忌乖张。

严于律己，宽以待人。了解小民的疾苦，知道稼穑之艰难，还要知道作为君王该如何经营。殷三宗和文王都是"迪哲"。如果有人骂你，你应该更加检点自己，反省是否有过错，不敢有丝毫怒气。这才是天子的胸怀。自修者诚于自修，自咎者诚于自咎。徒有仁心，而不行仁政者，岂君子所为？

奸佞小人不可不防。有人心怀叵测，说"某人骂你"，你居然信以为真，因此失于为君之道，不能宽大其心，反而杀伐无辜，天下就会将怨恨集中到你的头上。辨识忠奸，合于法度，既是心法，又是道德、技巧的再现。

清儒将《无逸》归结如下："以知小民稼穑之艰难为纲领，以崇俭素、节逸游、听忠谏、远谗邪、守法度、容诽谤为条目，实万世人君致治保邦之药石也。"①

⑲ 召公不高兴

《书序》说："召公为保，周公为师，相成王为左右。召公不悦，周公作《君奭》。"召公为什么不高兴呢？《书序》没有提及。

召公的名字叫奭。召公封在燕国。《史记·召公燕世家》云："成王既幼，周公摄政，当国践阼，召公疑之，作《君奭》。"②据此，召公不悦，在周公摄政之时。《汉书·王莽传》群臣奏言周公摄政之事，也引述《君奭》字句，也是认为在周公摄政之时。③

武王病逝，成王年幼，此时周公大权独揽，近有召公不悦，远有四国谣言。如此说来，情结也是合理的，汉代《今文尚书》学者多支持《君奭》作于摄政之时。同样，支持周公还政之后的学者也不乏名家，如汉代大儒马融、郑康成。

另有一种观点似乎可以作为佐证。《尚书》篇目次序基本上是依照时间先后的。如果事件发生在周公摄政期间，则一定是在周公摄政之初。那么《君

---

①库勒纳，叶方蔼等.日讲·《书经》解义 [M].爱新觉罗·玄烨钦定版.北京：中国书店，2018：340.
②司马迁.史记·燕召公世家 [M].北京：中华书局，2009：215.
③班固.汉书·王莽传 [M].北京：中华书局，2007：1028.

奭》这篇文章应该位置提前，不可能放到还政之后。清廷编著《日讲》丛书，也认为事发还政之后。

争论焦点远不止这些，第二个焦点：是谁的离去？两种猜测：其一，召公要退休，周公告诉召公现在不宜退休；其二，召公不满周公继续在朝，周公解释自己为什么不能退休。窃以为此事如果发生在周公摄政期间，国家危难，召公怎么忍心自行离去呢？完全一副不负责任的样子。

综合以上，我更相信《书序》。事件发生在周公还政之后，当时周公为师。周朝基本稳定，成王可以亲政了。大概是召公心里希望周公归隐、退养，先行自我表率一下。这也是君子所为，试图以自己的退隐来带动周公，也是合情合理的。以常理推断，此时恰是权力交接的节点，周公全身而退，无疑也是很好的选择。然而周公胸怀更为宽广，周道、周礼尚在建立健全阶段，他希望召公跟他一起留下来继续发挥余热。因此，文中并未提及是你退还是我退的问题。

《汉书·孙宝传》云："周公上圣，召公大贤，尚犹有不相说，著于经典，两不相损。"[①] 二公之争，君子所为。

⑲ 鞠躬尽瘁的楷模

一般说来，摄政大臣、顾命大臣很难有好结果。伴君如伴虎，何况摄政期间还时不时让小天子不高兴呢？再者，作为摄政大臣，一旦离开高位，行为举止未必马上适应，原来跟随你的群臣未必都能如你所愿地把握分寸，稍有不慎，都会增加你跟帝王之间的芥蒂。新帝为了尽快施政，难免有自己的想法和作为，与原摄政大臣相左，改弦易张更是人之常情。

所以，召公一来为了成王独立执政考虑，二来为了周公平安落地。在召公看来，如果周公隐退，则是皆大欢喜。

对于周公来说，他所坚持的理论尚未完善、尚未推行。如果一个朝代没有先进文化做依托，你的执政没有理论基础，将是很危险的事，势必进退失据。他劝召公不要盲目乐观，还要发挥余热。

① 班固. 汉书·孙宝传 [M]. 北京：中华书局，2007：779.

至于召公身份，也有多种说法。其一，召公是文王比较小的儿子，见《白虎通义》；其二，召公是文王庶出的小儿子，见《诗经·甘棠》；其三，召公是文王的从子，即侄子，见《史记》《穀梁传》。但是在现存确切资料里，文王儿子没有召公奭。存疑。

经过数年摄政和征伐，周公年岁大了，渐渐不能应对辛劳，这也是他还政的原因之一。众臣之间，姜子牙年岁最大，如果说归隐，首先是姜子牙归隐，其次才是周公。史书上在《君奭》之后没再提及姜子牙，大概姜子牙已经逝去。而召公不同，他比周公年轻许多，而且身体好很多。

武王去世，成王即位，第二年为成王元年。成王在位期间，周公去世。多年后成王去世，康王即位。而召公足够长寿，成王临终时，召公在朝仍为太保，被任命为顾命大臣之首。

如果召公早年就有隐退之心的话，为什么几十年后仍然坚守太保、顾命大臣？可见当年之不悦，可见当年之用心，亦可见周公、召公二人皆以公心为上，可见周公劝勉之力，鞠躬尽瘁死而后已。这种精神自周公、召公，影响中华民族至深，如马援的马革裹尸、诸葛亮死而后已，等等。"春蚕到死丝方尽，蜡炬成灰泪始干。"

⑲⑥ 周公论退休

周公、召公二人从来就是好兄弟，而且自从武王起义就一起共事，更是情同手足。有些事情心照不宣。比如周公避居，召公也明白形势所迫，可以代周公看守朝堂，以做后援。而周公反政之后，却居然"留恋"于高位了，召公自然就不高兴了。召公的不高兴，一定是明确表达给了周公，更何况召公已经提出了归隐的要求。于是，周公专门就此发表自己的见解：这个时候，你我都不适合退休。即《尚书·君奭》。

　　弗吊，天降丧于殷。殷既坠厥命，我有周既受，我不敢知曰厥基永孚于休。若天棐忱，我亦不敢知曰其终出于不祥。

古人尚质朴，于是周公称呼召公的名字——君奭。召公位居三公，故称君。上天让殷商完蛋了，让我们拥有了天下。然而，我不敢说我知道殷之所以兴，顺天辅诚；我也不敢说我懂得殷之所以亡。天命无常，以殷商为鉴，还有很多事情值得学习、研究，还有很多事要做。身为重臣，当尽忠辅政，以共保天命，何以言去呢？

嗚呼。君已曰时我，我亦不敢宁于上帝命，弗永远念天威越我民。

从这句话来看，应该是召公要离去。"君已曰时我"，你想把重任、责任推给我吗？我不敢安于天命，不能不远虑呀。

之所以万民归附，赖于有人指导的结果。眼下成王刚刚当政，周道未成，尚不能敬事天地，尚不能修文武之烈。如果我们辅佐君王，则周道成，王室安；如果归隐，恐坠失天命。

天无常亲，民无常怀。国之重臣应以身许国，但不可辞其责也。

天命系于君德，召公您要为君国大事考虑，哪有归隐之理？我们应该辅佐君王，"嗣前人，恭明德"，不忘我们当年伐纣打天下的初心。切不可使我周朝前兴而后废呀。

在今予小子旦，非克有正，迪惟前人光，施于我冲子。

周公自述没有真本事能匡正君王，所孜孜以求的唯独是将先王之德之道传递给成王。

周公多次地重复"天不可信"四个字。我们没有资格谈退休归隐，惟有努力辅君德，凝天命。尽人事，是我们臣子应该做的，我们还有很多重要的事情要做。

⓪ 历史的经验

圣人有超人的智慧，但是圣人未必被世人理解。事实上，周公的后半生是常不被理解的。不被三监理解，不被成王理解，不被天下人理解，被迫避居。甚至有史料显示，周公先后避居两次。作为周公的弟弟，作为周公工作上的助手，召公都怀疑过周公的行为，这就是《君奭》这篇文章所记述的事情。

好在后者的不理解发生在君子之间，是出自公心的分歧。召公强调年纪大了就要退下来，周公强调年纪大了也要心系朝廷。谁对谁错，真的很难评论。周公继续发表他的见解——历代明君均有贤相辅佐，君臣共治才能成就事业。

> 我闻在昔成汤既受命，时则有若伊尹，格于皇天……在武丁，时则有若甘盘。

君奭，你没听说过成汤吗？他有伊尹辅佐，所以德配于天。太甲时，伊尹居保衡之位，相当宰相。到了太戊时代，则有伊陟、臣扈两位贤臣，"格于上帝"，不改先王之道，顺应天时，又有贤臣巫咸，效命王家。在祖乙朝，有名臣巫贤；在武丁朝，有名臣甘盘。

成汤、太甲、太戊、祖乙、武丁皆前朝圣君，均有作为于当世。然而他们的作为和辅政之臣密不可分。伊尹、伊陟、臣扈、巫咸、巫贤、甘盘六位是大臣中的杰出代表。谁能说天下安定，不是六臣的功劳呢？召公呀，你难道不想向六位贤臣学习吗？你的德才完全可以和六位贤臣媲美呀。上以事君事天，下以治民。

周公接着提醒召公：还记得殷商是怎样灭亡的吗？作为大臣，要格于天道。不要以为我们可以永享天赐之命，创业难，守业更难。

为臣之道，尤须精进，在思想上引导，在行动上辅翼。臣子是君王的辅助，主治在于君，宣化赖于臣。文王时，有贤臣虢叔、闳夭、散宜生、泰颠、南宫括。他们辅佐文王，使文王之德著见于上，无所不照；覆冒于下，无所不被。后来武王兴起，仍以四臣为辅。盖此时虢叔已逝，只剩四人。我周邦建立，赖此四人之力。

> 惟兹四人昭武王惟冒，丕单称德。

四人辅佐武王，不离不弃，从不以功成而言退。君奭，我们是不是该像这四人一样呀？

🄭 第二次握手

不论你走不走，反正我是不会走的。周公敞开心扉论述为臣之道，既让召公释怀，还要慰留召公，实现第二次握手。

周公诚挚地说："如今成王虽然在位，但是刚刚执政，经验不足。如同要穿越大川，我力量有限，希望你与我一起渡过难关。为什么要责难我放手呢？为什么不勉励我向历史上的贤臣学习呢？"

> 耇造德不降，我则鸣鸟不闻，矧曰其有能格！

周公真诚而谦卑，他说："如果老成之人不降其志，不来与我共同事君，即使凤凰歌唱我也充耳不闻呀，何况其有德能升于天乎？"周公所言老成之人自然是召公。

天子承天命，得以无疆之休美，岂非无疆之艰辛？我今天表明心迹，谋于宽裕之道，大处着眼，不为他人猜疑。周公又以武王顾命责难于召公：

> 前人敷乃心，乃悉命汝，作汝民极。曰，汝明勖偶王在！宣乘兹大命。惟文王德，丕承无疆之恤。

武王临终遗命，将重任托付于你，希望你为下民之准则。命你尽心辅佐成王，担当大命，不可退缩。传承文王之德业，承受起无边的忧恤。声犹在耳，君奭岂可去之？你身为太保，应以敬为德，保我周朝不会重蹈殷邦旧辙。

前者周公以公事慰留召公，接下来周公以个人身份发出邀约。来帮一帮我吧，成全我吧，你我为东、西二伯，只有你才是我的真正助手，惟有你契合我心。

> 在时二人，天休兹至。惟时二人，弗戡。

周公反复论辩，召公释怀，不复言去。二公握手言欢。周公赞道：“天命即民心，只有你历练老成，知晓民心向背，既知事情从哪里来，又能引导它该往哪里去。有你在，我周邦可以永享天命了。你的功德就如殷六臣、周五臣之盛呀。”

自是，二公更加勤勉，合力辅佐成王，为后世人臣楷模。

⑲ 周公的胸怀

当年，武王去世，成王年少，周公总揽大权主持政务。后有三监之乱、武庚复辟。待到叛乱平息，管叔、蔡叔、霍叔三人均被俘。周公是仁义之人，何况三人是他的亲兄弟。然而毕竟是叛乱之罪，毕竟三人有夺权的企图，不可不判。周公思前想后，分别治罪。管叔首恶，诛杀于商地。蔡叔为从犯，软禁于郭邻，限制出行，只给了少量的随从和七辆车。霍叔大概年幼无知，罪责最轻，降为庶民，“三年不齿”即三年不得录用。当然，被软禁的蔡叔是被终生剥夺政治权利的。

尧舜禹，夏商周，对于罪犯并不主张连坐，通常是一人犯罪一人当。而对于奖赏则往往扩大其范围，以显示仁政和爱民之心。

蔡叔的二儿子蔡仲，名字叫胡，就是个贤能的小伙子。《蔡仲之命》云“克庸祇德”，能够敬重德行，周公唯贤是举，将蔡仲在自己的封地上封爵为卿。几年之后，蔡叔死了。周公为蔡仲请命，请成王册封蔡仲为蔡国国君。

通过此事，我们看到周公的博大胸怀。曾经想置其于死地的蔡叔、霍叔，周公念及兄弟之情，不予诛杀，更未株连。前者周公对待殷商贵族发表《多士》诰命，训诫其弃恶从善，许以爵禄。此番对待死敌的儿子也是如此宽宏大量。内举不避亲，外举不避仇，惟贤。大公之心，德泽万民，光被大地。

《日讲·〈书经〉解义》赞曰："夫事在家庭，舜得遂友爱之心于象；事关宗社，周公不得遂友爱之心于'三叔'。至于蔡仲之贤，不以世类而弃，尤见其命德之公也。圣人义尽仁至如此。"①

成王欣然允诺周公之请。周公代成王给蔡仲授封。

> 小子胡，惟尔率德改行，克慎厥猷，肆予命尔侯于东土。往即乃封，敬哉！

率德改行，即循文王之德，改蔡叔之恶。周公呼唤着蔡仲的名字，告诫蔡仲，"你要常存此初心。现在命你为蔡国国君，去蔡地就封吧。记住守位尽职，敬哉。"

蔡仲作为罪臣之子，也能得以重任。天下人能不赞颂国家的清明吗？天下人向善之心、向善之举日益突出，国家自然强盛。

⑳ 周公的为政之道

侄子去上任，周公总要嘱托一些，这也是周公对于诸侯、官员的管理。古代诸侯在邦国之内是君王，相对于天子，他又是臣子。周公对于诸侯有如下理解。

周公说："你的父亲有错，你能弥补父亲的过失，这是孝举。你能勤勉践行文王之德，开创事业，这是对朝廷尽忠。"周公称赞蔡仲"惟忠惟孝"，勉励他继续遵守文王"彝训"而行，不要像他的父亲一样违背王命。

> 皇天无亲，惟德是辅；民心无常，惟惠之怀。为善不同，同归于治；为恶不同，同归于乱。尔其戒哉！

---

① 库勒纳，叶方蔼等．日讲·《书经》解义［M］．爱新觉罗·玄烨钦定版．北京：中国书店，2018：352.

针对诸侯施政，周公讲出自己的理解。善恶之理，感应于天、感应于民，作为诸侯国君要秉持敬畏之心，察治乱之几，明哲理政。离开德，天就不会再眷顾你而离你远去；没有恩惠和福祉，国家就没有凝聚力，人心就会涣散。

> 慎厥初，惟厥终，终以不困。不惟厥终，终以困穷。

谨始之道，敬戒其心，期于有成。今日册封是你的新起点，不是终点，凡事要做长远之计，为子孙后代计，如此你就可以世代享受福禄。

周公讲，忠于朝廷，主要体现在励己、友邦、尊君、惇族、司牧五个方面。显然，周公对于蔡叔当年的"不忠"仍记忆犹新，心有余悸，不免话题有所侧重。蔡仲——称诺。

> 率自中，无作聪明乱旧章。

守中道，不要自作聪明而擅自改变旧章。不徇一己之私智，也不被他人乱说所迷惑，修大公之心，行大公之政。

蔡仲领命，周公深情地说："以上都是治国之道，你要牢记在心。去上任吧。尽职尽责，别荒废了你的使命和君王对你的寄托。"

㉑ 聪明和笨蛋的区别

周公还政之后，奄国再次叛乱，成王大军平定叛乱，归来，回到镐京，《尚书》《诗经》称镐京为宗周。周公作《多方》，以奄国为例，诰训四方诸侯和贵族。多方，即众邦国。至于诰命出自周公还是成王，历来有争议，个人认为仍是周公代成王诰命天下。

周公说："你们都是殷朝的达官贵人，你们连番叛乱，唯有我不忍多杀，宽宥尔等，你们不会不知道吧！尔等应以奄为鉴，图度天命、胆大妄为者，将不能保其宗祀。"

周公的语言风格，似乎总是围绕"孝"，围绕"先王"。往往先列举祖先行为，你的祖先如何处理此事，我的祖先如何处理此事，然后是我们应该怎么办。总之，是劝导，是仁政。

……惟帝降格于夏。有夏诞厥逸，不肯戚言于民，乃大淫昏，不克终日劝于帝之迪。乃尔攸闻。

周公说："上天是公允的，上天主持奖罚。你们欲知天命，岂不闻夏商之际。"周公列举夏桀劣迹，追求逸豫，不体恤民情，淫乱昏聩，他还妄言天命，不能带领人民过好日子，于是天命去之。你们都是过去的贤能，能够明辨是非。夏桀内惑女宠、外任小人，民心尽失。你们也认为他咎由自取，自失天命。祈天之道，在于爱民。你们都是饱受其苦的。

于是，上天重新为万民挑选主人，天命移交给成汤，剪灭有夏。夏不能重用贤人，不爱惜子民，不能为士农工商开辟生路。天下臣民自然追随成汤而去。天命不可违，民心所向，非人力所及。周公痛陈夏桀，其意直指纣王之恶。

从成汤到帝乙，圣明辈出，历代君王带领你们做天下之主，无不敬天爱民。

后来到了你们的纣王，他不能保天命，也改变了你们的命运。先王以仁创天下，后王当以仁守之，而纣王最后以"不仁"失之。

周公说："成王让我诰命你们，上天不是有意舍弃夏、舍弃殷，而是你们的君王图度天命，妄称我生不有命在天，罪孽沉重，以至于灭亡。夏商自取灭亡，天命无私。去之非私去，眷之非妄眷。"

惟圣罔念作狂，惟狂克念作圣。

盛衰兴替，皆由自身德行决定。夏桀和商纣均有非凡的才能，本可以成为圣明之君。然而圣人一旦自恃才高，妄念丛生，反至于昏蒙发狂。而愚昧之人，如果自知愚昧，处处敬慎，时时进步，也能成为圣人。圣人与狂徒就在一念之间，夏桀、纣王都是实例呀。

⑳ 天亦有所不忍

大德曰生。上天怜悯每一条性命，何尝不怜惜天子？既然将天下大任寄予纣王，也是希望纣王能够胜任的。无奈"惟圣罔念作狂，惟狂克念作圣"。古人认为形貌不恭，则不能敬其事。君臣不敬，则倨慢如狂。心明曰"圣"。即使愚钝的人，也都是能够进化为通明的，何况聪明孔武的纣王？如能稍自警醒，天心犹可回也。周公心怀怜悯，深通殷多方之心，周公并未低估纣王潜质，似乎在说：那个人还是很有本事的，就是不走正路。

天惟五年须暇汤之子孙，诞作民主，罔可念听。

纣王恶行，天哪有不晓得。然而上天并没有马上夺其命。上天又给了纣王五年观察期，观其是否悔改。这五年，从文王八年去世到十三年伐纣。上天原本派纣王来牧养苍生，而纣王慢狂，无可以对天言说者。

天惟求尔多方，大动以威，开厥顾天，惟尔多方罔堪顾之。

上天又希求殷多方能知敬畏，有所作为。天降灾异，以动天下之心。然而多方众国也没有堪当此任的人。唯有我周邦推行仁政，善待子民，其德行足可主神天之祀。因此，上天将大命交给周邦，起而代殷，治理四方诸侯。

皇天无亲，为德是辅。从规劝纣王，到寻求多方，再到降命于周，本非有去殷之心，实乃纣王违于天命。

周公用一连串反问来申斥多方之民："奉天命，周邦以德而受天命，并收摄殷民之二心。否则我怎么敢多次诰命呢？我必须严肃地告诉尔多方臣民，尤其是管、蔡、商、奄，要服从我周邦教令。为什么你们不能明是非并全力以赴地秉承天道呢？为什么你们不能拥戴我周王以共享天命呢？虽然你们做了错事，但时至今日，你们依然住着你们以前的房子，依然拥有你们以前的土地，你们为什么不洗心革面归顺我周邦？"

⑳ 多方功罪

周公大声对四方诸侯尤其是紧跟殷邦的诸侯，说："我为什么要三番五次地训诫你们呢？你们曾经助纣为虐，我不忍杀，甚至让你们依然生活富足，如今你们该做何想？你们的罪责可不轻呀。"

其一，"迪屡不静"，小动作不断，你是否参与造谣，是否参与武庚谋反，是否又追随奄国之乱？其二，始终心不能归顺周朝；其三，还有复辟之心吗？其四，还有篡逆之心吗？其五，自作不法，谋取信于正长。这都是谁的既往！

"我深责殷民迁善，禁其反侧，我不轻杀，惟用教告，反复再三。如再有违反我命令的，我将严刑诛之。不是我周朝逞强多事，而是你们自召其罪呀。"

周道忠厚，而殷民难化，诱之以善，惕之以祸。

周公再次提及个人情感："你们也为我周朝做过事。你们曾经奔走臣服于'三监'，大概五年吧。各级官吏也还是奉公守法的。人情久而相亲，事势久而自定。奈何犹且反侧不安？我任用你们，难道还要负我委任之意吗？"

> 自作不和，尔惟和哉；尔室不睦，尔惟和哉。尔邑克明，尔惟克勤乃事。

官吏是子民的表率。要心静、身正，要和于家邦。你能勤勉用事，朝廷将不计前嫌。周公思想上承尧舜，下启儒家。

> 尔尚不忌于凶德，亦则以穆穆在乃位。克阅于乃邑谋介……

正己与用人，善化之道在于殷多士。"穆穆在乃位"，正身是教化民众的起点和根本；"谋介"，寻求人才作为助手，周朝爱惜人才。"克阅于乃邑"，勤政化民。孔子云："临之以庄，则敬；孝慈，则忠；举善而教不能，则劝。"孔子原本于周公心法。

既有忠厚之意，又有驾驭之权。周公说："好好干吧。我周朝要重赏你，提拔你到王廷任职，成为大寮。"

恩威并重。如果你不听周朝的命令，你将不能享天命，连同你的子民也要遭殃。其命维新，化民即所以奉君；奉君即所以得天。可不要试探我的底线啊。

篇尾，周公再一次重复主题，可谓苦口婆心。周公严厉告诫多方："我本不想多说了，只想告诉你们，什么是天命？——遵从周朝，静心向善。如继续不能敬和，当你们受到惩罚的时候，可不要怪我呀。"

二十、周朝最好的政治——成康之治

本章节重点讲述《尚书》三篇文章，即《立政》《周官》《君陈》。

《立政》是成王执政之初，周公向成王讲任贤图治之道。《周官》是成王训诫百官之词。《君陈》成王策命周公之子君陈代周公去管理洛邑下都。

《周官》《君陈》均未见于《今文尚书》。

⑳ 任用贤人及行政

行政团队的架构是逐渐形成、完善的。尧时期，人员职责、部门分工不甚明晰。从舜开始，逐步增加了一些职能部门，见《尚书·舜典》。

时代在发展，对于部门设立以及分工合作不断提出新的要求。周公此时身为宰辅，希望在自己的有生之年，帮助成王重新规划行政，组织高效的管理团队。

周公向成王行君臣之礼，然后在朝堂上与众大臣一同来论证"立政"之事。

周公认为，任贤图治，其要在于选拔贤人，用对人，所举皆得其人，则政无不立。周公时代的君臣关系有点像现代企业，天子拥所有权，一班大臣类似于职业经理团队。

用咸戒于王曰："王左右常伯、常任、准人、缀衣、虎贲。"周公曰："呜呼！休兹知恤鲜哉。"

天子左右，用人尤当谨慎。大臣位高权重，是天子股肱；近臣亲密，为天子心腹。然而位高权重者，系于国家安危；近臣宠臣，则关乎帝王乃至国家的生活习气和做事风格。用人不可不审慎呀。周公告诫：这么好的职位，其重要性却很少有人思索，很少有人能体察其中微妙。

古之人迪惟有夏，乃有室大竞，吁俊尊上帝，迪知忱恂于九德之行。

关于立政的理论，早在大禹生活的时代就建立了。当时的诸侯、大臣多贤俊之才，皆为君王所招揽，尊于上帝。那个年代有《皋陶谟》之"九德说"，是选才用人的基本法则。世间贤达，合于九德者，必有人举荐给朝廷。于是，行政清明、高效。你知道他们是怎么做的吗？

宅乃事，宅乃牧，宅乃准，兹惟后矣。谋面用丕训德，则乃宅人，兹乃三宅无义民。

宅，度也，考量。他们把人才分为三类，相应的职位也分为三类。有专长的人，居任事之官；懂管理的人，居牧民之官；守法懂法的人，居准人之官。准，如水准，有公平之意；准人，即掌管司法的官员。君王的主要任务就是选用贤人，任用贤人掌管有司。任职之前要面试，叫做"谋面"，即仔细地察言观色，审知其德，德最重要，使三种职位上没有奸邪小人。义民，即邪民。这才是华夏历史上的立政标准呀。

⑳⑤ 例说用贤与兴亡

大禹时代的章法很好，可惜后来传到夏桀这一代，他可不像往任帝王，夏桀以暴虐为德，很快就完蛋了，被成汤所取代。可见，祖宗用贤则兴，子孙不用贤则亡。

> 亦越成汤，陟丕厘上帝之耿命。乃用三有宅，克即宅，曰三有
> 俊，克即俊。严惟丕式，克用三宅三俊。其在商邑，用协于厥邑；
> 其在四方，用丕式见德。

成汤从诸侯走上帝位，他能够行天道之光命，遵循大禹时代的立政法则，重新任用贤能。三宅即事、牧、准；三德即刚克、柔克、正直，与皋陶九德内容相同相近。起用贤人，让合适的人任合适的官。因此能者居其位，政治顺遂。在商邑的官员能够协和其邑，在四方的诸侯也因为能用人、善用人而德泽一方。

古人关于选拔任用官员有很好的哲思。对于辖区内的人，我们容易观察其行为细节，乃至于他的道德和思维，他的高尚德行体现为功业，能造福一方，此为纯之至也；对于远方的官吏，我们难以见到他的政绩全貌，而是仰慕他的德性，此为大之至也。成汤用人得当，治政则至纯至大，可谓仪范。

似乎批纣运动持续了很长时间，周公还要批判纣王。纣王是历史的败笔，更是前车之鉴。

> 呜呼！其在受德暋，惟羞刑暴德之人，同于厥邦；乃惟庶习逸
> 德之人，同于厥政。

可叹殷商到了纣王手里。受德，是纣王的名字。纣王任用刑杀暴虐的人，亲近奸邪放荡的人。纣王有四大罪状：所任三事大臣，惟尚刑戮；以暴虐为德的诸侯，与之共治其邦国；所列职于禁近，惟众丑狎习；以纵逸为德之小人，与之共任其朝政。纣王永远是反面的例子。亲贤臣，远小人，才是明君所为。

上天震怒，兴兵伐纣，乃使我拥有了天下，代替殷商来管理天下黎民。

> 亦越文王、武王，克知三有宅心，灼见三有俊心，以敬事上帝，
> 立民长伯。

至于文王、武王，既知道什么事用什么人，又知道什么人会做什么事，能敬事上帝，选官任贤。文武克知灼见，用人无不恰如其分。

禹之尊帝，汤之丕厘，文武之敬事，一以贯之也。

❷⓪❻ 文武之心法

文武克知灼见，"克知"三宅岗位的设置、功能及人员要求；"灼见"人才之贤能与品格。文王、武王网罗了大批贤才，分别放于合适的岗位。文王、武王为周朝的官员队伍确立了框架，奠定了基础。周公细数文武立政任人之盛。

> 立政：任人、准夫、牧，作三事；虎贲、缀衣、趣马、小尹、左右携仆、百司、庶府；大都、小伯、艺人、表臣百司、太史、尹伯、庶常吉士；司徒、司马、司空、亚旅；夷、微、卢烝，三亳阪尹。

表臣，即外臣。先有礼法，而后有内臣、外臣的分工细化。自三宅以及内廷、外廷，皆有适当的俊才担任。没有谁能周知天下事务，天子必须慎择三宅大臣，然后层层荐贤，举贤任能，故有人才之盛。全国一盘棋，周公尤其突出当朝的伟大，政令下行，风气一致。

> 文王惟克厥宅心，乃克立兹常事、司、牧人，以克俊有德。文王罔攸兼于庶言、庶狱、庶慎，惟有司之牧夫，是训用违。庶狱庶慎，文王罔敢知于兹。

周文王内度其心，乃能立此常事司牧之人，以容纳有俊德之才。文王用人不疑，责权利分明，从不越级指挥，不插手于"庶言、庶狱、庶慎"。

《汉书·季布传》记载，季布曾谏汉文帝："夫陛下以一人誉召臣，一人毁去臣，臣恐天下有识者闻之，有以窥陛下。"[①] 文王能秉持公正，有知人之明，

---

① 班固.汉书·季布传 [M].北京：中华书局，2007：409.

不为毁誉之言所动。知人并非易事，心能制义曰"度"，须居敬穷理，心如洞明，照知人事。

帝王应有自知之明。关于狱讼刑杀之事，周文王感觉自己能力不足，就责成有司及牧民之人去办理。涉及法律的事情，杀伐决断，尤须谨慎。文王安民，唯恐冤杀冤判，杀者不可复生，断者不可复续。此外，文王所谓不知，实在是不参与、不过问，维持司法的独立性。作为君王，这是思不出位。

君道，惟在知人，不必躬亲庶务。对于尽职尽责、努力工作的人，则适当奖赏；对于消极怠工甚至违抗命令者，则要加以申斥或严惩。赏罚分明。

> 亦越武王，率惟敉功，不敢替厥义德，率惟谋从容德，以并受此丕丕基。

武王知恤，与文王无异。武王安其事，重用有拨乱反正之"义德"的人，与有容忍、宽容雅量的"容德"之人谋事，所以受此大业。

文王、武王相继而效其功、济其谋。周公详述文武心法，以激励成王遵循文武之道，以勤勉于立政用人。

⑳ 继往开来的立政

周公是个很强势的人。其一，当年所谓避居，必是相对孤立，不为所容，连太公、召公都不一定理解他；其二，周公还政之后，仍然高居相位，召公明显不高兴，可以想见在相当长时间内实权仍在周公手里；其三，从很多文字里，周公在提及朝政、朝堂的时候，常突出一个"我"，体现为以朝堂事为己任，也体现为霸气；其四，周公还政前后始终称成王为"小子""孺子""冲子""孺子王"，虽然也拜手稽首，虽说质朴是那个时代的本色，还是不自觉地显出了师长模样，相对而言《召诰》里召公这种称谓就少许多。

前文周公突出介绍了文武之立政用人，接下来周公该教育成王了。

> 呜呼！孺子王矣，继自今我其立政：立事、准人、牧夫。我其

克灼知厥若，丕乃俾乱，相我受民。和我庶狱庶慎……

如今我们当政了，我们要传承文武心法。我作为辅政大臣，很多事情都要处理。我们君臣一体。我希望于立事、准人、牧夫之三宅方面，能知其善、任其事，帮助我管理子民，以和"庶狱庶慎"。

君子、小人的分野在于诚与伪。俗语"日久见人心"，必察知其心其德。道德纯粹者，推心委任使展其才，弘敷治理。自古帝王用人，始则患于知之不真，继则患于信之不笃。

既然重用贤人，就不要有丝毫懈怠，不要为他事所牵绊。常怀思慕之心，"以乂我受民"，官员是帮助我管理子民的。任贤之心，专一周密。所谓"受民"，即上天和先王授予我们的子民。

禹、汤、文、武之知恤，上以事天，下以治民，至美之言都告诉你了。作为文王的后代，尤当效法前人。狱者，系万民之命，故周公以立政告王，独于"庶狱庶慎"之处反复告诫。

……则克宅之；克由绎之，兹乃俾乂……

帝王用人之法，如同制丝，引其绪而出之不穷。国不患无才，而有才不能尽其用为患。如先王之法，贤才何患不进，政治何患不隆。

周公又警示成王，勿用奸邪小人。"其惟吉士，用劢相我国家。"勿误于庶狱，惟有司之牧夫要慎择之，专任之。兵戎之事，不可不备。内操战胜攻克之威，外杜奸邪窥伺。如此可如大禹溥行天下，"以觐文王之耿光，以扬武王之大烈"。此外周公又提出"克用常人"，选有常德、守恒之人，拒绝奸巧。

庶狱庶慎，一直是周公强调的，借此周公保荐苏忿生为司寇，专理狱讼诸务，嘱托用其"中罚"，无偏轻偏重之条，无失入失出之虑，刑狱清，使天下无冤民。

鞠躬尽瘁，死而后已。《立政》是周公晚年对于朝堂的最后一次构建。现实生活中，这种构建无论见识高低却常常沦为祸首。林则徐诗云："苟利国家生死以，岂因祸福避趋之。"这是臣子的责任。

❷⓿❽ 笃定稳健的成王

周公行事果敢，有脾气。成王会不会言听计从、唯唯诺诺呢？不会。成王也是有脾气的人，如果成王唯唯诺诺，先前周公何至于避居？而且有史料显示，周公先后避居两次，甚至是丧于第二次避居期间。周公的避居，绝对有成王的因素。成王有正统的帝位，意见不统一的时候，他就要使用自己的帝王权力。

上一篇文章中，周公告诫成王立政用人之法。成王也是一位圣君，承文武之道，将国家治理得井然有序。接下来这篇《周官》专门讲述周成王如何设置各级官吏以及如何管理、教育各级官吏。

惟周王抚万邦，巡侯、甸，四征弗庭，绥厥兆民，六服群辟，罔不承德，归于宗周，董正治官。

周朝成就王业，安抚万邦，巡守畿内，以和五服，曾经四次征伐叛逆。如今兆民安居乐业，远近诸侯莫不承其德而宗于周。于是周成王"董正治官"，董，督也，设定官府，治理官吏。外攘之功既举，内治即宜修备。因民立政，因政设官。官不举，事不治，民弗安。君王是古代吏治的本源，周兼殷商，革命推动着历史的发展，因此对于吏治等相关管理更加科学、明确、严肃。

若昔大猷，制治于未乱，保邦于未危。

成王说话言简意赅。天下治理无不求于"制治"与"保邦"，要居安思危。而制治与保邦的秘诀在于得人。

成王追述建官的历史，从尧舜讲到夏商。稽考旧典，唐尧和虞舜时代，建官只有百人。内有百揆、四岳，以负责在朝之治；外有州牧、侯伯，以负责四方之治。内外相承，体统不紊，故"庶政惟和，万国咸宁"。

夏商时代，人口增多，事务繁杂，因此"夏商官倍，亦克用乂"，事事井然，不违天命，政治以和，民安国泰。

　　明王立政，不惟其官，惟其人。

古今帝王建官立政，虽有繁简不同，而制治、保邦如出一辙，尧舜禹汤，皆为明哲，其选贤任能，不唯其官员的多寡，而唯在得其人而已。故而皆有惟和、咸宁之效。

观成王语言，哪有半点幼稚，完全是沉稳、坚定、智慧的形象。

⑳ 明确你我职责

成王是个很勤奋的人，他自我描述为"祗勤于德，夙夜不逮"。敬勤自勉，彻夜学习，唯恐达不到上天的要求。选才用人虽然重要，但是有一个前提，那就是君王必须具备足够的德行和修为，否则如何能明辨贤愚呢？成王自我敬慎，所以能训导百官。

成王论述官职，依据从大到小的顺序。首先是三公。

　　立太师、太傅、太保，兹惟三公。论道经邦，燮理阴阳。官不必备，惟其人。

太，有最高的意思。师，天子所师法；傅，傅相也；保，保安也。太师、太傅、太保合为三公。他们负责给君主授课以及辩论，启沃帝心，涵养君德。他们涉及最高级别的国家大政，成王用"燮理阴阳"来概括。关系重大，必得道全德备者居之。如果没有合适人选，我宁可虚位以待。

　　少师、少傅、少保，曰三孤。贰公弘化，寅亮天地，弼予一人。

三公各配副手，即少师、少傅、少保，合称三孤。少者，位次于尊。孤，

孤高、特出之义。他们职责有二：其一，完善三公的思路；其二，推行三公的
决策并沟通上下。公引于前，孤弼于后，共同辅佐我一人。

> 冢宰掌邦治，统百官，均四海。

天官冢宰，统摄内外百官。类似于今天的组织部。选人用人，分治四海，
使万民各有所得。古人亦形象地概括为"承宣分理"。

其后成王逐一讲述司徒、宗伯、司马、司寇、司空。司徒是掌管教化的
官，化导不驯，使万民知理守法；宗伯掌管礼法、祭祀，使人守典常，不越
礼；司马专司靖乱征伐保平安；司寇类似于司法，建立法制，惩戒不法之徒，
使民迁善；司空掌管耕种、收割等事，让万民勤于稼穑，顺时兴利。

> 六卿分职，各率其属，以倡九牧，阜成兆民。

六卿，内为属官之主，外为州牧之倡，任之不可不得人。他们职责各异，
分为任人、行政、明礼、修刑、安民、除暴各方面。治理无死角，百姓受其
益，兆民阜成。

> 六年，五服一朝。又六年，王乃时巡，考制度于四岳。诸侯各
> 朝于方岳，大明黜陟。

说完内臣之法，又论制驭外臣之道。惟此朝觐巡守之典，行而不废。我
是要定期考核政绩的，我们的制度很灵活，重用贤人，罢黜庸才。每逢考试，
都有人才进出和官吏升降。

⑩ 周朝官员的六项基本功

周成王给大小官员提出六点要求，这也成为周朝官员所必须具备的六项
基本功。这六点要求，即使在今天看来仍有进步意义，很实用、很全面。

凡我有官君子，钦乃攸司，慎乃出令，令出惟行，弗惟反。以公灭私，民其允怀。

此其一，敬其职，守其业。其中包括三项内容：敬职敬责，谨慎决断；政令一出，务必尽力推行；大公无私，一切为了人民。

学古入官，议事以制，政乃不迷。其尔典常作之师……不学墙面，莅事惟烦。

此其二，学习型官员。为学而后能尽职。不断学习古代先贤的经验，则政事不迷；学习典常，不被奸巧利口所惑；心存疑惑则所谋必败，心存懈怠则政事荒废，学习是一项长期的工程。成王儆诫：如事理不通，心地不明，就好比面墙而立，岂不行止乖张，动则烦扰于上下。

戒尔卿士，功崇惟志，业广惟勤。惟克果断，乃罔后艰。

此其三，以建功立业为念。凡成就大业者，不能安于小成，不能困于小利，须时时精进、勤勉务实，此外又需要临事果敢，能决断。志向、勤勉、能断，是不是成就事业的要素呀？尤其在"能断"上，如汉朝袁绍、袁术、刘表、刘璋在这方面有所欠缺。

位不期骄，禄不期侈。恭俭惟德，无载尔伪。作德，心逸日休；作伪，心劳日拙。

此其四，恭与俭。惟恭以持己，则不至于骄；惟俭以节用，则不至于侈。成王也提到假廉洁的问题。有的官员欺心作伪，劳心耗力，虽然你外表很恭俭，你越是假装恭俭，你越是受到内心的煎熬，势必日见其苦拙。

居宠思危，罔不惟畏。弗畏，入畏。

此其五，心存敬畏。自古宠辱安危相倚伏。上台时，要想到下台时。常以危辱自警，用反面事例警示自己、校正自己。不懂得敬畏，则位禄易失，就势必步入畏途。

推贤让能，庶官乃和，不和，政庬。举能其官，惟尔之能。称匪其人，惟尔不任。

此其六，荐贤。荐贤任贤，是立政之要，各级官员都有荐贤之责。

做好以上六条，就符合周朝官吏的基本要求了。成王最后勉励众臣："敬尔有官，乱尔有政，以佑乃辟。永康兆民，万邦惟无斁。"

❷⓿ 君陈其人

周公迁殷民到洛邑之东部，并亲自监治洛邑，见《尚书·洛诰》。后来周公老了，也有人说周公去世了，成王又委派周公的儿子、伯禽的弟弟君陈代替周公去管理洛邑。这篇策命即《君陈》。

君陈的继任，似乎不是世袭，洛邑东都不是周公的封地，不存在世袭的问题。而是成王凭借选贤任能，来决定洛邑的负责人。此人就是君陈。

惟尔令德孝恭。惟孝，友于兄弟，克施有政，命汝尹兹东郊，敬哉！

君陈最突出的道德是孝与恭。事亲以孝，子之道；事长以恭，卑幼之道也。

古人重视德行，孔子讲诚心、正意、修身、齐家、治国、平天下。如果德行完备，那么能力就可以逐级放大，从修身逐级上升。因而，君陈具备修身齐家之能，自然也能胜任忠君体国之事。这是古人的逻辑。经过筛选，成王认命君陈做洛邑的第二任"市长"。所谓"东郊"，有解释为"洛邑东郊"。然而，联系文中接替周公之意，以及《洛诰》之周公受命、《毕命》之两任功业，当知东郊即洛邑。

> 昔周公师保万民，民怀其德，往慎乃司，兹率厥常。懋昭周公
> 之训，惟民其乂。

成王首先讲周公政绩。古人质朴，人民尊敬周公，连带他的儿子、孙子都会被另眼相待、百倍呵护的。周公师保万民，万民怀周公之德，因此一定也会拥戴君陈，把对周公的感念之情表达为对于君陈的拥戴。大概这也是成王选用周公后人的想法之一。周公治理洛邑，上下协和，因此成王命令君陈法周公以为治，翕然而顺治矣。

史书上没有更多君陈政绩的记载、资料。可以确定的三点有：其一，君陈没有被推到历史的风口浪尖，没有经历周公那样的大风大浪；其二，以君陈实力并非超一流贤臣；其三，成王策命君陈，同时对其施政也有所限制。

成王表扬周公，也是以此鞭策君陈。"至治馨香"，周公在政事方面尽善尽美，馨香远闻，上感于神明。有德方有治，有治方有馨香感应。成王此时早已大权独揽，很有帝王的威仪，他用"明德惟馨"的道理引出以下训诫。

> 尔尚式时周公之猷训，惟日孜孜，无敢逸豫。

法周公之训，庄敬日强，进德修业，勿生逸豫之心。君陈认真听成王训诫，一一铭记在心，唯恐有失。

㉒ 成王的心思

成王任用君陈，赞扬君陈"孝恭"，为什么不提及其他品德呢？《尚书正义》认为君陈受命在周公去世之后；也有人认为君陈受命时，周公仍健在，只是从洛邑回归朝堂。持后一种意见者认为，《君陈》全文直呼"周公"，如果周公已经去世，此时应该写作"尔考"。此外，正因为周公仍健在，所以依

据古人的习惯，父母在，晚辈不宜大肆宣扬功德，故而君陈之德仅用"孝恭"二字。

受命原因，君陈的孝恭是其一，周公的功德也是其一。成王赞颂周公的同时，也在告诉君陈，你有"拼爹"的成分。是褒是扬，见仁见智。

成王和周公都是很强势的人，之所以能共事多年，因为二者皆有公心，均识得大体，此外还有共同的敌人存在。作为一代明君，绝非怯懦之辈。他在要求官员的时候，还曾特意提出"惟克果断"。所以，他提及学习周公，也是有他独特内容的。

> 凡人未见圣，若不克见；既见圣，亦不克由圣。尔其戒哉！尔惟风，下民惟草。

成王说，平常之人是见不到圣人的，但他们也会心有所往。然而当他们真正见了圣人，却又不会遵循圣人之道。你都见过呀，你不能和他们一样呀。

成王以风喻政。风很神奇，来无影，去无踪，妙于无迹，然而其功效显著，草木虫兽无不随之而舞，不知其然而然者也。官员施政要像风一样，能鼓动天下，化育万物，使下民随之，就像风吹而草动，随之偃伏。

> ……有废有兴。出入自尔师虞，庶言同，则绎。

关于如何开展工作，成王指示：政事无分大小，莫不以艰难之心处之。所谓"废"并非废除，而是变革再生，创新性管理。洛邑处于动荡的中心，形势变化最大，政事应酌情损益。如何做到废所当废、兴所当兴呢？不可独断，要与众人筹度，集思广益，以至了解民间疾苦，从"庶言"中反复推求，折中而用。

> 尔有嘉谋嘉猷，则入告尔后于内，尔乃顺之于外。曰："斯谋斯猷，惟我后之德。"

这是耐人寻味的一段话。成王说："你若有好想法好思路，要及时过来请示我。时时沟通，然后政通人和。这样你就可以说，所有运筹帷幄都是我们成王的功德呀。"古人常常标榜这样一种美德，即臣子有善则归于君。人臣不可无让善之心，而人君不必有专美之意。

看来成王话里有话，暗指周公吗？金口玉言，岂是玩笑？成王又重申一遍："呜呼！臣人咸若时，惟良显哉！"良者，圣德备于一身；显者，声誉昭于天下。不居功，归善于君，才是最好的。

㉑㉓ 周公是你的旗帜

周公除了是成王的叔叔外，还是成王的顾命大臣，是成王早年的摄政王，且还政之后仍居太师等高位，甚至一度引起召公不悦。周公和成王，两个非常强势的人相比，周公更早地占得先机，更早地建功立业，周公成为周朝乃至整个中国历史上的圣人，因此他是更成熟、更成功的政治家。成王对于周公揽权，未必尽皆顺从和欢喜，更多的是既敬又畏，甚至时而反感。无论如何，都不能磨灭周公对于周朝的突出贡献。

开篇，成王对君陈说："昔周公师保万民，民怀其德。往慎乃司，兹率厥常，懋昭周公之训，惟民其乂。"又说："至治馨香，感于神明。黍稷非馨，明德惟馨尔。尚式时周公之猷训，惟日孜孜，无敢逸豫。"言语中高度肯定周公的政绩。师保万民，民怀其德。至治馨香，感于神明。人民和天地神明都称赞周公的功业。因此要求君陈效法周公。

成王任命君陈，发表完自己见解之后，仍不忘再以周公训诫君陈。

> 尔惟弘周公丕训，无依势作威，无倚法以削。宽而有制，从容
> 以和。

周公之政或许有尚待弘张者，有尚未完善者，君陈应该努力光大其功业。继承周公之政，主要是因袭其心法，而非拘泥于陈迹，不可狭隘固执。

宽大足以得众，然或失之于放纵，宜适当节制；平和固然好，但是或失

于柔，须于从容笃定中渐渐形成。这既是从政的要求，也适应于为人处世。

周公是周朝的旗帜，更是君陈的旗帜。学习周公，不是亦步亦趋，而是以周公精神来处理事务。成王举例说明，比如狱讼之事，我认为有罪，你认为无罪；我认为可以赦免，你认为不可赦。即使是君王我的看法，也不能作为法律依据，任何人的经验都是有限的。成王要求：

……惟厥中。有弗若于汝政，弗化于汝训，辟以止辟，乃辟。

轻重适中才是最重要的原则。成王放权，嘱咐君陈解放思想，放手工作，自行决断事宜。

成王贵为天子都不可以干扰工作的大原则，何况其他人？显然，成王和周朝人并不顽固、封建，《周易》云："与时偕行。"周公之道，主要体现为精神层面。

⑭ 时代性的策略

关于洛邑的臣民，三监叛乱时，他们是反贼；修洛邑时，他们有一些人又参加了义务劳动；同时，一直到周公治洛期间，多方多士亦存有反心，常思念前朝，常怀念纣王、武庚。换句话说，殷邦与周邦之间的仇恨从未泯灭，只是经过周公的长期治理，逐渐向好而已。

我猜测，等到君陈来换岗的时候，敌我矛盾已基本消融。何以见得？周公治政，发表《酒诰》《多士》《多方》，多少麻烦事呀，谁敢掉以轻心呢？只能巧妙运筹、化解、引导、威慑。而君陈上岗，成王要求君陈竟是"宽而有制，从容以和"。此时完全没有了原来的对立和仇视。基本是以常人对之。治理洛邑进入了高度融合的时代。

尔无忿疾于顽，无求备于一夫。

首先，不要对过去的顽民有仇恨心理；其次，不要求全责备于殷民。作为礼仪之邦，这是中华民族历来对于化解误解与矛盾的方式。相比周公，成王更会说话，更会讲理，也更具文气。成王言语中有很多富含哲理的句子。

> 必有忍，其乃有济；有容，德乃大。

若心胸狭隘，不足以容人，容易激变生乱，不能济事的。有容乃大，以德服人，也是周公的一贯策略。民众从而化之，形成大气象，亦是大也。

> 简厥修，亦简其或不修；进厥良，以率其或不良。

要有知人之明。修者，有职业修举的人；良者，躬行仁义的良善。既能看清有修为的人，也能认清修为不足的人；要奖掖良善，以促进全社会向贤良学习。雅量在于涵养，心明在于致知。非致知，无以为涵养之地。其中道理深邃。倘若知之不足，岂不愈加糊涂？

> 惟民生厚，因物有迁。违上所命，从厥攸好。尔克敬，典在德，
> 是乃罔不变，允升于大猷。

《三字经》说："人之初，性本善。性相近，习相远。"民众本性淳厚，因物事而迁。教化民众的枢机，在于君王、诸侯和官吏；引导民众向善的要点，在于身教。如果君命在此，而万民所好亦在此，民众岂有不欣然接受的道理？能否移风易俗，关键在于德。五常之典，宜笃敬而力行，以我一人之德，育一方淳厚之德。

君陈赶上了好时候，正当宽和之时。任命之初成王就表扬君陈"惟尔令德孝恭……敬哉"，结尾再次重申"尔克敬典在德"，可见德者，致治之大本；而敬者，修德之大要也。

成王对君陈寄予厚望。天子不言福，以风移俗易为福，以社会进步为福；人臣不言休美，以化民成俗为休美，以治理一方为休美。成王说，若洛邑得以大治，我就可以垂拱而治，享受无疆之福。

二十一、周礼庄严

本章节重点讲述《尚书·顾命》。

《顾命》记载成王临终命群臣辅佐康王以及迎立康王的事情和礼仪。

《顾命》篇亦见于《今文尚书》，但内容较多，包含《康王之诰》的内容。

㉕ 顾命的礼数

成王在位年限不短，各种文献说法不一。郑康成认为，成王病逝在成王二十八年，居摄六年为年端。此外，又有成王即位三十年而崩的说法。

成王临终顾念康王，命召公、毕公等人辅助康王。死后，举行一系列丧葬、祭祀、即位仪式。仪式繁复严谨，富有深意，为后世礼仪之楷模。

为什么天子临终出命叫顾命呢？回首曰顾，临终了，快要走了，回过头来再发一道命令。

"惟四月哉生魄，王不怿。"成王的病越来越重，身体已经不看好了。

> 甲子，王乃洮颒水。相被冕服，凭玉几。

甲子日，也许是回光返照，成王打着精神梳洗打扮一番。马融解释："洮"是洗头发，"颒"是洗脸。成王不仅洗脸而且洗头发。另一位汉学大家郑康成认为古文"兆"通于"翟"，应该读"洮"为"濯"，即洗脚之意，洗手洗脚，这就是所谓的"浣衣成事"。周身净洁既是对自己的尊敬，更是对事业、对对方的尊敬。成王久病，欲顾命群臣，恐有不洁，所以仔细洗漱。然而他实在没有办法穿衣正坐，就由身边太仆拥起他的身子，把冕服披在身上，凭玉几而坐。

周成王是个很严谨的人，相比于周公，他更文气，说话斯文，举止也斯文，尽管他也不乏能力和霸气。历史上皆曰周公治周礼，而从《尚书》上看，成王仿佛才是认真践行周礼的第一人。《顾命》不仅仅记载顾命传位等事件，整个事件的流程以及其礼仪、威仪体系之庞大，恐怕这也是此篇为孔子所青睐的原因。其中的许多礼数被世代流传，影响至今。

发命于垂危之际，犹能如此庄重。受命之臣依次出场。

乃同召太保奭、芮伯、彤伯、毕公、卫侯、毛公、师氏、虎臣、百尹、御事。

出场顺序并非按照爵位高低，也不是三公为首，而是依《周礼》天官冢宰、地官司徒、春官宗伯、夏官司马、秋官司寇、冬官司空之次。按一线官员顺序，可见成王讲求效率，务实高效。

㉖ 顾命——文武之道

参与大臣依次是：太保奭、芮伯、彤伯、毕公、卫侯、毛公、师氏、虎臣、百尹、御事。前文说过这种次序不是爵位高低次序，不是权力大小次序，而是按照各职能部门排序，即六卿次序。郑康成注："公兼官，以六卿为正次。"如果天子按照三公排序，首太师，次太傅，再次为太保。而今以太保居首，是因为太保奭兼天官冢宰。《周礼》六卿之次为：天官冢宰、地官司徒、春官宗伯、夏官司马、秋官司寇、冬官司空。康叔为司寇，即文中的"卫侯"，恰在第五位。

从职责上讲，三公是只对天子负责的。而六卿既要上对天子，又要对下宣化，因此成王临终顾命主要体现为宣化功能，是行政命令，无须三公校正和警示，命悬一线已不容迟疑。做不同的事，用不同的角色。成王定位非常准确。

> 王曰："呜呼！疾大渐，惟几，病日臻。既弥留，恐不获誓言嗣，兹予审训命汝。"

渐，剧也；几，危也；臻，至也。成王句式很短，气力明显不足。成王自叹疾病加剧，很危险了，每天仍在加重。生命就要完结，恐不得谨告于后嗣，即康王，所以将身后事训诫诸位。弥留之意甚苦。弥者，甚也；留者，缠绵之意。弥甚而流连，将终而暂留。难舍难分之际，萦绕在心头的话，字字如金、声声切肤。

> 昔君文王、武王，宣重光，奠丽陈教，则肄肄不违，用克达殷，集大命。在后之侗，敬迓天威，嗣守文武大训，无敢昏逾。

文王、武王如同日月交相生辉。文武有日月重光之瑞，定律历之数，列陈以教民、习武、伐商，习之者不违法令，前歌后舞，夺了殷商的大命。继文武之后，我辈共同努力，恪守文武成法，不敢逾越。

成王言简意赅，自文武至今，政事约略有四：首先，"奠丽"。衣食者，民之赖以生存之物。文武发政，则能定民所依，使饥者得食、寒者得衣。其次，"陈教"。治民不可有养而无教，乃陈列教条，使晓然于尊亲之理，坦然于仁义之途。再次，"肄不违"。周民感其教养之泽，莫不服习而无所违越。其四，"集大命"。用能风声暇播，民心咸归，天心眷佑，大命始集于我周。最后，成王也不改其道，然后克享天心，世泽绵长。这是守成之道呀。

㉑ 顾命——辅佐我的儿子

成王顾命分两项内容：其一，坚持文武路线；其二，责令诸大臣辅佐太子钊，即康王。

今天降疾，殆弗兴弗悟，尔尚明时朕言，用敬保元子钊，弘济于艰难。

成王说："老天降给我疾病，我已经病危了。你们要记住我现在的教命。敬元子钊，保元子钊登上帝位，辅佐他于艰难之中。"元子，即皇长子；钊，康王的名字。"弗兴"是身体已经起不来了；"弗悟"是精神恍惚。

柔远能迩，安劝小大庶邦。

"能"通于"而"，如也。怀远方之来，使之柔顺。抚循近邦，驯扰、教习，从首善之区。古人称之为御万民之道。诸侯国虽大小不等，天子不可以因其国力而有所歧视，即尊重民族和国家的席位。对于小邦之诸侯，则抚绥辑宁以安之，使之得以自立；对于大邦之诸侯，则督责开导以劝之，使之不敢自肆。虽有区别，但这是维持社会安定、团结的要求，形成稳定的社会架构，不至于相互攻伐。

思夫人自乱于威仪，尔无以钊冒贡于非几。

正德从端正威仪开始，也是周礼的思想内容，成王将其列为另一重要项。前边所说的柔能安劝，必始于德。你们应该端正元子钊的德行。从一言一行开始，有威可畏，有仪所像。天子应该垂范天下，其威仪为天下所观瞻，不可稍有忽怠。虽说是成王对继位者的要求，但是更像说给面前大臣们听的，你们也要这样做，你们都是老臣，要辅佐康王，如果连你们都不能做好，怎么辅佐康王呢？

他要求诸位大臣，你们务必敬保元子钊，致谨于念虑之微，以端正威仪，守典常，千万不要冒进于是非的端倪。

以上是成王顾命的全文。内外兼治，心正身修，为治之本端。道路正确，君臣一心，虽艰难之业犹可济也。

㉘ 空前绝后的场面

周公草创周礼，而作为习惯了战场征杀的周公，他并没有多少时间来尝试周礼的繁华。另外周礼因时而兴、因事而兴、因人而兴，周公并没有见到最大的周礼场面。而践行周礼并将周礼推向极致的周成王，临死都不忘以周礼训诫群臣，勉励太子钊。

成王敷布完顾命，马上由别人扶着卧倒休息。大臣们依次退出，开始布置成王的后事。布置丧葬、祭祀场地，采买物品。第二天成王归西。因此，成王的葬礼是空前的，内容最丰富，含义最深邃。周朝以后的大小礼仪均以此为蓝本，以此为榜样，在先秦典籍里尚未见到比成王更繁复、详尽的葬礼记载，故而成王葬礼又具有后人无法超越的高度。

甲子日顾命训辞，第二天乙丑成王崩。

> 太保命仲桓、南宫毛，俾爰齐侯吕伋，以二干戈虎贲百人，逆子钊于南门之外。

太保即召公。大概仲桓和南宫毛是主管仪仗队的官员，召公派他们和齐侯吕伋带领威武之士，在南门外迎候太子钊。虎贲，即武士当中最威猛、健壮的勇士。过去交通不便，成王病危，太子钊并未在跟前。所以召公派臣子出门迎接。为了显示太子的尊严，刻意将迎接仪式设在路门之外，臣子左右侍从，以示隆重。

> 延入翼室，恤宅宗。

他们把太子迎接到门侧的夹室，以太子为丧主。古代房屋有堂，堂的东西各有室，即翼室，也叫夹室，又叫路寝。

《说苑·修文篇》云："诸侯正寝三：一曰高寝，二曰左路寝，三曰右路寝。高寝者，始封君之寝也。二路寝者，继体君之寝也。"又云："然则天子之寝奈何？曰：亦二承明，继体守文之君寝曰左右之路寝。谓之'承明'何？曰：承乎明堂之后者也。"① 可见太子钊被安排在左路寝。太子成为居忧宗主，以显示周朝天下后继有人，天位已定。庄重、威严、周密，这是周礼的精髓。

　　丁卯，命作册度。

　　丁卯，即成王故去的第三天，召公重传命之典，备慎终之礼，他责令史官将成王顾命所言刻于竹简上，并制定受册之礼仪。通过规范的礼仪来督促大家心生敬畏，遵守执行。今天，在河北等地，往拜师礼仪叫"拜帖"，也是表达对这一纸文书的敬畏。

　　礼仪、威仪，虽有基本模式，但往往需要随现实情况而临时裁度。既有周礼的原则，又有召公等人的智慧。其实，关于丧葬及传位诸多事宜，召公应该早有预案和安排，所以能事事周详。

❷❶❾ 传命的场地

　　越七日癸酉，伯相命士须材。

　　郑康成注："癸酉，盖大殓之明日也。"即出殡的第二天。《曲礼》云："生与来日，死与往日。"古人计算时间的习惯是这样的，出生从生的那一天算起，死亡则从死亡后的第一天算起。《王制》云："天子七日殡。"因此，成王乙丑去世，出殡的时间应从乙丑之后的丙寅算起，第七天为壬申。壬申出殡，第二天癸酉传命。然而，古今许多学者坚信此时仍成王葬礼。

　　所谓"越七日"，从丁卯作册度算起恰是七日。此外也许"七日"并非确数，也许是天子殡葬某种礼仪的代称。今天的现实生活中，全国多地的丧葬习俗里都有"七日"之说。抑或民间习俗始自于此，尚未考证。

---

① 孙星衍 . 尚书今古文注疏［M］. 北京：中华书局，2004：487.

癸酉日，召公命广取百祀之木，以备典礼所需。

　　狄设黼扆缀衣，牖见南向，敷重篾席、黼纯，华玉仍几。

　　狄，通"翟"，即乐吏。《明堂位》云："天子负斧依，南向而立。"[1]此斧依，即有斧文的屏风立在户牖之间。缀衣，盖即《中庸》所云"设其裳衣"。司马迁认为这些活动应该是在宗庙进行的。华玉，即五色玉。

　　郑康成注云："不用生时席，新鬼神之事也。"旧时成王曾在牖间之位设三重席，今则重席。不用旧时席子。沿用原来的玉几，这是成王旧时所用。此处为成王觐诸侯、见群臣之位，正位。《周礼·司几筵职》云："凡吉事变几，凶事仍几。"[2]注云：变几，变更其质，谓有节。仍，因也。因其质，谓无饰也。

　　西序东向，敷重底席、缀纯，文贝仍几。

　　序，是厢房；缀，杂彩；文贝，有文之贝。西厢房仍几，这是成王平日听事的地方。

　　东序西向，敷重丰席、画纯，彫玉仍几。

　　东序西向，是成王养国老享群臣之座。

　　西夹南向，敷重笋席、玄纷纯，漆仍几。

　　此处为成王平日亲属私宴之座。

　　召公传顾命，为什么要布置这么多地方呢？陈设物品、座位，以像成王之生存。随事而设者，成王曾日理万机，顾命也包含成王政务、生活的各个方面。人已经走了，但是神还在。神在哪里呢？神又岂是人能见到的。神之所

① 孙星衍.尚书今古文注疏［M］.北京：中华书局，2014：488.
② 孙星衍.尚书今古文注疏［M］.北京：中华书局，2014：489.

依，或在于此，或在于彼，人所未知，故而把成王曾经生活和办公的地方全部整理好，以为成王灵魂所凭借。

㉒⁰ 庄重的点缀

古人讲求"事死如事生"。在最高规格的典礼上，仅仅布置好方位还不够，还有许多经过严格筛选的物品要摆设出来。

> 越玉五重、陈宝、赤刀、大训、弘璧、琬、琰，在西序。

越玉，越地所献之玉。郑康成云："陈宝者，方有大事，以华国也。"赤刀，以赤为饰，周之正色。郑康成说是武王伐纣所用刀。大训，即礼法，先王德教，前朝典谟。何谓"大事"？指将有朝见诸侯之事。《周礼·天府职》云："凡国之玉镇、大宝器藏焉。若有大祭大丧，则出而陈之。"①

> 大玉、夷玉、天球、河图，在东序。

郑康成注云："大玉，华山之球也。夷玉，东北之珣玗琪也。天球，雍州所贡之玉，色如天者。皆璞，未见琢治，故不以礼器名之。"璞者，朴也，真也。这是东序的陈设。

> 胤之舞衣、大贝、鼖鼓，在西房。兑之戈、和之弓、垂之竹矢，在东房。

其中胤、兑、和、垂，都是造物之人。胤，大概是《胤征》之胤，垂也许是舜时代的那位共工。这些都是名家制造，大品牌的宝贝。大贝，是当年散宜生取来献给纣王的宝物，"大贝如车渠"，后来归于武王，流传有序。鼖鼓，

---

① 孙星衍.尚书今古文注疏［M］.北京：中华书局，2014：492.

大概也是前朝之物，周人廉政勤俭，如是周朝物品，既不足为奇，也恐档次不足。

传世之宝，也是先王心爱之物，成王的手泽尚存，逐一小心翼翼地摆放好。

> 大辂在宾阶面，缀辂在阼阶面，先辂在左塾之前，次辂在右塾之前。

召公命人把成王所用的车辆也依次陈列出来。《周礼·巾车职》云："王之五路：玉路以祀，金路以宾，象路以朝，革路以即戎，木路以田。"[1] 路、辂相通。至于具体陈设是哪几种车辆，历来众说纷纭。郑康成认为：大辂是玉辂，缀辂为其贰，先辂是象辂，次辂为其贰。盖此时将祭奠于庙而传顾命，故陈玉辂；又将受诸侯朝，故陈象辂。另一种看法是，大辂，即玉辂；缀辂，即金辂；先辂，即木辂；次辂，为象辂、革辂。我更倾向于郑康成的观点。马融也认为，陈设中没有"戎辂"，因为革辂是征伐的象征，并非常用。

宾阶，西阶也；阼阶，是东阶。周朝以西为上，成王殡在西方。文中又多次提及左塾、右塾，何为塾？《白虎通义》云："所以必有塾者何？欲以饰门，因取其名也。明臣下当见于君，必先熟思其事也。"[2] 实际上就是大门两侧左右两间小屋，来人先在此恭候主人的约见，这个时机也正是客人要"深思熟虑"，不要有失于德，不要得罪于主人。

陈设已毕，入其庭，登其堂如成王音容犹在，以示继任者有不敢负荷之心。有先王护佑，万物生机，气象不变，国运永昌。

㉑ 授命康王

大典即将开始，康王和一众大臣悉数到场，仪仗卫士各就各位。

---

① 孙星衍.尚书今古文注疏［M］.北京：中华书局，2014：495.
② 班固.白虎通义·杂录［M］.北京：中华书局，2024：484.

二人雀弁，执惠，立于毕门之内；四人綦弁，执戈上刃，夹两阶戺；一人冕，执刘，立于东堂；一人冕，执钺，立于西堂；一人冕，执戣，立于东垂；一人冕，执瞿，立于西垂；一人冕，执锐，立于侧阶。

雀弁，其色赤黑色。周人尚赤色，而冠者法天，天为玄色，所以雀弁为赤黑色，像麻雀的头。威武的勇士们各执斧钺等精美的仪仗兵器，威严肃穆。

仪仗队的卫士是迎接新主的，所以以东为上。又康王居忧在东，以敬新主。

王麻冕黼裳，由宾阶隮。卿士、邦君，麻冕蚁裳，入即位。

古人对于称呼问题非常严肃。前者还称"迎元子钊"，此处已经称呼为"王"，天子"大殡"之后，新君才能称王。这是太子钊第一次被称作"王"。然而康王依旧由西阶升堂，因为他尚未受命，只能以儿子身份自居，不忍自己走上父亲的皇位。卿士、邦君身着麻冕蚁裳，依次进入会场，群臣也各就助祭之位。

麻冕者，麻为女工之始，含义是不能忘本。冕有前后邃延，进贤退愚之意；垂旒，非礼勿视；纩塞，非礼勿听。

太保、太史、太宗，皆麻冕彤裳。太保承介圭，上宗奉同瑁，由阼阶隮；太史秉书，由宾阶隮，御王册命。

授命和即位均有吉庆的含义，因此君臣均着吉服。太保为受遗命元老，亲手捧着天子的大圭。上宗，即宗伯，为典礼大臣，宗伯手里捧着"同瑁"。同瑁，有大同天下、覆冒天下之意；另，"同"一作"铜"，金也，玉以象德，金以配情。玉饰其本，君子之性。金饰其中，君子之道。君子有黄中通理的道德。太史的职责是记录，所以遗命册书均出自太史之手，宣读成王遗命也是太史的事情。

宣读完成王遗命，康王起身而拜，言"以敬忌天威"，敬则不得疏忽，忌则有所不敢为。

乃受同瑁，王三宿、三祭、三咤。

宿与"肃"通，徐行向前为"肃"。康王郑重地接过同瑁，徐徐前行，三次致敬进爵，又三却，复本位。

上宗曰："飨"。太保受同，降，盥，以异同秉璋以酢。

曰飨，用飨来传递神命。康王之后，太保受同祭祀，君臣有别，太保不敢袭用君器。

授宗人同，拜，王答拜。太保受同，祭，哜，宅，授宗人同，拜，王答拜。

宗人即小宗伯。大宗伯赞王，小宗伯赞太保。什么是"祭"？祭，酹酒于地；哜，凡祭祀完毕，必饮福酒，以领神赐。这种饮酒的方式仅仅是福饮至齿，并未咽下，服丧期间，食不甘味。

二十二、康王的太平年代

本章节重点讲述《尚书》两篇文章，即《康王之诰》《毕命》。

《康王之诰》记载康王即位，群臣告诫康王，而后康王诰命天下。《毕命》是康王策命毕公去管理洛邑的命词。

在《今文尚书》里，《康王之诰》并在《顾命》篇。《毕命》未见于《今文尚书》。

㉒ 老生常谈的训诫

在《今文尚书》，《顾命》《康王之诰》两篇文章是合在一起的，读起来更连贯，也更便于理解。《康王之诰》这段内容应该发生在顾命典礼的当日，既可以看作典礼的延续，否则不完整，也可以看作康王执政后的第一次出场。

前者有授命仪式，后面便有新王登基。登基的典礼上，自然免不了一帮老臣的劝慰、进谏，也免不了康王的就职演说。

王出，在应门之内。太保率西方诸侯入应门左，毕公率东方诸侯入应门右，皆布乘黄朱。

典礼程序繁复，召公同时准备了两套会议议程，相邻两个现场布置。康王走出大典第一现场，此时第二现场也已布置完毕。康王立于应门之内，接受各路诸侯的朝见。召公为西伯，率西方诸侯入应门之左；毕公为东伯，率东方诸侯入应门之右。布乘，一作"黼黻"。

> 宾称奉圭兼币，曰："一二臣卫，敢执壤奠。"皆再拜稽首。王义嗣德，答拜。

天子以宾礼见诸侯。诸侯们捧着所奉之圭以及币帛。诸侯中一人高声致辞，大意是：天子新即大位，群臣执礼朝见。我一二臣子，为王藩卫者，并携带地方特产为小礼品赠予君王。壤奠，壤地所生之物以为贽。众诸侯一起向康王再行君臣大礼，康王答拜还礼。

> 太保暨芮伯咸进相揖，皆再拜稽首，曰："敢敬告天子，皇天改大邦殷之命，惟周文武诞受羑若，克恤西土。"

召公追述周家历史，上天改殷商之命，惟文武大受而善顺之，能抚恤西土也。

> 惟新陟王毕协赏罚，戡定厥功，用敷遗后人休。

"新陟王"就是刚刚升天的周成王。成王理政兢兢业业，尤其于赏罚之间审慎权衡，守住文武基业，才有今天的太平盛世。

下面该说康王了。康王虽然心中激动，但仍然不动声色，毕恭毕敬，他天生一副老成持重的样子。在他年轻的心里也有一幅蓝图，那就是带领周朝走向更大的辉煌。作为四朝老臣，召公谈及历史如数家珍，他都不用思索，就能说得头头是道。然而今天他说得很慢，因为与他共事多年的老臣纷纷凋零，他成为顾命之首，而他面前这位就是新任帝王。政事的好与坏，将与自己有最大的责任。

> 今王敬之哉！张皇六师，无坏我高祖寡命。

无须多言，这是召公等大臣的殷切期望。张大其六师，无毁败我文王寡有之命。

较之前帝王，这位周天子更具庄严；召公较周公，缺少王霸之气。也许是时代原因，也许是周礼的束缚，召公诫辞只能说中规中矩，并无多少新意，几乎与成王顾命雷同，与太史宣读内容相同。不过话又说回来，这些观点正是周朝的根本。首先述文武创业之艰难；其次说成王守业之艰难；最后勉励康王振饬戒备，奋扬武烈，以镇定天下之心。

从某种意义上讲，这只是康王登基的必要程序。古人云："以正君臣之位。"虽然内容不多，但是具有权柄天下、推行王命的意义。

㉓ 康王之诰

司马迁说：太子钊遂立，是为康王。康王即位，遍告诸侯，宣告以文武之业以申之，作《康王之诰》。

……惟予一人钊报诰，昔君文、武，丕平富，不务咎，底至齐信，……

丕，大也；平，成也；富者，备也。康王说："文武之道大成，诸事皆备，所以周朝才不会陷于困境和灾难，才能够止于至中至善。"

用昭明于天下。则亦有熊罴之士，不二心之臣，保乂王家，用端命于上帝。

康王接着说，周家以信义扬于天下，有如熊罴一般的勇士，有纯一其心的大臣，安治王室，效命于天，因此才有今天的大好局面。言下之意，以文武之德尤赖群臣辅佐，何况我康王呢？借此勉励群臣。

皇天用训厥道，付畀四方，乃命建侯树屏，在我后之人。

"训"通"顺"。上天用顺应大道，把江山和权力交到我们手上，还给你们封侯树藩，恩泽在我们后人。

康王答群臣之词也是中规中矩。首先言发命之由，其次举文武得天下之由，以求得群臣诸侯辅佐响应。所谓"丕平富，不务咎"，重在提倡德政。康王确实做到国泰民安，据说成王、康王期间几乎不用刑罚，史称"成康之治"。召公建议康王"张皇六师"，康王提出重用"熊罴之士"，其后康王确实武功甚盛，伐鬼方，不仅保边境平安，而且收获了大量战俘。

为何不提成王？康王追述文武，并不忍心提及成王，伤心尤甚。

维持团结、进用贤能是哪一个天子都不能忘的。

今予一二伯父，尚胥暨顾绥尔先公之臣服于先王。虽尔身在外，
乃心罔不在王室。用奉恤厥若，无遗鞠子羞。

天子呼诸侯之礼，尊称伯父。《觐礼》云："同姓大国曰伯父，异姓曰伯舅；同姓小邦曰叔父，异姓曰叔舅。"[1]此处通称大小诸侯，尤其强调同姓诸侯。

康王说："你们要像服侍先王一样服侍我。你虽然身在诸侯国，你的心犹在王家。你们要躬行善道，别让我这个'鞠子'羞愧。"

康王诰命已毕，群臣、诸侯皆领命，并施礼告退，诸侯归国，朝臣就次。其后，康王脱下麻冕黼裳，重新换上丧服。国事、家事均安排周详。

清儒于此处赞曰："三年之丧，天下之通丧；继世以正大统，天下之大义。通丧，上下之所同；大义，天子之所独，故不以通丧废大义。而吉凶不可相乱，则不得不以冕服朝诸侯耳。以为常礼，固不可；以为非礼，则亦不可。孔子录之于经，盖权之于道，以立万世之准云。"[2]

㉒㉔ 周朝永远的旗帜

康王第一次出场并没有惊艳之处，只是做了一些中规中矩的发言。第二

[1] 孙星衍. 尚书今古文注疏［M］.北京：中华书局，2004：509.
[2] 库勒纳，叶方蔼等.日讲·《书经》解义［M］.爱新觉罗·玄烨钦定版.北京：中国书店，2018：415.

次出场，是关于毕公的人事任命，可以显见康王的执政风格。文武之道，是周朝永远的旗帜。

　　　　惟十有二年，六月庚午胐。

康王十二年六月庚午日，胐，即月出的意思。这一天是初三。下文是"越三日，壬申"，即初五。为什么初五的事，要从初三来说呢？虽然初三不着一点文字，可以想见，此项任命一定是在初三经会议表决以及占卜通过，而任命仪式定在初五举行。

　　　　王朝步自宗周，至于丰，以成周之众，命毕公保厘东郊。

六月初五早晨，康王乘步辇从宗周出发，至于丰。文王之庙在丰。大的任命须祭告先王。何况毕公曾效力于文王，乃国之元老。康王特意将仪式设在文王庙，也有谦逊的含义，如同文王亲自来任命一样，规格之高，我是不敢指派你的。此为尊先王、敬大臣。

东郊，即洛邑。先后有周公、君陈治理，向化虽久，而余风尚存，必爱惜护持以保安之。康王强调"保厘"，要推行仁政，在造福百姓的同时也要甄别奸邪，切忌暴戾。"厘"，即厘清、厘正之意，分别开来，加以教正。不失之姑息，不失之暴戾，然后能成周公、君陈之政，以保我周朝江山。

　　　　呜呼！父师，惟文王、武王敷大德于天下，用克受殷命。

康王尊称毕公为"父师"，然后追溯文王、武王创业之艰难，以勉励毕公不要懈怠。惟德行天下，才得以受殷之天命而管理殷民。

㉕ 绕不过的周公

在整个周朝，文王、武王是永远的旗帜。若论对于周朝建立功勋最高者，还有一个人，无论文治武功足以与前二人比肩，他就是周公。他不仅辅佐武王夺取江山，而且是他最后击垮了殷商势力，实现周朝大一统；也是他倡导周朝文化，由此其周礼影响中华文化几千年。但是周公居而不有，他始终生活在文王、武王的光环之下。只有提及具体事件时，他才成为主角，才能成为不可磨灭、不可替代的记忆。

譬如洛邑。康王甚至可以不追溯他的父亲成王，也要赞颂周公。也许是古人的习惯，总是喜欢提及开山鼻祖，如：尧、舜、禹、成汤、文武。均是一个时代和朝代的唯一代表，使得人们习惯上不再细数其他人物。谈国家层面，周公是排不上号的，而提及洛邑的建立和治理，周公又是绝对的代表人物，地方级别的唯一领袖。

惟周公左右先王，绥定厥家，毖殷顽民，迁于洛邑，密迩王室，式化厥训。既历三纪，世变风移，四方无虞，予一人以宁。

周公辅佐先王，奠定周朝基业。他革除殷弊，迁殷民到洛邑，使殷民靠近王室，以服我周朝教化。经过三十年的努力，世风渐化于德义，四方安定。所以如今我才得以垂拱而治。

在尊崇古人、尊崇开山鼻祖的时代，作为洛邑的第二任领导君陈，是完全没有必要提及的，更何况君陈所执行的也是周公路线。因此康王谈"化民之道"。

道有升降，政由俗革，不臧厥臧，民罔有劝。

世道有治有乱。为治之道，贵审乎时势。有时风俗淳厚，人心和顺，此为世道日升之象。有时风俗薄恶，人心险恶，此为世道日降之象。为政者必观风俗是否淳厚，以决定行政之宽严，懂得变通才能事事得宜。康王似乎在说，周公之时，殷民恶习较深，世道方降，所以惩戒、迁徙，其治宜严；及君陈之时，殷民渐化于善，世道初升，所以从容以和之，其治稍宽。至于今日，世变风移，善者固多，而不善者抑或有之，务必宽严并施，奖善惩恶。

康王为什么选择毕公担此重任呢？康王当众赞扬毕公之功德：

> 惟公懋德，克勤小物，弼亮四世，正色率下，罔不祗师言。嘉
> 绩多于先王，予小子垂拱仰成。

国家安泰，必赖勋旧德望。毕公乃四朝老臣，夙具盛大之德，丰采端凝，臣民竞相师法。毕公辅佐先王，功勋卓著，由毕公执政洛邑，我就可以高枕无忧了。

> 呜呼。父师！今予祗命公以周公之事，往哉！

毕公父师，昔日周公在洛邑已建立太平基业，您的德业，要无愧于周公。非公之德，不足以继周公；非周公之事，亦不敢以劳公。康王始终以周公为尺度衡量毕公。

㉒㉖ 康王最新指示（上）

彰显康王执政理念和执政水平的文字就在给予毕公的命辞，尤其是最后的几点训诫。

> 旌别淑慝，表厥宅里，彰善瘅恶，树之风声。弗率训典，殊厥
> 井疆，俾克畏慕。申画郊圻，慎固封守，以康四海。

此一段即前文所谓"保厘"的要务和方法。区别良莠，奖善惩恶。所谓"树之风声"，以委婉的言辞打动人，劝民向善。人有三六九等，总有个别分子不循五典，甚至作奸犯科。对于这样的人，干脆把他弄到别处去单独处理，不要让他们和好人杂处。使人们知道作恶就要惩罚，同时让人们自愿向善以求得平安幸福。

又，王畿为天下之极。国外曰郊，郊外曰圻。其远近疆界已经规划好

的，要更加明确。封域之内，高深险阻，已经设置的守御，要更加坚固。还没有设置守备的，或者年久失修，要加以整饬。守得王畿尊严，方有四海永宁。

> 政贵有恒，辞尚体要，不惟好异。商俗靡靡，利口惟贤。余风未殄，公其念哉。

不要因个人好恶或世俗观念影响了你的政治判断力。为政，贵于有恒，以德行之，以诚行之。发号施令要言辞切当，义理完备。殷商风俗衰败，常会有巧言之人，你切勿为其所左右。怎样才能做到这一点呢？康王概括为："公其念哉！"

> 世禄之家，鲜克由礼。以荡陵德，实悖天道。敝化奢丽，万世同流。

这是对名门望族的规劝。凡致治莫先于风俗，而风俗又往往先败于名门。有习于安乐者，不知稼穑之艰难；有安于豢养者，不知人事之劳苦；有食欲熏蒸者，常败坏礼制。如此等等，满招损，谦受益。

> 兹殷庶士席宠惟旧，怙侈灭义，服美于人。骄淫矜侉，将由恶终。虽收放心，闲之惟艰。

限制殷民奢华纵欲。过去周公时代做过许多诰命，如《酒诰》等，仍须严格执行。康王的警诫更宽泛，偏于习俗。如僭越礼制的事情、破坏公义的事情、骄奢淫逸的事情，等等。虽然经过多年整顿，仍须时时监管提防，有些人还是要继续改造的。

㉗ 康王最新指示（下）

资富能训，惟以永年。惟德惟义，时乃大训。不由古训，于何其训？

德义永年。"资"是资产；"训"是教化民众。一定要对殷民加强思想教育，一些财政收入要投入到教育上，教之以周礼，其命维新。同时，康王认为，一切财富均是由德和义凝结而来的。心之所得谓之德，心之所制谓之义。养德，可享性情之乐，而不为外力所惑；行义，则可以自我节制，不触法绳。

《大学》讲："富润屋，德润身，心广体胖，故君子必诚其意。"经常宣讲德义之大训，感化于心，动之于行，则福禄茂绥之。

孔颖达将此解读为德义与丰亨的关系。"财多德大，故谓之丰；德大则无所不容，财多则无所不济，无所拥碍，谓之亨，故曰丰亨。"

邦之安危，惟兹殷士。不刚不柔，厥德允修。

以中道化殷民，宽严得中，张弛尽善。自从周朝建立，殷商始终作为最大的反对势力存在，几经反复，须慎之又慎。政策过于刚，则恐其生怨闹事；政策过于柔、过于宽，这些人又会延续恶习。因此手腕一定要细腻，恩威并重，殷邦安定，天下才能安定。

惟周公克慎厥始，惟君陈克和厥中，惟公克成厥终。三后协心，同底于道，道洽政治，泽润生民。四夷左衽，罔不咸赖，予小子永膺多福。

如同历代先王一样，康王以"谨始成终"训诫。

周公谋于始，君陈承之，毕公又继之。所遇之时不同，而化殷治洛之心相同，勤于政务，使道洽政治，德泽四方。

康王前后提出七条方略，毕公称诺。康王期毕公"建无穷之基"，收无穷之美。

二十三、周穆王：从龙向蛇的退化

本章节重点讲述《尚书》三篇文章，即《君牙》《冏命》《吕刑》。

《君牙》是周穆王给大臣君牙的策命，其中关于君臣关系的讲述显出周穆王的懈怠。《冏命》是周穆王提拔奴仆伯冏做太仆正的策命。《吕刑》，亦名《甫刑》，记载周穆王时代对于刑法的变革，其中"金作赎刑"等引发后人思辨。

《君牙》《冏命》均未见于《今文尚书》。

❷❷❽ 传说中的穆天子

周穆王是周朝历史上很有知名度的帝王，也是毁誉参半的帝王。周康王传周昭王，周昭王传周穆王。

凡事都有两面性，周朝之前，人们重视质。从周公开始，制定周礼，开始崇文。文化从上层逐步向底层延伸，先从行为方式入手的教育方法很快占领社会各个角落，成为新文化的象征。成王、康王建立了太平盛世，几十年国泰民安，也为周礼打下了坚实的基础。同时周礼也在周朝统治上起到了积极的巩固和推动作用。周朝与周礼是一对孪生兄弟。

推行周礼的一个突出特点就是强化了帝王的地位，权力越来越集中。周公霸气地打败武庚就加强了集权；成王亦如此，显然文绉绉的，办事却非常坚定；康王也是如此。他们一改前朝的职业经理人式的行政，而是越来越倾向于一人整体把控。成王、康王偏于文气，用现在的话说，就是相对儒雅。等到康王的儿子昭王继位就不那么儒雅了。

长治久安之后，国家更加富足，从富足生活里长大的昭王，天生有一种霸气，他上任之后，做得最多的就是征伐。不知道这是不是规律，汉朝文景之治后边，也是紧跟着一个好战的汉武大帝。昭王确实给周朝稳定了边境，并且开疆拓土，然而不幸的是，在讨伐楚国时，昭王不幸遇难，客死异乡。

于是昭王的儿子满继位，这就是周穆王。他仍然延续昭王的思路，对内施行周礼统治，对外扩张。他比他的爸爸更能打，也有好运气。可谓文治武功集于一身，将周朝的兴盛推向极致。称之为"极致"，也意味着他是历史的转折点，衰落也与他脱不了干系。在这一点上仁者见仁，智者见智。

㉒㉙ 穆王初政

《尚书》中有三篇关于穆王的文章，即《君牙》《冏命》《吕刑》。有人从三篇文章中体会到穆王的超凡脱俗、雄才大略，也有人看出了一个朝代的衰败。

穆王初年，周穆王任命君牙为司徒，即《尚书·君牙》。周家天下稳定，周穆王说话也理直气壮。朝堂之上不知从何时起已经变得无比威严。天子的话开始一言九鼎，而臣子再也不敢随意插言，甚至连喜怒的神情都要自我约束控制，免得惹天子不高兴。

> 惟乃祖乃父，世笃忠贞，服劳王家，厥有成绩，纪于太常。

周穆王对君牙说："你家世代忠良，你的父亲、爷爷都曾辅佐我王家，而且都有佳绩，国家档案里都有记载的。"古代臣子有大功，也发奖状，只不过这份奖状是写在"太常"旗子上的。太常，就是画有日月的旌旗。君牙祖上的功勋卓著，就得过这样的奖状，记录在太常上，与日月一起飘扬。

> 惟予小子嗣守文、武、成、康遗绪，亦惟先王之臣克左右乱四

方。心之忧危，若蹈虎尾，涉于春冰。今命尔予翼，作股肱心膂。缵乃旧服，无忝祖考。

眼下，我嗣守文武成康之遗绪，责任重大，只有先王的老臣才能左右匡赞于我，才能治理四方。我能不能得到老臣的支持，能不能守好祖先基业呢？我心忧危，如同走在老虎尾巴上，又如履薄冰。今天命你为大司徒，把你视为我的股肱心膂，你要继承过去服侍周朝的功业，不要辱没了你们祖先哟。

看来天子的脾气也是一天天长起来的。穆王初年，还有蹈虎尾、履薄冰之惧。也许是昭王前车之鉴尚在眼前吧。

我们不知道穆王早年对于昭王是何评价，不清楚前文列举文、武、成、康，为什么独独不提与之最亲最近的周昭王。难道是早年的穆王也反对战争，也是一个儒雅的君王吗？时势造英雄，也许那个时代外患频仍，正需要能征惯战的天子，所以穆王不得不走向战场。不过，后来的穆王在战争上的确超越了他的父亲昭王，难怪人们习惯敬称之"穆天子"。

㉚ 君牙任司徒

对外战争的基础，必须是域内安定，民殷国富。因此司徒这个职位对于国家格外重要。穆王对新任司徒君牙说：

弘敷五典，式和民则。尔身克正，罔敢弗正。民心罔中，惟尔之中。

五典，即五常，父子、君臣、兄弟、夫妇、朋友之道。因为这五种伦理关系是人之常情，日常遵循而从不改易，故而又被称作"五典"。古人认为，父子之亲，君臣之义，兄弟之序，夫妇之别，朋友之信，是不可逾越的法则。作为司徒，首要职责就是教民以五典，使民合于法则。若想教民，首先要以身作则，做民之表率。官员至于草民，犹上之于下，为之敬仰，为之效仿。民众不知道对错，以你为标准，以你分高低。官员责任很大，要修身、正心，要达到最高的道德标准，然后才能敬职，以敷典，以和则。

古代典则诚然有封建成分，但是也不能忽视其正面意义，君不见古今很多犯罪，究其本源往往是其家庭、家族在五典伦常上出了问题。

> 夏暑雨，小民惟曰怨咨；冬祁寒，小民亦惟曰怨咨。惟厥艰哉！
> 思其艰以图其易，民乃宁。

养民是教化的基础。小民很难管理，众口难调，会有很多抱怨和各种各样的需求。要注意小民的疾苦。民以食为天，首先要解决温饱问题，没有饿着肚子谈教化的。因此穆王告诫君牙："思其艰以图其易，民乃宁。"

牧养子民有大学问，应该顺时而动。种地有时有节，要讲科学种植。古人云："使之不以其时，民失业而艰；以时使之，能开其衣食之源，则易。"这是开源的问题，还有节流的问题。教育百姓节省用度，政府也要节省用度，切勿横征暴敛。"用之不以其节，民以竭泽而艰；以薄敛之，不夺其衣食之利，则易。"这是养民之道。

而后，穆王再言文武之谟烈，文武启佑我后人者，皆大中至正，无一偏颇。希望君牙"敬命乃训"，不负于股肱心膂之托，无愧于祖上忠贞服侍周朝之功德。

正民之德，厚民之生，穆王有圣君气象。舜曾命司徒："敬敷五教，在宽。"惟有敬之，才能做民之表率，才能敷教；惟有宽和，才能寓教化引导于无形之中。

㉛ "皇上"身边的人

研究历史人物，如果脱离了历史环境都是不专业的。我们不清楚昭王的时代，不清楚穆王的时代，不知道当时发生了什么。所以只能对事不对人，把单一事件放到更大历史背景下来说，只讲通常情况，而不说特例。姑妄言。

《冏命》就记载了这样一件事，穆王封伯冏为太仆正。按理说，太仆只是负责帝王起居、出行的官员，甚至类似于后来的太监或者侍卫。这等事情居然堂而皇之地收入《尚书》，原因在于这不是普通的任命，同样是仆人，这个仆人的级别很高，突破了之前历朝历代的规制。

看惯了历史剧，我对太监没什么好感。历史上，后宫干政、太监干政的事，比比皆是。国事是国事，家事是家事。内臣的职责是服侍帝王一人，仅仅效忠于帝王一人而已，不宜扩大范围，更不宜涉足朝政。

历代明君对于身边侍从都有所约束。早在殷商初年，伊尹放太甲于桐宫，也是因为太甲受身边人影响太多，沾染了不良习气。这就是典型的反面例子。周公曾说过："缀衣、虎贲必慎其人。"认为此类小官长期在帝王身边，其习气、偏执最容易干扰帝王视听。离穆王较近的还有康王，康王在《毕命》中也曾告诫"殷俗靡靡，利口惟贤"，靡靡者莫过于奴仆，利口者莫厉于近臣。

伯冏其人，资料较少，不知何许人也。冏，也写作"囧"或"炯"，它不同于今天的网络语言，"囧"有明亮有神的意思。伯冏被任命的官职为太仆正。"正"，长也，这可不是普普通通的大内总管那么简单。《尚书》是记载帝王将相的大事、要事的，为什么册封一个大内总管也入了典籍，原本一个小官职居然破天荒地等同于一品大员了。况且此类事务和岗位从未设置一品大员，建制太高了，破了规矩。这篇文章得以保存，也许有孔子的深意。孔子"述而不作"，至于此事褒贬，全由后人。

穆王武功甚盛，后来真的还有些荒唐。唐朝的李隆基跟他相似。周穆王征伐，遇到西王母，居然在那里过上了小日子。徐国趁机作乱，危急时刻穆王的宠臣造父，驾驶良骥快速将穆王送回国内，才得以平息了叛乱。马夫也是太仆正的属下，因此马夫造父获得了无上荣光，穆王赐造父以赵城，即后来晋国赵姓，再后来成为赵国。其后人以地为姓，造父为赵姓始祖。如此看来，太仆也确实给穆王立下过汗马功劳。

�322 太仆正的规矩

周穆王大概是双重性格，面对强敌他威武异常，危急时刻他指挥若定，战无不胜，而在自己内臣、近臣面前，却有点小孩子一样的腻歪劲儿。

> 惟予弗克于德，嗣先人宅丕后。怵惕惟厉，中夜以兴，思免厥愆。

穆王说："天位惟艰，非有德者不能任之。我自以为德薄，不足以堪此大任，昼夜不得自安。"丕后，即帝王大位。瞧这语气，这还是那个大智大勇的周穆王吗？

> 昔在文、武，聪明齐圣，小大之臣咸怀忠良。其侍御仆从，罔匪正人。以旦夕承弼厥辟，出入起居，罔有不钦。发号施令，罔有不臧。下民祇若，万邦咸休。

殷商之前重质，周朝以后尚文。尚文者，稍纵即成文饰、粉饰。孔子曾"占贲而惧"，如果文饰太过则会混淆是非。穆王大意是，文武之圣明，犹赖身边的仆臣。当时给侍左右，与凡御车之臣、太仆群仆，一切从王之职，无一不是正人君子。朝夕之间，他们左提右挈，君有善，则承顺之；君有不善，则匡弼之。

> 惟予一人无良，实赖左右前后有位之士，匡其不及，绳愆纠谬，格其非心，俾克绍先烈。

周穆王感觉自己能力有限，全赖左右前后之士，要求得到时时匡辅，以"克绍先烈"。

> 今予命汝作大正，正于群仆侍御之臣。懋乃后德，交修不逮。慎简乃僚，无以巧言、令色、便辟、侧媚，其惟吉士。仆臣正，厥后克正；仆臣谀，厥后自圣。后德惟臣，不德惟臣。

"后"即穆王自己。瞧穆王多谦逊！谦逊到自己的德行竟然靠身边奴仆来影响、支配。他说："我今天封你为太仆之长，管理太仆，使咸归于正。你要勉励我的德行，我如有不足你要及时提醒我。你不要用巧言令色之人，不要用邪僻谄媚之人，要用正直之士。仆臣与君王关系密切，仆臣正，往往君德无有不正；仆臣谀佞，君王朝夕不闻己之过，往往自以为圣。我君德之修与不修，全靠你了。"

穆王的话要一分为二，仆臣与帝王朝夕相处，因此仆臣的品德素质的确会影响君王乃至政治。如有奸邪乘其间，久之则浸淫积渐，为其所蔽而不自知。即或有贤臣在朝，也难以回天。但是，穆王将自己德行寄托于仆臣似乎是堕落了。

> 尔无昵于憸人，充耳目之官，迪上以非先王之典。非人其吉，
> 惟货其吉。若时，瘝厥官。惟尔大弗克祗厥辟，惟予汝辜。

憸人，即奸邪小人。穆王嘱咐伯冏："你不要任用奸邪小人，不要让他们担任耳目之官。"这是类似于东厂、西厂的特务组织吗？"小人之阶有二：一巧佞，二行贿。你也不要贪财呀。作为太仆正，用非其人是旷官之罪，我将严惩不贷。"

穆王对于太仆的苛责，可以说还是非常清晰的，全面、到位。他既看到太仆的价值，也深知了太仆的可畏，如同"双刃剑"，穆王之所以走此险棋，一定是形势所迫。而孔子及诸贤将《冏命》留于《尚书》，也足以展现儒家的智慧。起码对于太仆的管理，还是有借鉴意义的。

㉓㉓ 刑法不是首选

刑法虽有延续性，但是依据时代不同而宽严不一。夏朝顺承尧舜，当时民风淳朴，刑法宽松。夏朝自成汤之后，走向严苛残酷，尤其到了纣王时代，酷刑达到顶峰。周朝建立后，刑法有很大改观，但仍然重于夏朝。如今周朝走向极盛，歌舞升平，因此周穆王改革刑法也是情理之中的事情。这篇文章叫《吕刑》。孔子因为《吕刑》合于当时，所以将它保留在《尚书》当中。

中国人历来喜欢讲道德，讲五典，崇尚文明，一向反对凶残，因此古人对于法律有一种天生的恐惧和憎恶。即使有了五刑，还发明过象刑，此外也有各种赦免等。由于对刑法的偏见，以至于建立在五典之上的刑法始终没有独立

的位置和形象。即使到了穆王修法的时代，这一观点也未彻底改观。

新任司寇吕侯代替穆王发布号令，颁布刑法，即《吕刑》。

> 若古有训：蚩尤惟始作乱，延及于平民，罔不寇贼、鸱义、奸宄、夺攘、矫虔。

蚩尤就是那个被轩辕黄帝打败的九黎国君。蚩尤作乱，殃及平民。国家动荡，于是贼寇四起，行不义，为奸为诈，杀人越货。

由此，圣人制刑的本意，一者保护平民，二者惩治恶人。实在是不得已而为之，非用刑不足以遏绝乱象。另一层在刑法的使用方面，五刑本为贼寇奸宄所设，不当滥及平民。

> 苗民弗用灵，制以刑，惟作五虐之刑曰法。杀戮无辜……发闻惟腥。

学界关于黎苗说法不一，苗民与九黎一样，也是给所谓"华夏正统"制造了很多麻烦的部族。三苗也学着蚩尤的恶习而不行善事，并且他们发明五种刑罚，滥杀无辜。因此"民兴胥渐"，民风也变坏了。百姓有冤无处诉。上天监视民间，发现九黎毫无馨香之德，只有刑戮发出的腥臭。

多行不义必自毙，上天命圣主除其恶。因此蚩尤、三苗均受到严惩。

穆王之所以突出三苗之恶，因为三苗也曾数度叛乱，跟眼前作乱的徐国相似。穆王眼下最大的敌人就是跟三苗高度相似的徐国，难怪对三苗恨之入骨。

㉞ 追述舜之德政

穆王对于舜的政治推崇备至。

> 皇帝哀矜庶戮之不辜，报虐以威，遏绝苗民，无世在下。

上天震怒，命圣主惩戒三苗。于是舜体悟天心，以正有苗之罪。《舜典》载："窜三苗于三危"，分其党，以遏绝有苗之民，使其不要为害于其他诸侯国。上天有好生之德，总会给人民选择圣君的，上天最痛恨的就是施虐于天下苍生。上天最为赏识的莫过于救民于水火。这恰恰是舜的德政。

随着窜三苗，舜又重新立规矩。这是对自然法则的重新认知，也是对社会的积极改良，由此而形成的就是文化和信仰，使人民有所依托，有所敬畏。虽然仍有迷信因素，但是对于社会发展具有积极意义。

> 乃命重黎绝地天通，罔有降格。群后之逮在下，明明棐常，鳏寡无盖。

重黎和羲和一样，都是主管天文历法的官员。其职权范围很宽泛，古人对此描述也存在一些争议。重黎通过制定礼仪规矩，使神民不同于位，上下等级分明，不容混淆。只有到节日祭祀的时候，才会有所沟通，平时就不要升降杂糅了，免得乱了身份。古人往往通过装神弄鬼来犯上作乱，绝地天通实际上是有限度地破除迷信，维护人类固有伦常。一时间诸侯、百官皆尽职尽责，辅助常道，惩恶迁善归于正途，即使鳏寡之人也得到了社会的关照。

舜的作为，正如后来孔子总结的一样，敬鬼神而远之。对于自身，则诚心正意，修身养德。做人的道理就是这么简单，做好自己就行了，可不要被神鬼所迷惑。君不见后来的秦始皇，能统一六国，却不知道求仙之愚。如此者还有汉武大帝，困于巫惑；至于明嘉靖帝就更不足论了。

> 皇帝清问下民，鳏寡有辞于苗。德威惟畏，德明惟明。

舜反有苗之政而行，体察下民，然后声讨有苗之罪。以德为威，不以刑为威。而民众皆服化于舜的统治。

> 乃命三后恤功于民：伯夷降典，折民惟刑；禹平水土，主名山川；稷降播种，农殖嘉谷。三后成功，惟殷于民。

不仅要建立新制度，还要完善、推行新制度。伯夷、大禹、后稷并称"三后"，即三位圣人。其中伯夷为首，伯夷先降下典礼，使民习礼以止于刑。"三后"成功，惟民享其盛也。

大家还记得皋陶吗？皋陶制刑。古人重礼不重刑，尧舜禹为"三后"，而专注于刑法的皋陶排在"三后"之外。古代圣主以民事为忧，而各成其功。民心不可不正，伯夷为之典礼，民有风动之美；民居不可不奠，大禹平治水土，民得以免除颠沛之忧；民生不可不厚，后稷种植五谷，民有美食之乐。先谈民心、民居、民生，然后才是刑法。

可见，晚年穆王虽近似于昏庸，但仍以舜自期。

㉟ 回忆第一部刑法

教化是针对善人的，世上人形形色色，有些人不善，又不服教化，怎么办呢？舜自然想到了"刑"。舜命皋陶主持制定刑法。

> 爰制百姓于刑之中，以教祗德。

所谓"刑之中"，自然是因罪论刑，罪有大小，刑亦有相应层次对应，刑要取之"中"。无过与不及之条。刑法是德化教育的辅助工具，让民众知道善之当为，不善之刑威，祛邪目的仍在于扶正。

教化先行，人民就会敬德。《白虎通义》说："王者设三教者何？承衰救弊，欲民反正道也。三正之有失，故立三教以相指受。夏人之王教以忠，其失野，救野之失莫如敬。殷人之王教以敬，其失鬼，救鬼之失莫如文。周人之王教以文，其失薄，救薄之失莫如忠……法天地人，内忠、外敬、文饰之，故三而备也。"[1]

> 穆穆在上，明明在下，灼于四方，罔不惟德之勤。故乃明于刑之中，率乂于民棐彝。

---

① 班固.白虎通义·三教［M］.北京：中华书局，2024：310，312.

一个国家着力宣传的自然是德化，而不是炫耀刑罚的残酷，古今亦然，中外亦然。所以穆王称赞舜的功德。舜有穆穆然和敬之容，以君临在上；“三后”诸臣，同寅协恭，古人称之“有明明然精白之容”，以赞助在下。执行当中则力求合于中道，务协于中道。

典狱，非讫于威，惟讫于富。敬忌，罔有择言在身。

有了好的刑法，审理狱讼便有章可循，同时还要告诉执法者敬忠于职守。典狱之官，不要炫耀自己的威严，也不要贪图人家财货。《孝经》说：“口无择言，身无择行。”对于司法官员，言语可要格外注意呀，慎于言才能无过错，也许一言伤人、一言杀人。刑罚一有过差，则死者不可复生，断者不可复续。

舜以德治国，以刑法为辅助，诚然顺天而行。有上天的护佑，有自己的努力，得以配天命、享天禄。君臣一体，不独舜一人吉祥，皋陶及百官也得到上天的恩惠，万民被其恩泽。

从《尚书》角度看，皋陶制定的刑，应该是有史以来被公认的官方制定的第一部刑法。

236 莫把治法当儿戏

讲完刑法的历史和上古圣贤，穆王要发表自己的见解。他要使政治清明，让社会太平，打造先进的文化生态。

“你们不是代天牧民吗？你是怎么看待刑法的呢？不是有伯夷推行刑之道吗？你用刑要惩罚谁呢？”穆王反问四方诸侯，进一步吸引大家注意力。

惟时苗民匪察于狱之丽。罔择吉人，观于五刑之中，惟时庶威夺货，断制五刑以乱无辜。上帝不蠲，降咎于苗，苗民无辞于罚，乃绝厥世。

穆王又以苗民的酷刑峻法来警示大众。“我们会像苗民那样吗？苗民不审不察，哪里懂得用刑的道理！断狱不能得其情，量刑不能得其中，或滥于淫威，或贪图人家财货，妄断无辜，以至于上天降罪。”诚然，历史上的酷吏几乎没有得到好下场的。国家也是一样，如秦朝，热衷法家酷刑，二世而亡。

修身由内而外，治国也是由内而外。穆王首先要求其同姓诸侯。我的家人们，要记住我说的话呀，深戒之。

今尔罔不由慰日勤，尔罔或戒不勤。

现在的境况是，你们治狱无不以发怒为勤政，没有哀敬折狱之心，这是不行的。上天哀怜每一个人，不然怎么会使每个人的生命有长有短呢？哪怕只有一天的生命，那也是上天的旨意，为政者也必须认真对待。罪犯是生是死，均在你手里，能不敬刑乎？罪民的畏惧未必是社会的畏惧，眼下的安定未必是真的安定。敬刑成德，不要夹杂任何私心杂念，以敬迎上天之命，以侍奉我一人。

惟敬五刑，以成三德。一人有庆，兆民赖之，其宁惟永。

穆王强调：“量刑或轻或重，要仔细斟酌，要得其中，敬谨于五刑，以成正直、刚克、柔克之三德。你们的行为关乎你我荣辱，关乎国家命运。”

用好刑法，可以安百姓，保社会太平。如果那样，还愁用什么人来理刑吗？还愁用刑不当吗？还愁你的思度不到位吗？尽管年老了，他的思维依然清晰，他仍然像一头猛虎，能够咆哮山林。此三者，依然没有离开穆王的立法观点，分别为得其人、任其事、无滥刑，这是穆王以及古代所有圣君对于刑的最高要求。

237 论听狱之法

关于听狱之法，周穆王提出敬谨五刑的具体要求。

两造具备，师听五辞；五辞简孚，正于五刑。五刑不简，正于五罚。五罚不服，正于五过。五过之疵，惟官、惟反、惟内、惟货、惟来。其罪惟均，其审克之。五刑之疑有赦；五罚之疑有赦。其审克之。简孚有众，惟貌有稽。无简不听，具严天威。

其一，"两造具备，师听五辞。"两造，即原告、被告双方；五辞，即涉及五刑的讼词。听狱，一定要控辩双方到场。听狱的士师要仔细听取双方意见，了解事情经过、原委。另外《周礼·小司寇职》云："以五声听狱讼，求民情：一曰辞听，二曰色听，三曰气听，四曰耳听，五曰目听。"[1]依此解释，五辞又为"五听"。该书注解说："观其出言，不直则烦；观其颜色，不直则赧然；观其气息，不直则喘；观其听聆，不直则惑；观其眸子，不直则眊然。"古人说得有道理，甚至部分观点可以用现代科学理论证明。现代人的研究表明说谎的喜欢摸鼻子。

可见听狱不是简单的问询、记录，需要很多经验，如包公审案，察言观色，巧妙运筹。

其二，"五辞简孚，正于五刑。"简者，诚也；孚者，信也。五辞有诚有信，治于五刑。

其三，"五刑不简，正于五罚。"不简，指所犯非方，其诚无恶意。古人重视伦常，对于意气用事以及类似防卫过当等事，认为情有可原，也往往宽大处理，治之以罚款，缴纳罚金。

其四，"五罚不服，正于五过。"如果罚款都不从，则往往是听狱者有问题了，称之为"五过"。如果人家要上诉、上访，原来的听狱者就没有审判的权力了。听狱者，你要认真，控辩双方都有说话的权利，甚至可以上诉的。

其五，造成冤假错案的情形，其听狱者往往存在以下五种过失："惟官、惟反、惟内、惟货、惟来。"即惧于一方威势、报一方恩怨、困于某位官员内人递话、收受一方贿赂以及有各种不能推却的干扰因素。

其六，"其罪惟均"。司马迁写作"阅实其罪，惟均其过"。量刑适中，依

---

[1] 孙星衍. 尚书今古文注疏［M］. 北京：中华书局，2004：531.

法治罪。经过狱讼，确实无罪的应该释放，还其清白。

其七，疑罪从无。穆王和吕侯还注意到一个棘手的问题：不是所有的事情都能审理得清楚，有些案件总是破不了，会成为悬案。有些事只是怀疑，而没有证据，或形不成完整的证据链。穆王指出："五刑之疑有赦；五罚之疑有赦。"这是古代的"疑罪从无"，做无罪推断，这一原则至今仍然沿用。

其八，"简孚有众，惟貌有稽。"怎么样保证司法公平呢？穆王提议：欲其诚信有众，必用三讯之法，与官民共治。"一曰讯群臣，二曰讯群吏，三曰讯万民。"三讯中，你可以为某人鸣不平，可以替某人辩护。这大概是陪审团制度和律师制度的前身吧。

其九，"无简不听，具严天威。"有其意而无其诚者，或者有动机而未实施，不可轻易以有罪无罪论处，法网恢恢，疏而不漏，既不滥及无辜，亦不宽纵有罪，俱当严敬天威。

㉘ 用钱可以赎罪？

早在《舜典》也有关于赎刑的记载，"流宥五刑，鞭作官刑，扑作教刑，金作赎刑。"其中的"金作赎刑"很难解释清楚。古代没有标点符号，因此可以做三种推断：其一，这是不涉及刑事的犯罪，仅涉及民事；其二，用钱可以赎掉鞭刑、扑刑；其三，可以赎五刑。

在周穆王的理解里，赎刑是适应于五刑的，换言之，民事处罚伴随着刑事处罚。对于穆王的赎刑，历来褒贬不一。有人会问，如果用钱可以赎罪的话，那不是给了富人犯罪的权利吗？不是。穆王一直强调"其审克之"，该治罪的还是一定要治罪。

也有人说，周穆王赎刑是为国家敛财。而儒家一直认为穆王多恤民之意，孔子删《书》垂训，大概也是专注其哀矜恻怛之情。

墨辟疑赦，其罚百锾，阅实其罪。劓辟疑赦……五刑之属三千。

《吕刑》详细规定：疑则赦，核实其罪按相应的律条进行罚款。《吕刑》

颁布非常认真翔实，条目必有定数，唯恐后人妄生事端。因此，穆王强调"上下比罪，无僭乱辞"，法律条款是有限的，而犯罪情况千奇百怪，哪有全合于律条的，要依据上下刑为参照系，来比附其罪。"勿用不行"，过去的法律当废止的就要坚决废止。"惟察惟法"，即惟以明察，惟用今时之法。作为官吏，应该内合于心、外合于法。

　　惟齐非齐，有伦有要。

刑罚同属，其义相辅。刑、罚固有一定之律，然而先王立法，必缘乎人情，通乎世变，则上下轻重之间，犹有权衡。齐之以不齐，遵守伦常为要。

　　非佞折狱，惟良折狱，罔非在中。察辞于差，非从惟从，哀敬折狱。

穆王之所以用赎，在于不忍于用刑，在于赎金虽不至死，也可达到惩戒目的。慎刑犹在于用人。口才固然重要，但折狱官更重视德行。假如你巧舌如簧，三言两语令讼者辞屈，也是要不得的。似汉代张汤那般显然不行，而奸佞更是可怕，酷易见而佞难知也。倒不如善人秉公执法更妥帖。折狱官听其言还要察其情，不仅仅限于听取他的词讼，才是尊重他的词讼。保持怜悯之心，"哀敬折狱"，不要有丝毫的狠毒，不要有丝毫的懈怠。

　　明启刑书胥占，咸庶中正。其刑其罚，其审克之，狱成而孚。输而孚。其刑上备，有并两刑。

法律条款要牢记在心，这是执法的基础，同时听取多方面意见，依法办事，比附相关案例，才能合于中正。周穆王还强调卷宗制度，要如实记录并上报整个审理、量刑过程。不要增减罪状，犯二罪以上的以其最高的刑罚处理就行了，只科一罪。从流程上说，好的司法应该做到：狱成于下，而孚于人；狱承于上，而孚于信。

㉓ 有德惟刑

《吕刑》以爱民、治安为出发点，前边说"惟良折狱"，后边讲"有德惟刑"。穆王重呼司政、典狱以及王公贵族，说："我说了这么多畏惧之辞，我甚敬于刑，不敢妄用啊。有德者，当思此详刑。"五刑都是来自上天的刑罚，天非以刑虐民，而实以刑相助于民。惟有有德者能敬之。

"是上天的旨意，让万民立我为君，使得我能够有天下而治民、牧民。如此，听狱之事，能不敬吗？能不中吗？要审慎听双方辩词，不可片言折狱。"

原告、被告或有行贿之举。穆王警告："不要贪图人家的贿赂，监狱是你们家的吗？如果你把收受贿赂当成好事，你就摊上大事了。"

之所以让善良之人掌管狱讼，穆王担心酷吏怒责犯人，犯人受到怒斥或拷问，难免畏惧不知所措，听狱者再望文生义，罪责自然就加大了。这样的糊涂办案，你就不怕遭到天罚吗？

永畏惟罚，非天不中，惟人在命。

穆王分明在谴责当前的吏治，谴责当前的刑罚。这哪里是上天不公平呀，分明是人祸，违天者咎由自取。为官者，你要记得你是代天行罚，民众希望你公正廉明，你若做不到，民众到哪里去找善政呢？你们是不是该给我一个保证呀？

呜呼！嗣孙。今往何监非德于民之中？尚明听之哉！

穆王言嗣孙，是要求诸侯、大臣们，回家也要做好普法教育，教育后嗣，以使后嗣享禄位。从今以后，你们该如何监管庶民呢？还不以德敬刑吗？听狱还没有章法乱来吗？好好听听我的话，仔细回味回味吧。

听狱者，惟哲人才能胜任。伯夷、皋陶皆有无穷之誉。于纷繁讼词中，审理得当，反复求得其中，于个人、于社会都是好事，"咸中有庆"。我们承接了上天和先王留给我们的善良民众，行善是人类的本然，所以民众永远是善良的。我们怎么能不好好学习此法、利用此法呢？

二十四、周朝沦落了

本章节重点讲述《尚书·文侯之命》。

《文侯之命》是东周第一位帝王周平王给晋文侯的策命。本文涉及西周灭亡和东周建立的问题，晋文侯护驾有功，因而受封。

❷⓿ 从幽王到平王

周穆王时代到达周朝的鼎盛。穆王晚年已经出现颓势，君不见穆王任命伯冏掌管大内时竟表现得浑浑噩噩？君不见《吕刑》以"耄荒"这般气象开篇吗？君不见人们以《吕刑》为揽财吗？

果然，周朝江河日下，不仅国运不济，而且帝王也难有作为。话说周幽王，就是那个烽火戏诸侯的帝王。周幽王宠信妃子褒姒，因此废黜了申后及太子宜臼。申后是申侯的女儿。申侯闻之大怒，引来西夷、犬戎攻杀周幽王。周朝命在旦夕。作为周邦的同族，晋文侯毅然兴兵，迎立太子宜臼为周平王，迁都东都洛邑。

朝政之乱总是先从典常伦理上的混乱开始，然后社会动荡不安。这也是历代圣主首倡五典的原因。

周平王很不幸，身为太子就遭遇死亡威胁。幸亏晋文侯等一众诸侯伸出援手，他才死里逃生，才守住半壁破落江山。

其实，这位力挽狂澜的晋文侯也曾经历过类似的废立坎坷。救助太子，既是君臣大义，又是同病相怜。下面我们也介绍一下晋文侯。

《史记·晋世家》载，晋穆侯娶齐女姜氏为夫人。生太子仇，少子成师。晋人师服认为名字不吉利，恐日后生乱。果然，二十七年穆侯卒，穆侯的弟弟殇叔自立，太子仇侥幸出逃。殇叔四年，太子仇率其徒袭殇叔而立，即晋文侯。周幽王灭亡，继而东周建立是文侯十年的事情。

周幽王迷恋女色，灾自内生，加之外邦作乱，他自无生路可言。所以，有能力、有实力的晋文侯兴兵勤王也没有去救幽王，而是扶立新主——太子宜臼，以起釜底抽薪之效。

如此，西周不能待了，不仅大臣心散了，连民心都变了。只有到洛邑另起炉灶，这就是东周。之前称为西周。

既没有大臣，也没有将士的周平王，似乎也能力有限。立朝之后总要封赏有功之臣的，他任命文侯为方伯，然而柔弱之情溢于言表。不过，晋文侯还是中规中矩地效命于周平王，三辞而就。

冰冻三尺，非一日之寒。周平王知道为什么西周灭亡，他希望晋文侯等人能辅佐他、效忠他。而作为乱世的开始，晋文侯也似乎没有太多的野心，野心和乱世也是逐步发展形成的，那个时代，起码五典还有一点号召力。

㉔ 一片亲情对文侯

晋侯的祖先是唐叔，唐叔是周成王的小弟弟。其封地开始称为"唐"。唐叔善射，唐叔死后，其后人要避先人名讳，以其功德称之为"晋"。晋者，进也，唐叔是位神箭手。汉字"晋"，其上为箭，其下像靶子，是箭射靶心的意思。所以后来人们习惯上称"唐"为"晋"。同此，前文《吕刑》也作《甫刑》，也是先称"吕"，后来又称为"甫"。

平王册封晋文侯为方伯，做诸侯之长，并予以大量赏赐，史官记之即《文侯之命》。

父义和！丕显文武，克慎明德，昭升于上，敷闻在下。

晋与周同姓，平王尊称晋文侯为"父"。平王呼唤着文侯称赞道："只有您最懂的君臣大义，能以道义统领诸侯。你我同宗，还记得先祖文王、武王吗？其德光显，又能诚勉日新，其光辉著见于上天，布闻于民间。"

惟时上帝，集厥命于文王。亦惟先正，克左右昭事厥辟……

周平王思路很清晰，他将历代圣君贤臣歌颂一个遍。"上天降大任于文王。文王、武王皆有明德，故天命又复命武王。也赖有先世忠良，能助我先王，成其大业。成王、康王以及历代先王继承祖先事业，无不承袭文武之道。有群臣尽力，大小事情无不顺遂，先王得以安于其位。在忠臣之列，也包括您的先人唐叔和各位前辈。"平王突出晋文侯的血脉，突出贤臣对于君王、对于国家的贡献，这也是一张"亲情牌"。

感激之情溢于言表。其实，平王的论点稍显滑稽。有贤臣然后才有明君吗？似乎这种因果关系倒过来才对。难道文武成康手下都是贤臣？难道桀纣幽厉朝堂都是佞臣？一方是惊魂未定的周平王，一方是匡扶周朝的晋文侯，平王借此打动晋文侯，也是情理之中的事，只是格调不算高。

呜呼，闵予小子嗣，造天丕愆。殄资泽于下民，侵戎我国家纯。
即我御事，罔或耆寿俊在厥服，予则罔克。

闵，悼伤之辞；纯，同"屯"，大也。平王哀叹："可怜我历尽磨难，今日嗣位。是什么缘故让我遭受如此天大的过咎，先有绝财禄于下民，后有寇兵大举侵犯我国家。"平王心里清楚，虽然他不能声讨自己的父亲，却恰恰是幽王无恩于民众，导致众叛亲离。

平王打心底感谢晋文公等一众老臣，他接着说："如今我承袭帝位，假如没有老成之臣和俊才贤臣辅佐我，我无以任其事。我德薄无能，何以度过灾难，惟赖你这在外之诸侯。"是谁把你送到我身边呀，不是弯弯的月亮，是"惟祖惟父"，是我祖祢有灵呀。

国家社稷，从来不是用亲情来治理的。平王论点失之偏颇，君臣礼义不显，更没有高明的治国理念。周天子不能自强，寄希望于大诸侯，这就是春秋之风。

㉜ 重托文公

受封之后，文侯便是升级为"文公"。平王有重要托付。

追问东迁之祸，根源在于失民心。失民心则受外侮。因此，治理国家必爱惜百姓，正气存内，邪不可干。这是平王的潜台词。平王平复一下心情，将重大责任一并委托文侯："您有功于社稷，有功于我一人，您要永远帮助我，使我久安于帝位。"

> 父义和！汝克绍乃显祖，汝肇刑文武，用会绍乃辟，追孝于前
> 文人。

所谓显祖、前文人，都是指文公的祖先唐叔，晋国的开国国君。"我的文公啊，你能以义统率诸侯，你能继承、光大祖先的德行，你能效法文武之道来安定王室，辅助我继承帝业，你的功勋直追前文德之人。"

歌颂祖先功德为先，赞扬本人其次。这是古人的思维习惯。祖上生辉，世泽绵长。一方面古人有佳绩，首先是光宗耀祖；另一方面是借了祖先的庇佑才得以有功的。

> 汝多修，捍我于艰，若汝予嘉。

中国人历来看重名节，因此精神表扬总是第一位，最后才是物质奖励。平王说："你居功至伟，保卫我于危难之际，像你这样的臣子，我要重重地奖赏。"所谓"多"在这里专指战功。

> 父义和！其归视尔师，宁尔邦。用赉尔秬鬯一卣，彤弓一，彤
> 矢百，卢弓一，卢矢百，马四匹。

贲，赐也。今王室已安定，你可以归国了，照看你的民众，安宁你的邦国。平王赏赐丰厚，层次分明。今命你为方伯之职，赐美酒一尊，以告祭你的祖先，成汝之孝；其他兵器，使你得专征之权。另有四匹马，是给你个人使用的，专车。

《礼含文嘉》云："九赐：一曰车马，二曰衣服，三曰乐则，四曰朱户，五曰纳陛，六曰虎贲，七曰斧钺，八曰弓矢，九曰秬鬯。"

九种赏赐各有含义。宋均注"九赐"云：进退有节，行步有度，赐以车马，以代其劳；言成文章，行成法则，赐以衣服，以表其德；动作有礼，赐以纳陛，以安其体；长于教诲，内怀至仁，赐以乐则，以化其民；居处修理，房内不泄，赐以朱户，以明其别；勇猛劲疾，执义坚强，赐以虎贲，以备非常；抗扬威武，志在宿卫，赐以斧钺，使得专杀；内怀仁德，执义不倾，赐以弓矢，使得专征；慈孝父母，赐以秬鬯，以归祭祀。[①]

对应赏赐物品，我们也可以清晰看出周平王对于晋文侯的寄托。

锡命文侯，遣之就国。临行嘱托："柔远能迩"，使远方的人慕名而服从于你，使近于自己的子民和诸侯得到你教诲而听从你的教化；"惠康小民，无荒宁"，泽惠四方，而不自荒怠、逸豫，以固人心；"简恤尔都"，以实军备。如此则更能够成就你的显德。

㉓ 苦命的平王

周平王是个苦命的人。

首先，他跟舜一样，有一个浑浑噩噩的父亲，烽火戏诸侯的事都能干出来，其他还有什么禁忌呢？他的父亲不再喜欢他的妈妈申后，给他娶了一个后娘，这一点跟舜也相似，但是平王所受的苦远超过舜。因为舜的爸爸只是平民，别人还能施以同情和声援，甚至批评、责问舜的父亲，而平王的父亲是无人敢惹的周天子。生于帝王之家，本来就是血雨腥风，平王可谓饱经风霜。随着他的母亲被废，自己也失去了太子之位。一般来说，下一步就是在劫难逃的死亡。

---

① 孙星衍. 尚书今古文注疏［M］. 北京：中华书局，2004：548.

申后的娘家是申国，于是平王和妈妈一起逃奔姥姥家——申国。

姥姥家的人有脾气。自己打不过，但是会找帮手。他们找来周邦的老冤家犬戎，一起攻打周朝镐京。他的姥爷带人杀了他的爸爸，抢了他周朝的钱财，镐京被犬戎折腾得不成样子。从此，周朝就灭了吗？这笔账该怎么算呢？

幸好世上还有几个明白人。秦襄王、晋文侯拥立他继承帝位，成为周平王。西边京城是不敢待了，选择东迁吧。在秦、晋护卫之下，逃到现在的河南境内，偏居一隅。诚如平王自己归纳的，周幽王执政，政事不修，人心尽失，"殄资泽于下民，侵戎我国家纯"。

自己是抱着一个天子的空名号来的，身边没有可以重用的大臣，也没有足够的人力和财力，国土狭小，只能仰诸侯之鼻息，依靠在外的诸侯来维持他的名分。

偏安一隅都不消停，闹心事不断。在原来的镐京，诸侯虢石父已经拥立了他的叔叔、周幽王的弟弟余臣为周携王，出现了"二王并存"的怪象。这事又得麻烦晋文公去摆平，晋文公不辱使命，又带人摆平了周携王——平王的叔叔。

在人事任命上，平王不仅无人可用，而且用谁还要听谁摆布。平王相继任用郑武公、郑庄公父子为卿士。后来郑庄公势力增大，逐渐心生傲慢，对此平王深怀有戒心，想罢免郑庄公。结果让郑庄公察觉了，前来兴师问罪，平王不得不再三赔礼，最后还是在大臣们的周旋下，平王跟诸侯国郑国交换人质，郑国才肯罢休。颜面尽失，史称"周郑交质"。

也许周平王曾经有点抱负，也许根本就很平庸。如果抛开国情不谈的话，周平王远不如南宋的赵构。据记载，清康熙君臣论及《文侯之命》和周平王，留下愤懑的案语："《书》自此篇以下，无复王者之诰命。平王迁国之初，王略未复。此一篇中，全无发愤自强之意，罢遣诸侯，崇德报功，释然以为治平无事矣。周室自此不振，而礼乐征伐，遂不行于天下。《诗》至《黍离》而《诗》亡，《书》至《文侯之命》而《书》亡，《春秋》所以作于平王之世也。"[1]周平王做了五十年天子，忍气吞声，自然难入康熙法眼。

---

[1] 库勒纳，叶方蔼等．日讲·《书经》解义［M］．爱新觉罗·玄烨钦定版．北京：中国书店，2018：452．

二十五、战争的正义和文明

本章节重点讲述《尚书》最后两篇文章，即《费誓》《秦誓》。

《费誓》是淮夷和徐戎作乱，鲁国国君伯禽率七百里诸侯征讨叛贼，在费地作誓。《秦誓》是秦穆公遭遇崤之战大败，悔过自责而作誓。

㉔ 师出有名

在周朝历史上，淮夷、徐戎历来反复无常。伯禽是周公的大儿子，鲁国国君，时任方伯，得专征之权。伯禽率众诸侯奉成王之命讨伐淮夷和徐戎。誓师于费，史官以"费誓"名篇。

本篇之所以排在周平王的《文侯之命》后面，并非表示时间上的顺序。《尚书》同样注重君臣关系，兼以尊卑排先后。因此，尚未到达天子及圣人级别的伯禽自然排序靠后了。

伯禽于成王即位元年执掌鲁国。那么周朝第一个鲁侯是周公呢，还是伯禽？很多史书认为，周公封在鲁，由于一直留在朝堂任职，于是鲁国交给长子伯禽打理。然而依据侯爵世袭，另一些史料中又称在成王即位之时伯禽"初封"鲁侯。既然世袭，何以"初封"？是否可以做如下推断：周公为第一个鲁侯，伯禽第一个到鲁国上任，时在成王时代。其时鲁侯为方伯，管征讨。换言之，"初封"是方伯之权也给了伯禽。

第二个推断:《费誓》与三监之乱不是同时发生的。众所周知，三监之乱是由周公平息的，如果同时爆发，作为周公的儿子断没有发表誓词的权力和胆量。此次淮夷和徐戎叛乱，应该是有一个时间节点，在成王复位之后，而周公年老或逝去，此时伯禽任方伯时间尚且不长。从文章的语言风格上分析，也属于周朝初年质朴的特点，没有后期的文饰。

这一天，众诸侯会师于费地。伯禽站在高岗上，用力地叹了一声，说：

> 嗟！人无哗，听命！徂兹淮夷、徐戎并兴。

伯禽说："我受天子之命为方伯，今率众诸侯出征。众人不得喧哗，好好地听我讲话。淮夷、徐戎历来为周朝大患，今乘机谋逆，侵我疆土，扰我民众，夺我财物，我有征讨之责，岂能坐视不管。我们誓师费地，兴师讨逆，以安国家、卫王室。"

淮夷者，《诗传》曰："东国，在淮南而夷行也。"徐戎，有人认为并非戎夷，而是徐人之好兴戎者，故名之。鲁之东，近于徐。

开篇先言明出师之由，不是穷兵黩武。

㉝ 仁义之师

旧时没有职业军人，只有到了战时，才会把年轻力壮的农民组织起来，拿起兵戈成为兵士。战争结束，兵士复归于农。农业是国家的支柱，古人有重视农耕的理念，而且认为兵戎不祥。爱好和平，是中华民族的历史。

> 善敕乃甲胄，敿乃干，无敢不吊！

伯禽首先布置装备。大敌当前，甲胄是否完好，该缝制的要缝好。干，指干楯，即盾牌。

军备物资不常用，也许有老旧破损，现在要及时修补好。从铠甲到盾牌，都是防护作用的，生命最可贵，所以排在第一位。其次才是进攻的武器，远攻的弓箭都备齐了吗？近战的戈和矛还需要锻造一下吗？随身的武器兵刃锋利吗？你们可要一件件准备好呀。

师出有名，乃正义之师，人心所向，是制胜之首要。想当年，纣王的军队武器不精良吗？人心向背，照样临阵倒戈。再如秦末陈胜、吴广，揭竿而起，非武器精良，却能撼动秦朝江山。

费地不是战场，他们在这里集结，然后奔赴前线。伯禽命令爱护马匹、修整道路。

今惟淫舍牿牛马，杜乃擭，敜乃阱，无敢伤牿。牿之伤，汝则
有常刑。

伯禽说："要好好牧养牛棚中牛马，填塞阱擭以免伤及牲畜，也不要把牛马死死地拴在牛棚中而伤及牲畜。谁若是伤了牲畜，我要按照常法治他的罪，绝不姑息。"

从战争角度讲，这是清除道路上的隐患。古代打仗不是都有先锋官嘛，逢山开路、遇水搭桥，就是这个道理。万一路途发生问题，岂是伤及牲畜那么简单，而是"轻杀人"。

不仅仁义于兵士，而且仁义于整个社会，因此严肃军纪也是伯禽所要求的。

牛马其风，臣妾逋逃，无敢越逐。祗复之，我商赉汝。乃越逐
不复，汝则有常刑。

牛马其风，是指牛马雌雄相随而走逸；"臣妾"指军中杂役，或称之为丁女，多为老弱，非精壮汉子，这些人也许胆小逃跑。的确，这是常有的事。伯禽明确："跑了也不要越界去追，有得到并送还的，我将酌情奖赏他。如果你越次追逐，得之又不返还，我将治你的罪。"

伯禽带兵最为独特的地方，在接下来的内容。虽有战争，但不要破坏地方上的治安。实际上，古今中外很多军队都犯过这方面错误，甚至有获胜后抢掠三天的恶习。唯独礼仪之邦、仁义之师，他的军纪严整，师出以律，虽武事

而必使知礼、知仪、知信。

> 无敢寇攘，逾垣墙、窃马牛、诱臣妾，汝则有常刑。

强取为寇，有因而盗曰攘。不要干盗抢财物、翻墙入室、拐带人口的事，若有触犯，严惩不贷。

古代没有职业军人。守卫、打仗都极为朴素，战争就是发过怒气了事。邦国之间也是如此，道义为先，仁义礼智信无时不在。如宋朝多用文人掌兵，既有"杯酒释兵权"的畏惧心理，也有躬行仁义的含义。为帅为将，岂可仅仅好勇。相反，好勇斗狠始于秦，以杀记功，最为礼崩。

㉔ 后勤保障

后勤保障是战争的血液，只有源源不断的能量供给，才能爆发出澎湃的动力。如诸葛亮六出祁山，其失败有军事因素，也有经济因素，突出的是后勤工作不给力。

> 甲戌，我惟征徐戎。峙乃糗粮。无敢不逮，汝则有大刑。

峙，通"庤"，储备，具也。糗，干粮。"今天甲戌，利于征伐，我们去征伐徐戎。淮夷虽是首逆，而徐戎却是强敌，徐戎破，淮夷必乱。干粮都带足了吗？各诸侯检查储备，切记切记。如有不足，运粮官死罪。"

> 鲁人三郊三遂，峙乃桢干。甲戌，我惟筑。无敢不供，汝则有
> 无余刑，非杀？

西周时，有乡遂制度，郊内设乡，为国人居住；郊外设遂，为散居之人居住区域。

《春秋左氏》疏云："天子六军出自六乡，大国三军出自三乡，其余公邑、

采地之民不在三军之数。"古者用兵，天子先用乡，乡不足取遂，遂不足取公卿采邑及诸侯邦国。若诸侯出兵，先尽三乡、三遂，乡、遂不足，然后总征境内之兵。本次出兵，乃奉天子命，所以诸侯随之。然而伯禽尤先警告鲁国士卒。

"桢干"是筑墙所用的木板。凡筑墙及城，必立木两侧，用绳子把板子捆结实，另弄两块木板放在两头，然后填土筑牢。"我鲁国的士卒，你们拿好筑墙的工具了吗？甲戌日，我们将开始建筑堡垒，且攻且建，看徐戎能奈我何？你的桢干能供应上吗？如果不供，我将严惩不贷。"怎么惩治呢？"汝则有无余刑，非杀。"郑康成云："无余刑非杀者，谓尽奴其妻子，不遗其种类，在军使给厮役，反则入于罪隶舂槀，不杀之。"你的罪行，要把你的家人全部化为奴隶，一个不剩。

伯禽一向严格自律，粮草方面依然先拿自己的臣民说事。

鲁人三郊三遂，峙乃刍茭，无敢不多，汝则有大刑。

刍茭，牲畜的草料。没有草料，牛马吃不上就不能够打仗，岂不是大刑，死罪呀。

㉔ 秦穆王其人

自周平王开始，周朝迁都洛邑，世称"东周"。周王朝虽然寄人篱下，风光不再，但是周朝并没有马上灭亡。江山代有才人出，随之兴起的各大诸侯国，相继成为霸主，他们各自从本邦利益出发，统领天下，东征西讨，维持着社会秩序。同时，由于礼仪道德的存在，先后霸主无不打起周朝的旗帜装点门面，客观上也维系了周朝的正统和存在。

对于这一段历史，鲁国史官记录最全，保存最为完整，这就是另一部儒家经典《春秋》。同理，自周平王到三家分晋这三四百年间也称为"春秋"。

按照《史记》的定位，春秋五霸分别为齐桓公、晋文公、秦穆公、楚庄王、宋襄公。秦穆公就是本文《尚书·秦誓》的主角，当时应该称作秦穆王。

秦国的发迹，在于协助周平王逃离西周，并拥立周平王在洛邑登基。平王登基，晋国受到奖赏，见《文侯之命》。实际上秦国的奖赏更为丰厚，他承袭了西周的祖产，丰、镐尽归于秦。

秦国进入秦穆王时代，秦穆王胸怀远大。秦晋之好，秦国三度扶立晋国国君登基，可秦穆王并未收获晋国的回报，相反晋国总是试图进犯秦国。同样，企图称霸的秦穆王也在伺机东向。话说这一年，霸主晋文公去世，天下秩序一时无人把控，秦国奔袭郑国，灭滑国。而滑国是晋国同姓国，晋国无奈将白衣染黑，于崤山设伏，围歼了战后归来的秦军，史称"崤之战"。

秦穆王东向无望，转而向西。西戎十二国，一说二十国，相继被秦穆王划入版图。当时的周天子大为高兴，毕竟秦国消灭了周朝世代的仇敌。周天子赐以金鼓，希望秦国高歌猛进，继续攻杀西戎。到周襄王时期，秦穆王又攻打蜀国和函谷关以西的国家，开辟疆土千余里。因此，秦穆王被奉为西方诸侯之伯。秦穆王占据西方，事实上为日后"秦统一中国"奠定了坚实的基础。

不清楚为什么孔子整理《尚书》时没有齐桓晋文之事，而独有秦穆王。是不是可以这样理解？《尚书》本不涉及五霸之事。"崤之战"发生较早，处于奠定基业之前，秦穆王尚未成为五霸之一。另外，之所以秦穆王的这一事件被选录在《尚书》，一定是它具有符合儒学思想的闪光点，那就是秦穆王勇于承认错误，以"誓"的方式引咎自责。

🈲 一厢情愿的秦晋之好

秦穆王，也称秦缪王。"秦晋之好"缘于秦穆王，秦穆王娶了晋献公的大女儿。而后他相继扶持过晋献公的儿子夷吾、重耳即位。此外，他还将自己的女儿先后嫁给夷吾的儿子公子圉以及重耳，公子圉也当过一年多的国君。亲戚套亲戚，然而晋国这三位国君都对秦国的善意不买账。这三位里边，重耳最有才气，即春秋五霸之一——晋文公。

公元前628年，晋文公去世，秦穆王感觉可以出一口恶气了。于是派孟明视、西乞术、白乙丙三人率军攻打郑国、滑国。在回来的路上，晋国于崤山设伏，双方大战于崤山。结果秦军全军覆没，三帅悉数被擒。战前曾有老臣极力反对这次出兵。面对惨败，秦穆王悔而自誓，史官记录下来，名为《秦誓》。至于这篇文章里，秦穆王有多少自责的成分，还是故作姿态地将责任和怨恨推于他人，也是见仁见智。

至于《秦誓》的具体时间，说法不一。话说秦国三帅被擒，本该杀掉。此时晋襄公登基，他那位后母作为秦国的公主，极力求情，三人才侥幸逃归秦国。《左传》认为作誓于晋襄公释归三帅之时；《书序》认为是三帅归来之后；《史记》认为是秦穆王后来复用孟明视，大败晋军并封崤中尸，然后誓于军中。《白虎通义·号》又以"邦之荣怀"句推断，此时秦穆王应该已经成为霸主。①

我个人观点，《秦誓》倾向于"崤之战"后三帅逃归进入秦国之时。晋国释放三帅是可望而不可求的事情，秦穆王未必知情。对于这样一个总结会，自然是人最全最好，结果越明朗越好。此外也不可能发生在重新任用孟明视之时，既然羞辱其不堪重用，又何以再次派去带兵？同样也不会发生在复仇之后，假如发生在复仇之后，这种言论不是在羞辱当下的功臣吗？

㉔⑨ 听得逆耳之言

全军覆没的惨败，对于胸怀大志的秦穆王，简直是莫大的羞辱，画虎不成反类犬。然而，成大事者必有大胸怀。他没有怒火，也没有忧愁，召集臣民，做战后总结，貌似自责，实则是给大家一个交代、给大家一个解释，疏导一下臣民百姓的情绪，以维系秦国多少年来积攒下的精神财富。

> 公曰："嗟！我士，听无哗。予誓告汝群言之首。"

虽不是誓于军中，但是身边有群臣，下面有万民。秦穆王习惯地称大家为"我士"。大小官吏，一直到阶位最低的士子阶层，以上是贵族里的每一个人，必须认真听我讲话；而那些芸芸众生，我也尊称你们为士子，你们要像

---

① 孙星衍. 尚书今古文注疏［M］. 北京：中华书局，2004：550.

"士子"看齐，秦穆王尊重每一个个体，这是为了引起所有人的重视。从官方到民间，士子阶层正处于官与民之间，以"士"代表所有臣民再合适不过了。此次集会属于国事，并不单单是用兵。

文中之所以称秦穆王为公，并非周朝标准意义上的"公"，而是诸侯国举行内部集会时对于国君的尊称。《白虎通义·号》云："或称公而尊。或称伯、子、男而卑。为交接之时不私其臣子之义，心俱欲尊其君父，故皆令臣子得称其君为公也……何以知诸侯得称公？……《尚书》曰：'公曰：嗟。'秦伯也。"[1] 所谓群言之首，即各级官吏和部族首领。

> 古人有言曰："民讫自若是多盘，责人斯无难，惟受责俾如流，是惟艰哉！"

盘，安也。多盘，即贪图安逸，我行我素、得过且过的状态。秦穆王引述古训，说人性的缺点。人往往愚昧无知，只求自己安逸、随意。总是容易苛求别人，而从不愿意被别人要求什么，不听别人劝告。想做到从善如流，是何等难呀？

古人认为过错分两种：其一，有过错而不自知；其二，知道了也不改。知而不改，其病全在"多盘"。如今大败，秦穆王首先愧疚自责，还有谁的责任，各自对号入座吧。

> 我心之忧，日月逾迈，若弗云来。

云，一作"员"，旋也；逾，益也；迈，行也。秦穆王接着说："我前日不能接受别人之意见，今日悔之已晚，心痛至极。日月运行，还能回转吗？上天还能再给我一次机会吗？"想到尸横遍野，秦穆王不禁潸然泪下。

古之圣人，没有不及时修德的。历代圣君如此，普通人更应时时精进，逆水行舟，不进则退。在重要岗位上，越是权力在手，越要居安思危，及时修

---

① 班固.白虎通义·号［M］.北京：中华书局，2024：51.

正自己。尤其逆耳之言，生活中、工作中你能否虚心接受？历史如万花筒，如唐太宗听谏之诚，如袁绍听谏之假，如曹操听谏之奸，秦穆王又是哪一种呢？至于桀纣者不足论。

㉕ 还是老臣好

秦穆王发表誓词，笼统地说，叫从善如流；细细地说，这次的教训是要听老成之人的话，还是老臣好。

　　惟古之谋人，则曰未就予忌；惟今之谋人，姑将以为亲。

秦穆王哭诉既往："刚开始的时候，几位老臣不肯服从我的意见，我还憎恨他；后来年轻人每事都顺从于我，我把他们当亲信而重用。"古之谋人，即蹇叔、百里奚；今之谋人是劝秦穆王出兵的杞子。蹇叔曾劝阻秦穆王出师。《公羊传》《穀梁传》《史记》皆云："蹇叔、百里奚同送其子而哭之。"《史记》以孟明视为百里奚之子，百乞术、白乙丙为蹇叔子。

不听老臣忠谏，不知道时时警醒修德，才招此大败。拒绝反对意见，不是很多人都犯过的这类错误吗？在权与利面前谁还记得良药苦口呢？沾沾自喜，好大喜功，则明知其可而不为，明知其不可而姑且蹈之。亡羊补牢，秦穆王有意从此搁置与晋国的争议，转而西向作战，专心稳定自己的大后方，扎扎实实为秦国打基础。

　　虽则云然，尚猷询兹黄发，则罔所愆。

话题很沉重，沉重到连秦穆王都有点语无伦次。古语犹在耳畔，却仍没有听从老臣的意见呀。黄发，指老年人。老年人头发变白，然后再变黄，所以称为黄发。如果我跟那几个老头仔细合计合计，就不会犯这样的错误了。

《三国演义》上"赤壁之战"曹操大哭郭嘉，二者有相似之处吗？曹操似不如秦穆王追悔之切。

> 番番良士，旅力既愆，我尚有之。仡仡勇夫，射御不违，我尚
> 不欲。

秦穆王用泪眼巡视一班老臣，说："我还有你们这些白发老臣，虽然你们已经不再年富力强。国家还在，你们还在。"

"壮勇之夫，从来都顺从我的话，如果你只是有勇无谋，对于我又有什么益处呢？我真的不希望你是这个样子。"穆王对年轻人有责备也有期待。

然而此时，台下群臣做何感想？老臣是不是自惭忠谏还不够激烈认真呢？假如似比干那样忠勇也许秦穆王就会醒悟了。

> 惟截截善谝言，俾君子易辞，我皇多有之。

秦穆王说话很尖刻，他说："不要为奸佞小人所迷惑。巧言善辩者，往往能侵夺君子之辞，混淆是非，连我也不能幸免呀。"

㉛ 思慕良士

在春秋五霸中，秦穆王是最能延揽人才的。他"西取由余于戎，东得百里奚于宛，迎蹇叔于宋，来丕豹、公孙支于晋"，这几位贤臣均来自其他邦国，可见秦国政治的清明。从历史角度来看，秦穆王是个很讲信义的人，从他帮助晋国三位国君的表现可以看得出，他在追求道德至上。因此《秦誓》很大成分上也反映了秦穆王的真实心境。

秦穆王此番誓言的目的在于尊重贤士，招揽更多的贤士为己所用。

> 昧昧我思之，如有一介臣，断断猗，无他技，其心休休焉，其
> 如有容。

一介，即耿介一心，端正诚实者。秦穆王每每暗自思忖的就是得到耿介端正之臣，其心专一，没有一点奇巧之术，其胸怀宽广无所限量，大器能容。

在秦穆王的眼里，蹇叔、百里奚正是这样的贤达。拥有贤臣，还要重用、用得恰到好处。

> 人之有技，若己有之；人之彦圣，其心好之。

美士曰彦。有《诗经》疏引舍人注云："国有美士，为人所言道也。"圣者，《洪范》云："睿作圣。"为君者礼贤下士，广纳忠言，君臣一体，贤臣的智慧就会成为君王的智慧。天下的美士呀，天下的睿智之人呀，我心向往！秦穆王说到此，颇有些动情，群臣也为之感动。誓言冲淡了失败的阴霾，取而代之的是君王的宽宏和圣明，取而代之的是全体臣民的忠君报国的共鸣。

> 不啻如自其口出。是能容之，以保我子孙黎民，亦职有利哉！

君臣诚心相交，臣无所不言，君惟忠言是听，水乳交融，共同创造秦国辉煌。秦穆王无法形容自己的感情，肺腑之言，言语不尽，我能不能做到像我所希望的样子呢？秦国要容纳天下贤才，以保秦国万年基业。黎民百姓也因为有你而广被恩泽。

人才都是富国之本、兴邦大计。这一点在任何年代都有积极意义。无论国家还是企业，还有谁不重视人才呢？

㉒ 秦穆王论用人之大忌

秦穆王待人很宽厚。事实上，他虽然在赞扬老臣的时候，斥责了少壮派，然而现实当中他并没有真正打击少壮派。以孟明视为例，他从晋国逃回，秦穆王并没有治他的罪。相反，不久之后孟明视请求再战雪耻，秦穆王依然将军权交给孟明视，只可惜秦军又一次大败。此战名为"彭衙之战"。

再次打了败仗的孟明视，主动让手下将自己绑起来，装进囚车向秦穆王请罪。屡战屡败，而且是主动请缨，按说应该正法了。不曾想秦穆王依然释放了孟明视，因为孟明视的忠心可鉴。事不过三，其后孟明视改变好高骛远的思想，踏实地做好军备，于三年之后终于打败晋国。一雪前耻，并掩埋"崤之战"的死亡将士。从一系列史料中，我们可以看到秦穆王的用人之道。这种气量不是每个朝代都能出现的。

关于秦穆王的这篇文章，历来有各种各样的解读。清朝康熙群臣的论述角度就非常独特。《日讲·〈书经〉解义》云："此节书，《大学》引之，以明相臣之体。盖'有技'非大臣之事，惟在容受众长，使各效之国家，且即可储才，为后世子孙之用，是无穷之利也。故大臣之职在进贤，人君之责在命相。"① 从求贤、用贤上升到这个管理体系与职责划分，也是见仁见智。

秦穆王在求贤、用贤方面已经表述许多了，他还要给用贤制度再上一道保险，因此他要谈一谈用人之大忌。

> 人之有技，冒疾以恶之；人之彦圣而违之，俾不达。是不能容，以不能保我子孙黎民，亦曰殆哉！

冒，通媢，妒也；违，犹戾也；俾，使也。秦穆王讲，他最忌讳小人参政。你有本事，他嫉妒你；你是圣贤，他却挑拨你与君王的关系，使上下不能通达。历史上常有类似小人。曾有人读到此处，认为前者像房玄龄，后者像李林甫。

朝中不能容留小人，容留小人的存在，不是保我子孙基业之道，黎民也会随之遭殃。不见"崤之战"的惨败吗？多少勇士死于战场，多少家庭因之离析。

> 邦之杌陧，曰由一人。邦之荣怀，亦尚一人之庆。

秦穆王所谓"一人"不是君王的自称，而是指小人和贤臣。一言兴邦一言丧邦。小人啊，即使只有一人，也许因为你邦国不安；贤臣啊，你胸有韬略，也许你一人就能让我的邦国安乐。通篇秦穆王充满自责与悔过。奸佞小人

---

① 库勒纳，叶方蔼等.日讲·《书经》解义［M］.爱新觉罗·玄烨钦定版.北京：中国书店，2018：459.

罪孽深重呀。

这是《尚书》的最后一篇文章。人生在世，孰能无过，有过则改。吾日三省吾身，当从善如流。孔子以改过为本书终结，亦见圣人之用心处。

后 记

本书写于 2018 年秋至 2019 年夏，其后几易其稿。我力求精准展现经典，力求用古老的智慧照亮我们的人生和事业。抛砖引玉，盼望更多的人关注《尚书》，赋予《尚书》崭新的时代活力和时代意义，让中华优秀传统文化焕发新的生机。

在研读过程中，我重点参考的书目有孔颖达等撰的《尚书正义》、蔡沉的《书集传》、王夫之的《尚书引义》、孙星衍的《尚书今古文注疏》、王先谦的《尚书孔传参正》、皮锡瑞的《今文尚书考证》、清康熙内府课本《日讲·〈书经〉解义》等。是前人注疏助我了解《尚书》并逐步深入其精华；本书也大量吸收了前人著述观点，在此我真诚地向历代学者表示万分的崇敬。

读书，有思维才有收获，也往往会有新意，因此我书中一些个人观点难免与前人相左相悖；虽是管中窥豹，我也记录下来供读者朋友批评指正。君子和而不同，我的这种读书态度与历代学者也是一脉相承的，想必能为学者先贤所宽容。

本书创作过程中，曾得到河北省作协副主席刘江滨先生和作家刘金星、王福利以及其他多位同事、朋友的指导与支持。

初稿完结后，我请教于河北师范大学原党委书记、文艺学教授、全国毛泽东文艺思想研究会原副会长曹桂方先生。老先生为学严谨，八十岁高龄仍坚持工作和学习。先生于百忙之中给我逐字逐句审阅，并就全书结构、立意提出非常宝贵的意见，每每想起我总是感动万分。在老先生处，我得到了莫大的鼓励，先生鼓励我耐心做好《尚书》解读工作，同时老先生的工作作风以及待人处事的谦和之风，时刻激励我勤奋、努力。

本人曾在龙山书院笔耕流连，自号龙山散木。龙山书院矗立于井陉深山之中，幽静而闲适，有清风甘泉，有朗月钟声，庭惟种玉，屋半藏书，往来鸿儒助力加持。于此山水间，河北省作协原副主席刘小放老师、河北省文联原副主席潘学聪老师、河北师范大学教授戴魁老师、河北省出版总社首席编辑潘海波老师、龙山书院秘书长孙彦星老师、河北书法家李聪颖老师均对书稿提出过许多宝贵的建议。

河北作家、编辑张露萍先生数年来始终关注本书出版，出谋划策，给我帮助颇多。

此书出版之际，我的集团领导、《河北日报》总编辑王洪峰先生欣然为本书作序；潘学聪先生身兼河北省书法家协会副主席，慷慨为本书题写书名。两位大家的相助，着实为本书增色。

几年来，广东省书协理事何志斌两度为本书题写旧书名，河北省书协理事江书学以及书法名家严太平、郭佩民、潘海波、刘果鑫、仲秋、孔德庵等老师多次就《尚书》内容进行书法、篆刻创作。本人在此向各位老师表示诚挚的谢意。

感谢每一位帮助过我的好朋友，感谢默默支持我的家人们。

严　明

2023 年 4 月 20 日